Die 100 schönsten Kathedralen der Welt

Die 100 schönsten Kathedralen der Welt

Eine Reise durch fünf Kontinente

Feierliches Hochamt im Petersdom zu Rom. Der Hauptaltar steht unter einem Baldachin im Zentrum der Kirche unter der großen Kuppel

Vorwort

Lieber Leser,

wer nennt die Namen, wer kennt die Schönheiten christlicher Kirchen in allen fünf Erdteilen? Bilder und Geschichten der „100 schönsten Kathedralen" verspricht Ihnen der Titel – doch dieses Versprechen bedarf der Erläuterung. Denn nirgendwo gibt es eine Hitliste für die Schönheiten christlicher Bauwerke, und es gibt sie schon deswegen nicht, weil in den 1500 Jahren, aus denen uns Kirchen als perfekte Dome oder als immer wieder umgebaute und erneuerte Gotteshäuser erhalten sind, die wechselnden Zeitläufe auch ihre eigene Stilgeschichte geschrieben haben.
Ist die Kunst der Baumeister gotischer Dome höher einzuschätzen als die künstlerische Ausdruckskraft der Steinmetze zur Zeit der Romanik? Sind die gewaltigen Kuppeln der Renaissance-Kathedralen in ihrer technischen Vollendung bewundernswerter als die prachtvollen Dekorationen des Barocks? Sind die Zeugnisse des sakralen Klassizismus bedeutender als die überraschende Raumsprache der neuen Kirchen aus dem 20. Jahrhundert, in denen die Architekten von heute die technischen Möglichkeiten modernen Baumaterials ins Visionäre erweitert haben?

Verbindliche Antworten hierauf gibt es nicht. Und deswegen muss unsere Auswahl anfechtbar bleiben, auch wenn wir uns bemüht haben, aus jeder Epoche die berühmtesten Kirchen vorzustellen. Zunächst richteten wir uns dabei nach den Kriterien der Kunstgeschichte. Aber die großen Gotteshäuser zeichnen sich nicht nur durch künstlerische Pracht aus – sie sind auch Ausdruck kirchlicher Macht. Und wichtiger noch: Sie sind in vielen Fällen Ausdruck der nationalen Identität von Völkern, denen Gotteshäuser als Hort des Widerstands gegen weltliche Machthaber dienten. Es ist kein Zufall, dass in Bogotá auf dem Platz vor der Kathedrale einst Simon Bolívar die Südamerikaner zu den Befreiungskriegen gegen die Kolonialmächte aufrief. Kein Zufall, dass die Gnadenkapelle im polnischen Tschenstochau ein Nationalheiligtum des Landes ist, und kein Zufall, dass allwöchentliche Andachten in der Leipziger Nikolaikirche 1989 die Volksbewegung zum Sturz der Regierung der Deutschen Demokratischen Republik einleiteten.

Und schließlich noch ein weiterer Aspekt. „Die 100 schönsten Kathedralen der Welt" haben wir unser Buch genannt, doch der Begriff „Kathedrale" ist zunächst einmal eine Bezeichnung, die den Bischofskirchen vorbehalten ist. Im säkularisierten Sprachgebrauch unserer Zeit wird das Wort „Kathedrale" aber immer häufiger auch dann verwendet, wenn auf die besondere Bedeutung einer Kirche hingewiesen werden soll. Um auf diesen politischen Aspekt einzugehen, haben wir den umfassenderen Begriff „Kathedrale" gewählt.

Der Herausgeber

Inhalt

VORWORT 4

EUROPA

ITALIEN
Rom – Hier wohnt der Papst 8
Mailands mächtiger Dom 10
Venedig – Der Dom der Dogen 12
Ravenna – Aus dem Geiste von Byzanz 14
Florenz – Die Kuppel der Renaissance 16
Siena – Die Pracht der Toskana 18
Assisi – Stammsitz der Franziskaner 20
Monreale – Normannisch-arabische Kunst 22

GRIECHENLAND
Thessaloniki – Agía Sophía der Griechen 24

TÜRKEI
Istanbul – Das Wunder von Byzanz 26

SPANIEN
Santiago de Compostela –
Der Schutzpatron der Spanier 28
Burgos – Wo der Cid begraben ist 30
Barcelona – Eine Vision Antoni Gaudís 32
Salamanca – Romanik am Ufer des Tormes 34
Sevilla – Domkirche statt Moschee 36

PORTUGAL
Lissabons älteste Basilika – Sé Patriarchal 38
Belém – Im emanuelischen Stil 40

FRANKREICH
Amiens – Ein Höhepunkt französischer Gotik 42
Das Lächeln von Reims 44
Paris Notre-Dame – Gotteshaus in bester Lage 46
Chartres – Die Kirche des Himmels 48
Straßburg – Europas berühmteste Rosette 50
Ronchamp – Der moderne Gottestempel 52
Vézelay – Die Vorburg des Himmels 54
Albi – Südliche Backsteingotik 56

BELGIEN
Antwerpen – Flandrische Repräsentation 58
Im Gotteshaus des Genter Altars 60
Brüssel – Von der Gotik in Brabant 62

HOLLAND
Delft – Die Grablege der Oranier 64
s'Hertogenbosch – Hollands schönste Madonna 66

DEUTSCHLAND
Lübeck – Die Ratsherrenkirche 68
Hamburg – Die Kathedrale der Protestanten 70
Berlin – Die Gedächtniskirche,
ein Symbol des Westens 72
Leipzig – Vom Mut der Protestanten 74
Dresden – Die steinerne Glocke 76
Köln – Der erste Wolkenkratzer 78
Vierzehnheiligen bei Lichtenfels –
Im Lichte des Barock 80
Speyer – Die deutsche Königs-Romanik 82
München – „Die welschen Hauben" 84
Freiburg i. Br. – Gipfel der Gotik 86

SCHWEIZ
Basel – Eidgenössische Dombaukultur 88
St. Gallen – Vom oberdeutschen Barock 90

ÖSTERREICH
Linz – Sankt Florian sei Dank 92
Salzburg – Der Dom des Jedermann 94
Wien – Der „Steffl" als Wahrzeichen 96
Wien – Die Karlskirche 98

TSCHECHIEN
Prag – Hoch über der Moldau 100

SLOWAKEI
Bratislava – Unter der Stephanskrone 102

UNGARN
Budapest – Ungarns Krönungsdom 104
Esztergom – In klassizistischer Pracht 106

SLOWENIEN
Ljubljana – Jesuitenbarock aus Slowenien 108

KROATIEN	
Zagreb – Bollwerk gegen die Türken	110
BULGARIEN	
Die Klosterstätte von Rila	112
UKRAINE	
Kiew – Die Sophienkathedrale, Edelstein des Landes	114
RUSSLAND	
Kishi – Kareliens hölzerne Pracht	116
Die Kuppeln von Nowgorod	118
Sergiew Possad / Sagorsk – Ensemble der Kuppeln	120
Moskau – Die Kathedralen im Kreml	122
Moskau – Die Basiliuskathedrale als Triumphkirche des Zaren	124
ESTLAND	
Tallinn – Spätgotik aus Estland	126
LETTLAND	
Riga – Das Vorbild für das Baltikum	128
LITAUEN	
Vilnius – Litauens Tempelpracht	130
POLEN	
Danzig – Polens größte gotische Kirche	132
Krakau – Die königliche Kathedrale	134
Krakau – Die Marienkirche, zweite Heimat des Veit Stoß	136
Tschenstochau – Die Schwarze Madonna	138
FINNLAND	
Helsinki – Klassizistische Schönheit	140
SCHWEDEN	
Uppsala – Eriks Kathedrale	142
Stockholm – Riddarholmskyrkan, das Haus der toten Könige	144
NORWEGEN	
Borgund – Die Stabkirchen in Norwegen	146
DÄNEMARK	
Roskilde – Ruhestatt dänischer Könige	148
Ribe – Backsteinpracht in Sønderjylland	150
GROSSBRITANNIEN	
Edinburghs Kronenkathedrale	152
Durham – Halb Gotteshaus, halb Burg	154
York – Die Kirche der gotischen Pracht	156
Ely – Das Haus der Etheldreda	158
Kathedralenkunst in Wells	160
London – Westminster Abbey, die Kirche des Königshauses	162
London – St. Paul's, der britische Petersdom	164
Canterbury – Wo einst Thomas Becket starb	166
Salisbury – Im Zeichen des Lothringer Kreuzes	168
IRLAND	
Dublin – St. Patrick's, Gotteshaus und Denkmal	170

ASIEN
ISRAEL	
Jerusalem – Die Grabeskirche, Kirche dreier Weltreligionen	172
PHILIPPINEN	
Manila – Gotteshaus aus jesuitischem Geist	174

AFRIKA
SÜDAFRIKA	
Kapstadt – Afrikanischer Anglikanismus in St. George's	176

AMERIKA
USA	
New York – St. John the Divine, der unvollendete Tempel	178
New York – St. Patrick's, umringt von Wolkenkratzern	180
Bostons Kathedralenstolz	182
New Orleans – Vom Klassizismus des Südens	184
KANADA	
Québec – Notre-Dame im französischen Barock	186
KUBA	
Havanna – Die Kathedrale der Jesuiten	188
MEXIKO	
Mexico City – Vom Triumph des Christentums	190
KOLUMBIEN	
Bogotá – Im Geiste der Kapuziner	192
PERU	
Lima – Nach dem Vorbild von Sevilla	194
BRASILIEN	
Brasílias Dornenkrone	196
Ouro Prêto – Ein Höhepunkt des Kolonialbarocks	198
Rio de Janeiro – Der Gotteskegel von Rio	200
São Paulo – Die Türme des Volkes	202

AUSTRALIEN
Sydney – Die Kathedrale der Katholiken	204
Melbourne – Neugotik in St. Patrick's	206
IMPRESSUM, FOTONACHWEIS	208

Links: Sie wird wohl nie fertig – die „Sagrada Família" in Barcelona, Antonio Gaudís Meisterwerk. SEITE 32

Mitte: Innenansicht der Kathedrale von Amiens. SEITE 42

Rechts: Der Dom „Santa Maria del Fiore" in Florenz mit seiner weltberühmten Kuppel. SEITE 16

EUROPA

Hier wohnt der Papst

Die Peterskirche in **ROM** ist Zentrum der katholischen Christenheit – Michelangelo entwarf die Kuppel

Blick über die gewaltige Kuppel von St. Peter auf den Petersplatz mit dem Säulenumlauf (oben)

Simon war ein aus Bethsaida am See Genezareth gebürtiger Fischer, der dem Jesus Christus zulief. Der machte ihn zum Anführer seiner Anhänger und nannte ihn Kephas oder Petros, was Fels bedeutet. Nach der Kreuzigung des Heilands begann Petrus seine Bekehrungsarbeit, die ihn über Griechenland bis nach Rom führte, wo er gemeinsam mit dem Apostel Paulus eine erste Christengemeinde gründete. Unter der Herrschaft Kaiser Neros wurde er hingerichtet. Seine Beisetzung erfolgte in einem einfachen Friedhofsgrab.

Als Roms Kaiser Konstantin sich wahrscheinlich zum Christentum bekehrte, wuchs auf diesem Totenacker eine erste Kirche, 326 geweiht, eine flach gedeckte fünfschiffige Basilika, die, als ihr später ein Querschiff angefügt wurde, im Grundriss die Form des Kreuzes hatte. Sie wurde vorbildlich für die Sakralarchitektur in weiten Teilen des frühmittelalterlichen Europas. Ein römischer Bischof war Nachfolger Petri, war Bischof aller Bischöfe und Papst. Die Stadt Rom erlebte nach dem Ende der Kaiserherrschaft mehrere Jahrhunderte des Niedergangs. Die Päpste herrschten als weltliche Fürsten über den Kirchenstaat, der zuletzt ganz Mittelitalien einnahm. Die Person des jeweiligen Heiligen Vaters blieb nicht unumstritten, immer wieder gab es Gegenpäpste, und eine Weile gab es einen mit Rom konkurrierenden Papstsitz im französischen Avignon.

Der als Julius II. amtierende Giuliano della Rovere, ein Mann von hohem Kunstsinn und beträchtlichem Repräsentationsbedürfnis, erteilte im Jahre 1506 den Auftrag, die alte Kirche San Pietro zu schleifen und durch ein neues größeres Gotteshaus zu ersetzen. Die Architekten hießen Donato Bramante, Michelan-

weiht. Mit seinen beeindruckenden Maßen von 211 Meter Länge und 132 Meter Höhe bis zur Kreuzspitze ist er die größte Kirche der Welt, und er wurde zum Vorbild für zahlreiche andere Sakralbauten.

Ein weiterer Barockarchitekt war Gian Lorenzo Bernini. Der Maler, Skulpteur und Bühnenbildner hat den Bronzebaldachin über dem Papstaltar geschaffen und den Hochaltar mit den Figuren der vier großen Kirchenlehrer, die den Cathedra genannten Thron des heiligen Petrus tragen. Vor allem stammen von ihm die Kolonnaden, die draußen vor der Kathedrale den Petersplatz umfassen, jenen riesigen Freiraum, in dem sich zu den hohen Feiertagen der Christenheit die Gläubigen zu Zehntausenden versammeln.

Kühle majestätische Schönheit

Platz und Dom bilden das Herzstück des Vatikans, jenes Ensembles aus Palästen, Kirchen, Amtsgebäuden, Museen und Gärten, die der Regierungsgewalt der Päpste verblieben, nachdem 1870 der Kirchenstaat aufgelöst wurde, um im vereinigten Königreich Italien aufzugehen.

Die so genannten Vatikanischen Grotten, eine Art Unterkirche, entstanden, als bei den Bauarbeiten unter Bramante der Fußboden um dreieinhalb Meter angehoben wurde. Dort befinden sich zahlreiche Papstgräber, Reliefplatten, auch Fragmente eines Mosaiks von Giotto di Bandino. Sie sind nur eines von vielen Kunstwerken der Kathedrale, das wohl berühmteste ist die Pietà von Michelangelo.

Die Zahl anderer Skulpturen im Dominneren ist außerordentlich. Fast an jedem der Pfeiler lehnen sie, gleich zu mehreren: Figuren von Aposteln, Heiligen und Päpsten.

Der Eindruck von San Pietri in Vaticano ist der einer kühlen majestätischen Schönheit. Doch: „Schönheit schwindet, wenn man sie betrachtet", schrieb Michelangelo, der auch ein Dichter war. Ob er den Dom damit gemeint hat?

ANREISE:
Über den internationalen Flughafen Rom-Fiumincino oder mit den Express-Verbindungen der italienischen Staatsbahnen

ÖFFNUNGSZEITEN:
Normalerweise täglich 7 - 19 Uhr, im Winter bis 18 Uhr

SEHENSWERT:
Die Vatikanischen Grotten mit den Grabmälern vieler Päpste

Die „Pietà" von Michelangelo steht in einer Seitenkapelle und gilt als die bedeutendste Skulptur der Kirche (rechts oben)

Unter der zentralen Kuppel steht der Papstaltar, der über dem Grab des Heiligen Petrus errichtet wurde (rechts unten)

gelo Buonarotti und Carlo Maderno. Gedacht war an einen auf dem Grundriss des griechischen Kreuzes sich erhebenden Zentralbau mit fünf Kuppeln, für den das römische Pantheon und der Florentiner Dom Santa Maria del Fiore die ästhetischen Vorbilder abgaben.

Am Anfang war Bramante

Bramante war ein aus dem Mailand der Sforzas stammender Künstler, der auch die Pläne zur Erweiterung des Vatikanpalastes schuf. Als Bauleiter fungierte er nur in den Anfängen. Nach einer Periode der Verzögerung leitete ab 1547 Michelangelo die Arbeiten, und er war es, der die gewaltige Rippenkuppel ersann. Sie überwölbt den Hochaltar, der seinerseits auf dem Grab des heiligen Petrus steht. Bei archäologischen Untersuchungen nach dem Jahre 1940 erwies sich, dass die dort lagernden Gebeine in der Tat jene des Apostels sein könnten.

Die enormen Kosten, die der julianische Neubau verschlang, hatte die gesamte katholische Christenheit aufzubringen, durch den Kauf von Ablassbriefen. Dieser Handel forderte den Protest des deutschen Augustinermönches Martin Luther heraus. Zwischen dem Bau des triumphalen Petersdoms und dem Sieg der Reformation in Europa besteht ein höchst sonderbarer Zusammenhang.

Dann geschah, dass der Barockarchitekt Maderno sich von Bramantes Grundriss verabschieden musste. Er fügte ein Langhaus an, womit sich der Grundriss wieder der überlieferten Form des lateinischen Kreuzes näherte. 1624 wurde der Dom ge-

Mailands mächtiger Dom

Santa Maria Nascente repräsentiert die Macht der Lombardei. Die Kirche geht bis aufs 4. Jahrhundert zurück

In „Miracolo a Milano" von 1951, einem der wichtigsten Filme des italienischen Neorealismo, erzählt Regisseur Vittorio de Sica eine Geschichte aus der unmittelbaren Nachkriegszeit. Der Mailänder Dom spielt darin eine zentrale Rolle, als Hintergrund wie auch als Symbol für das im Titel benannte Wunder. Eine Fee befreit arme Schlucker, die eingesperrt sind in einen Transportwagen, um sie dann in den Himmel zu holen. Sie hatten zuvor Erdöl gefunden, direkt in Mailand, und dies erregte sofort die kriminelle Begehrlichkeit des Grundeigentümers. Derartige Verbindungen zum big business waren und sind keine Spezialität der italienischen Nachkriegszeit. Die Lombardei ist eine Region höchster Wirtschaftsaktivität und akkumulierter Reichtümer, und die lombardische Kapitale heißt Mailand.

Die wahrscheinlich von Kelten gegründete Siedlung in der nördlichen Poebene war wirtschaftsmächtig schon im römischen Kaiserreich. Später wurde sie heimgesucht und gebrandschatzt durch wechselnde Eroberer, ehe sie, ab dem Hochmittelalter und unter den Stadtadelsgeschlechtern Della Torre, Visconti und Sforza, zu neuer Blüte gedieh. Sie wurde zu einem Mittelpunkt von Handel und Finanzökonomie, und sie zog bedeutende Künstler an, deren bekanntester Leonardo da Vinci war; hier schuf er eines seiner grandiosesten Werke, das große Fresko vom letzten Abendmahl Christi.

Treffpunkt Piazza del Duomo

Es befindet sich am Corso Magenta, im Refektorium der Dominikanerkirche Santa Maria delle Grazie also nicht in der berühmtesten Kirche von Mailand, dem Dom. Dessen Ruhm ist von anderer Art. Souverän dominiert er das Zentrum der Altstadt. Ihm vorgelagert ist die sehr ausgedehnte Piazza del Duomo, auf der sich abends Pensionisten, Straßenkinder, Liebespaare und Tauben versammeln. Am Ausgang der Piazza, dem Dom gegenüber, beginnt die Galleria Vittorio Emanuele II., Europas vermutlich prächtigste Passage, ausgestattet mit exklusiven Restaurants und Geschäften; sie endet an der Piazza della Scala, wo das renommierteste Opernhaus des Landes steht.

Größe, Geschäftigkeit und Kunst. Sie sind die Kennzeichen Mailands, und entsprechend finden sie sich wieder im Dom. Seine Ausmaße sind außerordentlich: Er misst 158 Meter in der Länge und 66 Meter in der Breite. Man hat errechnet, dass im Inneren zusammen 40 000 Menschen problemlos Platz fänden. Die Gigantomanie des Bauwerks kann noch mit anderen Zahlen aufwarten: Insgesamt 3000 Statuen zieren es, und seine Bauzeit betrug fast 600 Jahre, weil vieles, so auch die Mehrzahl der Fenster, erst im 19. Jahrhundert angebracht wurde. Letzte Ergänzungen erfolgten noch in unserer Zeit.

An der Eingangswand führt eine schmale Treppe hinab unter das Niveau des Platzes, hinein in die archäologisch erschlossene Anlage der Taufkirche San Giovanni alle Fonti. Sie stammt aus dem frühen vierten Jahrhundert und gilt als das älteste achteckige Baptisterium der Christenheit. Es spricht manches dafür, in ihm den ältesten Ursprung des heutigen Duomo Santa Maria Nascente zu sehen.

Zweitgrößte Kirche in Italien

Dessen eigentlicher Baubeginn geht auf einen Entschluss des damals die Stadt regierenden Aristokraten Gian Galeazzo Visconti zurück. Die Grundsteinlegung erfolgte 1385/86. Er wollte die größte Kathedrale der Welt aufstellen, was ihm vorübergehend sogar gelang, ehe der römische Petersdom zu seinem Neubau anhob. Zweitgrößtes italienisches Gotteshaus blieb der Mailänder Dom immerhin.

Sein Baumeister ist unbekannt. Der Stil des Gebäudes ist eindeutig gotisch, was selbst Leute, die sonst das Vorhandensein einer speziellen Gotik in Italien rundweg bestreiten, nicht gut abweisen können. Die geografische und kulturelle Nähe zu den europäischen Stammgebieten dieses Stils mag ihren Einfluss ausgeübt haben.

Das Langhaus besitzt fünf, das Querschiff drei Seitenschiffe. Die insgesamt 52 Pfeiler laufen in ein Rippengewölbe aus. Draußen gibt es insgesamt 40 Strebebögen, um die Nebenschiffe zu fassen und zu halten. Das vertikale Grundprinzip üblicher gotischer Architekturen wird recht deutlich befolgt, bis hin zu den vielen Türmchen, die zumal über der Fassade, die Dachkante bestücken.

Die imposante Innenausstattung des Doms geht im Wesentlichen auf das 16. Jahrhundert zurück, da der bedeutende Karl Borromäus als Mailänder Erzbischof amtierte. Er betraute mit den aufwändigen Arbeiten seinen Lieblingsarchitekten Pellegrino Tibaldi. Der in karitativen Dingen sehr aktive und während einer großen Pestepidemie selbstlos engagierte Kirchenfürst wurde später heilig gesprochen, seine Gebeine ruhen in einer nach ihm benannten oktogonalen Kapelle des Doms.

ANREISE:
Internationaler Flughafen Malpensa in Stadtnähe, per Bahn und über die Autobahnen aus allen Richtungen gut erreichbar

ÖFFNUNGSZEITEN:
Die Kathedrale ist normalerweise ganztägig geöffnet

SEHENSWERT:
Das Wandgrabmal von Gian Giacomo Medici in einer Seitenkapelle und im Domschatz der weltberühmte Deckel eines Evangeliars aus dem 11. Jahrhundert

Bis spät in die Nacht ist die Piazza del Duomo von Einheimischen und Touristen belagert. Im Zentrum das Hauptportal des Doms (oben)

Zu den architektonischen Besonderheiten zählt, dass das Dach des Hauptschiffs begehbar ist (unten links)

Als besonders prunkvoll gilt die Bronzetür an der Hauptfassade. Unser Bild (unten rechts) zeigt eine Figurengruppe im Ausschnitt

Der Dom der Dogen

San Marco in **VENEDIG** hat viele Elemente der Ostkirche

ANREISE:
Über den stadtnahen internationalen Flughafen. Besonders empfehlenswert ist die Anreise per Bahn, da die Züge bis in die Lagunenstadt einfahren können. Mit dem Auto Anfahrt über Autobahnen aus allen Richtungen

ÖFFNUNGSZEITEN:
Bis auf weiteres ganztägig geöffnet. Wegen der großen Zahl von Touristen ist in den Sommermonaten mit längeren Wartezeiten zu rechnen

SEHENSWERT:
Die goldenen Mosaiken und die Pala d'Oro, die Tafel auf dem Hochaltar

Die ganze Pracht und den ganzen Reichtum Venedigs zeigt der Blick in das Innere der von fünf Kuppeln überwölbten Markuskirche, die im wesentlichen 1043 – 73 erbaut wurde (oben links)

Auch die Hauptfassade des Doms erinnert mit ihren vielen schmuckvollen Rundbögen an byzantinische Vorbilder (oben rechts)

Blick vom Campanile auf die um 1260 fertig gestellten Kuppeln, die der Kirche ihr besonderes Aussehen geben (unten links)

Kreuzigungsszene aus der Pala d'Oro, dem Aufsatz des Hochaltars. Die Bilder zeigen Szenen aus dem Leben Christi. Sie bestehen aus Gold- und Silberplatten, die mit Perlen und Edelsteinen ausgelegt sind (unten rechts)

Markus, Autor des nach ihm benannten Evangeliums, war einer der Jünger Christi; in seinem Jerusalemer Elternhaus fand das letzte Abendmahl statt, und dort versammelte sich auch nach Christi Tod die Urgemeinde. Er missionierte an der Seite des Apostels Paulus und diente Petrus als Dolmetscher, schließlich gründete er die Christengemeinde in Alexandria. Er starb ums Jahr 67 durch einen Mordanschlag.

Seine Anhänger versteckten seinen Leichnam. Acht Jahrhunderte später übernahmen ihn venezianische Kaufleute, um ihn in ihre Heimat zu bringen, wo er in einer soeben fertig gestellten Kirche beigesetzt wurde. Die Basilica di San Marco wurde Hauptkirche der Stadt, der heilige Markus ihr Patron und sein Symbol, der geflügelte Löwe, das Wappentier von Venedig.

Ursprünglich ein Rückzugsgebiet von Küstenbewohnern auf der Flucht vor germanischen Invasoren, gelangte die Siedlung bald zu hoher Blüte, als Handelsmacht mit eigenem Hafen. Republikanisch organisiert und mit einem gewählten Führer an der Spitze, dem Dogen, beherrschte sie die Seerouten im östlichen Mittelmeer. Sie hatte intensive Berührungen mit Byzanz, aber auch mit islamischen Ländern, teils kommerziell, teils kriegerisch, teils kulturell. Der den Venezianern eigene Stil der Selbstdarstellung geht darauf zurück, vor allem in der Bildkunst und der Architektur. Letztere wurde mitbestimmt durch die besondere geografische Situation. Venedig besteht aus einem Archipel von 118 Inseln, zwischen denen 180 Kanäle mit 450 Brücken fließen. Das urbane Panorama sucht seinesgleichen.

Der Dom samt zugehörigem Markusplatz und Palazzo Ducale bildet das Zentrum, hervorgehoben durch den Campanile San Marco, den Glockenturm von 99 Meter Höhe. Er steht schon seit dem 12. Jahrhundert, aber seine heutige Ausführung ist noch jung, denn 1902 stürzte er ein und musste neu errichtet werden. Zu seinen Füßen steht die Loggetta, eine kleine marmorne Halle, geschaffen von Jacopo Sansovino.

Legendäre Markusbibliothek

Dieser Bildhauer und Baumeister der venezianischen Hochrenaissance kam aus Florenz. Er brachte die ästhetischen Erfahrungen mit, die sich in der Stadt der Medici machen ließen, und er beeinflusste die gesamte Architektur der Stadt Venedig überaus nachhaltig. Zahlreiche Paläste, Kirchen und öffentliche Gebäude wurden nach seinen Plänen gebaut, so auch die Markusbibliothek in unmittelbarer Domnähe, die als seine schönste und wichtigste Arbeit gilt. Sie steht an der Piazzetta San Marco, einer Aufschüttung des Hafenbeckens, von der größeren Piazza durch den Campanile getrennt.

Der Dom, Dogenkapelle und Staatskirche, beherrscht die Piazza San Marco allein durch sein strahlendes Äußeres. Er ist nicht mehr der im 9. Jahrhundert vom Dogen Giustiniano Partecipazio in Auftrag gegebene

Bau, er ist dessen Nachnachfolger. Bauherr war Doge Domenico Contarini, Arbeitsbeginn die Mitte des 11. Jahrhunderts. Die Basilica di San Marco ist eine mit insgesamt fünf Kuppeln ausgestattete Zentralkirche, wie sie für das katholische Mitteleuropa zu jener Zeit einigermaßen ungewöhnlich war.

Vorbilder aus Konstantinopel
Der Grundriss hat die Form eines griechischen Kreuzes. Auch sonst folgt die Architektur den Strukturen oströmischer Sakralbauten, das direkte Vorbild gab die Apostelkirche in Konstantinopel ab.

Nun war das Christentum in Venedig nicht griechisch-orthodox, sondern römisch-katholisch, und derart entsprang die Übernahme byzantinischer Muster einer offensichtlichen Neigung zu Extravaganz und Exotik.

Man konnte und wollte sich das leisten, auch da man ständig berufliche Beziehungen zu den einschlägigen Regionen unterhielt. Die berühmten vier Bronzepferde über dem Mittelportal des Doms bezeugen es auf ihre Weise. Sie sind eine späthellenistische Arbeit, nach der Eroberung Konstantinopels im vierten Kreuzzug von den Venezianern erbeutet und 1204 hierher gebracht. Seither galoppieren sie, im Rücken die Mosaiken der Domfassade, als heidnische Ikone ihren späteren Imitationen entgegen.

Auch die Bronzetüren des Mittelportals stammen aus Byzanz, ein weiteres Mitbringsel kriegerischer Beutezüge. Im Dominneren herrscht Dämmerung, gleichwohl gleißt und leuchtet es, da die reichlichen Mosaiken sämtlich goldunterlegt sind. Das Mosaik, eine alte, in der griechisch-römischen Antike wie vom Islam gern geübte Technik, wurde während des christlichen Mittelalters vor allem in Byzanz gepflegt.

Von daher kam die Anregung für den Markusdom, der es auf immerhin 4240 Quadratmeter Mosaiken bringt. Erzählt werden biblische Geschichten von der Vertreibung aus dem Paradies bis zum Pfingstwunder, ebenso die Biographie des Markus samt Überführung seiner Gebeine nach Venedig.

13

Aus dem Geiste von Byzanz

Die goldenen Mosaiken in **RAVENNAS** Kirche San Vitale sind ein frühes Erbe der Christenheit

ANREISE:
Nächste Flughäfen in Bologna und Rimini. Direkte Autobahnverbindungen aus allen Richtungen

ÖFFNUNGSZEITEN:
Normalerweise April – August täglich 9 – 19 Uhr, September – März 9 – 18 Uhr

SEHENSWERT:
Neben den Mosaiken mit kirchlichen und weltlichen Figuren sind auch die Tierdarstellungen in den Mosaiken bemerkenswert

Eine „tausendjährig stumme Stadt mit Kirchen und Ruinen" nannte der Schriftsteller Hermann Hesse Ravenna, als er zu Beginn des 20. Jahrhunderts in die einstige Metropole des oströmischen Reiches kam. Und heute? „Das Byzanz des Abendlandes" ist nach langer Zeit der Vergessenheit wieder eine brodelnde Stadt, die Espressomaschinen zischen in den glänzenden Bars der Via Carrour, und in den Läden wird „alta moda" und nobles Design verkauft.

Der Wandel kam nach dem Zweiten Weltkrieg mit der Ansiedlung neuer Industrieanlagen, vor allem aber entdeckten die Touristen das „ewige Ravenna" mit seinem mythischen Glanz, den kostbaren Mosaiken und den Bauwerken im byzantinischen Stil. Hier ist es vor allem die Kirche San Vitale, über die ein Bewunderer schon vor 1200 Jahren schrieb, dass kein Bauwerk in Italien den Vergleich mit ihr bestehen könne. Ein Zeugnis der glanzvollsten Epoche dieser Stadt.

Ravenna, heute sieben Kilometer vom Meer entfernt, lag einst am Wasser, und schon Augustus hatte hier einen Militärhafen für 250 Schiffe angelegt. Im Jahr 402 nahm Kaiser Honorius Sitz in der Stadt und machte sie zur Metropole des weströmischen Reiches, ehe sie im Jahr 476 mitsamt dem Imperium in den Besitz der eindringenden Germanenstämme unter dem mächtigen Stammesführer Odoaker kam. Zwar machte auch er Ravenna zu seiner Residenz, wurde aber bald schon von dem aus Byzanz entsandten Gotenkönig Theoderich besiegt und erschlagen. Ein brutaler Akt, auf den eine Periode großen Glanzes folgen sollte. Als Sitz der byzantinischen Exarchen wurde Ravenna vor allem unter Kaiser Justinian I. (527 – 565) mit christlichen Kirchen geschmückt. Die Kunst des Abendlandes verschmolz mit der des Morgenlandes.

Zweifellos war Bischof Ecclesius nach einer Reise nach Byzanz von den Rundkirchen der Stadt am Bosporus inspiriert, als er im Jahr 525 mit dem Bau von San Vitale begann. Die Mittel dafür – 26 000 Goldstücke – kamen vermutlich von einem reichen Bankier, der sich so einen besseren Platz im Himmel erhoffte. 547 wurde das mit Mosaiken geschmückte Gotteshaus eingeweiht und dem Schutz des Mailänder Märtyrers St. Vitalis unterstellt.

Matroneum für die Frauen

San Vitale ist ein achteckiger Zentralbau mit Emporen und einer Kuppel, deren Dach flach gedeckt ist. Die Kirche ist ausschließlich aus Ziegelsteinen erbaut, einem besonders langen und flachen Stein. Um die Mittelkuppel laufen zwei übereinander liegende Umgänge, von denen der obere das Matroneum bildet. Von hier aus nahmen in altchristlichen Basiliken die Frauen am Gottesdienst teil.

Beim Betreten des Innenraums wird man von einer eigentümlichen Weihestimmung gefangen genommen, denn während sich in den beiden Galerien mystisches Halbdunkel ausbreitet, ist der Zentralbau geradezu von Licht überflutet.

Blick in die zentrale Kuppel mit dem Mosaikenschmuck (oben)

San Vitale in der Dämmerung (unten links)

Kaiserin Theodora mit Krone. An ihrer Seite zwei Höflinge (rechts unten)

Die Architektur selbst scheint den Blick hinlenken zu wollen auf die Mosaiken, die im tiefen Grund des Presbyteriums und in der Apsis konzentriert sind. Wobei man deutlich zwei verschiedene Malschulen ausmachen kann. Während im Presbyterium eine in der römisch-hellenistischen Tradition stehende Künstlergruppe erkennbar ist, verraten die Arbeiten in der Apsis eine byzantinische Schulung. In den Mosaiken des Presbyteriums sind die Figuren bewegter dargestellt, in den Mosaiken der Apsis dagegen, mit Ausnahme von Christus, steif und unbeweglich aufgereiht.

Theodora mit Höflingen

Im Presbyterium zeigt die Dekoration der linken Wand Episoden aus dem Leben Abrahams, unter denen vor allem die bevorstehende Opferung seines Sohnes Isaak durch die lebensnahe Darstellung besticht. Im Stil ähnlich sind die Episoden aus der Geschichte Abels und Melchisedeks, die auf der rechten Seite des Presbyteriums gezeigt werden. Im Apsisbecken thront der Erlöser, von zwei Erzengeln, dem Bischof Ecclesius und dem heiligen Vitalis flankiert. Während hier also der himmlische Hofstaat dargestellt ist, erscheint unterhalb dieses Bildes auf der linken Seite Kaiser Justinian mit seinem irdischen Gefolge. Auf der rechten Seite tritt Kaiserin Theodora auf, von Hofdamen und Höflingen flankiert. An diesen Mosaiken fällt auf, dass nur das Kaiserpaar und deren engste Vertraute individuell gestaltete Züge zeigen, während die anderen Figuren starr und schablonenhaft abgebildet sind.

Angesichts der goldenen Pracht der Mosaiken treten ein paar Kunstgegenstände zurück, die zur Rechten der Apsis aufbewahrt werden. Dass neben dem in Bruchstücken erhaltenen Sarkophag des Bischofs Ecclesius auch ein kleiner Marmorkasten an den Finanzier Argentarius erinnert, der mit seinem Geld erst die blendenden Mosaiken möglich machte, hat seinen besonderen Reiz.

Die Kuppel der Renaissance

Mit der Santa Maria del Fiore in **FLORENZ** begann ein neues Kapitel der Baugeschichte

ANREISE:
Über den internationalen Flughafen der Stadt. Gute Bahn- und Autobahnverbindungen in alle Richtungen

ÖFFNUNGSZEITEN:
Bis auf weiteres ganztägig, während der Messen eingeschränkter Zutritt für Touristen. Die Kuppel kann bestiegen werden täglich 8.30 - 19 Uhr, Sa bis 17.40 Uhr. So geschlossen

SEHENSWERT:
Unter dem Dom die Reste einer christlichen Kirche aus dem 4./5. Jh.

Wie die Zeitgenossen den Dom sahen, zeigt die Illustration vom Jahre 1447 (links außen)

Das große Foto, vom Campanile aus aufgenommen, lässt die Kühnheit der Kuppelkonstruktion nur ahnen (oben Mitte)

Den Dom in seinen ganzen Ausmaßen zeigt das Bild rechts daneben (Mitte). Die Hauptfassade ist erst im 19. Jahrhundert entstanden

Das Fresko in der Kuppeldecke („Das jüngste Gericht") begann Giorgio Vasari 1572. Das Gemälde wurde nach seinem Tod von dem Maler Federico Zuccari vollendet (rechts oben)

Blick in den Kuppelraum und den Chor (rechts unten)

Florenz ist mit jährlich rund sechs Millionen Touristen die neben Rom und Venedig meistbesuchte Stadt Italiens. Wie bei den beiden Konkurrenten sind es vornehmlich die Zeugnisse der politischen und kulturellen Geschichte, die den Besucheransturm begründen. Die Stadt, in antiker Zeit eine unbedeutende keltisch-römische Siedlung, stieg im Hochmittelalter auf zur nach Venedig stärksten Wirtschaftsmacht auf der Halbinsel. Fundamente ihrer ökonomischen Kraft waren das Bankwesen, die Tuchherstellung und die Holzverarbeitung. Eine der großen Kaufmannsfamilien, die Medici, beherrschte die republikanisch organisierte Kommunalverwaltung bald uneingeschränkt und hob Einzelne ihrer Mitglieder auf Throne Europas, allen voran auf den französischen.

Florenz war die eigentliche Geburtsstätte der italienischen Hochsprache und der in ihr verfassten Belletristik, durch die Autoren Dante, Petrarca und Boccaccio. Florenz wurde zum Zentrum der Renaissance in Bildender Kunst, Architektur und Philosophie. Florenz war sechs Jahre lang, bis 1871, Hauptstadt des durch das Risorgimento vereinigten Königreichs Italien.

Nebenan der Campanile

Der Stadtname, italienisch Firenze, leitet sich her vom lateinischen florentia, die Blühende. Eine Blume führt in ihrem Namen auch die größte der vielen prächtigen Kirchen, Santa Maria del Fiore. Sie ist die Bischofskirche, der Dom: Seine Kuppel überragt die Dächer der Altstadt, gemeinsam mit dem zugehörigen Campanile, der ein Werk von Giotto di Bondone ist, dem ersten Vertreter der Renaissancemalerei und Propagandisten der malerischen Perspektive; wie fast alle Maler seiner Zeit hat er sich zugleich als Baumeister betätigt.

Der Glockenturm von Santa Maria del Fiore ist mit verschiedenfarbigem Marmor verblendet. Das Verfahren findet sich in Oberitalien auch anderswo, so in Genua, so in Siena, wo es die Form eines Streifenmusters annimmt, derweil es in Florenz mit sehr unterschiedlichem Dekor erscheint. Solche Polychromie wiederholt sich am Domgebäude, wobei man wissen muss, dass dessen Fassade erst sehr spät entstand, in den Jahren nach 1875.

Der Baubeginn erfolgte ein halbes Jahrtausend zuvor, 1296, der erste Baumeister hieß Arnolfo di Cambio. In der Folge entwarf Francesco Talenti eine riesige, mit einem Querschiff versehene Basilika im Stil der italienischen Gotik. Mit ihren 160 Metern Länge ist Santa Maria del Fiore die drittgrößte italienische Kathedrale nach St. Peter in Rom und dem Mailänder Dom.

Das Dominnere beeindruckt durch Strenge und Nüchternheit. Eine Treppe führt hinab zu freigelegten Resten eines Vorgängerbaus, Santa Reparata, erbaut in der Wende vom 4. zum 5. Jahrhundert. Mittelpunkt von Santa Maria del Fiore ist die Vierung mit ihrer Kuppel, die ein Fresko des Jüngsten Gerichts zeigt.

Deckengemälde von Vasari

Der Schöpfer hieß Giorgio Vasari, einer aus der großen Künstlerschar der florentinischen Renaissance. Er war Maler und Bildhauer, unter anderem entwarf er das Gebäude der Uffizien, und er war auch Autor, sein Buch „Le vite de' più eccellenti Pittori, Scultorie e Architettori" von 1550 ist die überhaupt erste solide kunstgeschichtliche Darstellung, die wir kennen. Alle kommen sie darin vor, Cimabue und Giotto, Donatello, Michelangelo und Vasari selber, sämtlich Florentiner und sämtlich mitbeteiligt an der Entstehung von Santa Maria del Fiore und den zugehörigen Bauten.

Das gilt zumal für den Maler und Architekten Filippo Brunelleschi. Er war der eigentliche Erfinder der Perspektivmalerei, und er schuf die Kuppel von Santa Maria del Fiore. Den Auftrag erhielt er 1419/20, und er bereitete sich auf diese Aufgabe mit aller Sorgfalt vor. Er reiste nach Rom, um dort ausführliche Studien zu betreiben. Er kehrte zurück, lieferte seine Entwürfe, und die Arbeiten begannen. Er überwachte sie bis zu ihrer Fertigstellung 1436, womit er von den bis dahin gültigen Regeln mittelalterlicher Dombauhütten abwich. Brunelleschis selbsttragender Doppelschalenbau auf achteckigem Grund war in jeder Hinsicht ungewöhnlich und neu. Er gilt als die erste vollgültige Renaissancearchitektur und als eine der wichtigsten und schönsten außerdem.

Skulpturen Donatellos

Unmittelbar vor der Fassade von Santa Maria del Fiore steht das romanische Baptisterium S. Giovanni. Es ist entschieden älter als der Dom, es war bereits um 1128 vollendet und wiederholte in seiner Gestalt die Taufkapellen des frühen Christentums. Auch hier wieder gibt es verschiedenfarbigen Marmor, die Bronzetüren schufen ein Angehöriger der Pisano-Sippe, Andrea, sowie Lorenzo Ghiberti, ein Konkurrent Brunelleschis.

Das Dommuseum zeigt Originale, die an den Bauwerken, für die sie eigentlich bestimmt waren, nur mehr

als Kopie vorkommen: Skulpturen Donatellos vom Fuß des Campanile, Arbeiten von Andrea Pisano, Terrakotten von Luca della Robbia, der die alte Technik des gebrannten Tons zu neuer und höchster künstlerischer Vollkommenheit führte. Auch er gehört unter die großen Bildhauer der Frührenaissance. Für die Sängerkanzel des christlichen Doms verwendete er antike Motive und durfte das, denn es entsprach dem herrschenden Zeitgeist der Toleranz und kulturellen Neugierde.

„Florenz war meine Leier ... klang sie nicht gut?", fragt jemand aus der Familie Medici in einem Text des Schriftstellers Thomas Mann. Sie klang sehr gut, muss die Antwort lauten. Sie klingt bis heute so.

Die Pracht der Toskana

Die Domkirche Santa Maria Assunta in **SIENA** ist ein Meisterwerk Pisanos

ANREISE:
Über Florenz. Entweder weiter mit den italienischen Staatsbahnen oder mit dem Auto ab Florenz über die SS 2 etwa 60 km nach Süden

ÖFFNUNGSZEITEN:
Normalerweise täglich 9–19 Uhr, im Winterhalbjahr bis 18 Uhr

SEHENSWERT:
Der Marktplatz mit den berühmten Reiterspielen „Palio delle Contrade" im Juli

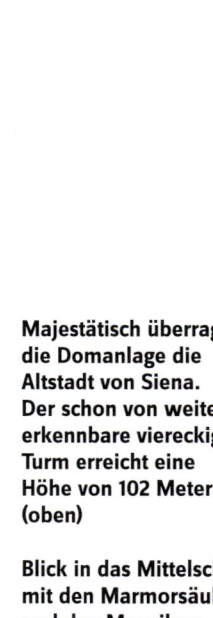

Majestätisch überragt die Domanlage die Altstadt von Siena. Der schon von weitem erkennbare viereckige Turm erreicht eine Höhe von 102 Meter (oben)

Blick in das Mittelschiff mit den Marmorsäulen und den Mosaiken (rechts).

Die Fassade mit dem Hauptportal hat ihren grandiosen Figurenschmuck bewahrt (unten Mitte)

„Parsifal", die letzte Oper des Dichterkomponisten Richard Wagner, mit einem Ritter als Titelhelden, spielt wesentlich in einer Burg, die den heiligen Gral aufbewahrt, die Schale mit dem Blut Christi. In seinen Regieanweisungen wie auch dem Bühnenbild der Uraufführung bezieht sich Wagner auf ein reales Bauwerk, das weder eine Burg ist noch sich im keltisch-germanischen Raum befindet: die Domkirche Santa Maria Assunta im toskanischen Siena. Wagner hatte sie während einer seiner Italienreisen besucht und war von ihrem Interieur tief beeindruckt.

In der Tat ist sie einer der schönsten Sakralbauten in der an solchen Architekturen gewiss nicht armen Apenninenhalbinsel. Wie andere besonders ehrgeizig und groß geplante Kirchen blieb sie Fragment. Doch diese Unvollständigkeit macht sie zugleich reizvoll. Sie zeichnet eine außerordentliche Ästhetik mit geradezu verschwenderischem Reichtum an Materialien und Details aus: Das Fragmentarische wirkt da wie eine raffinierte Absicht.

Der Eindruck der Überfülle entsteht auch daher, dass der Dom nicht eine einzelne, in sich geschlossene Architektur ist, sondern Mittelpunkt eines vielgliedrigen Ensembles aufeinander bezogener Gebäude und Räume. Anschließend an das Querschiff beginnt der unvollendete Neue Dom. Heute befindet sich ein reichhaltiges Museum darin. Davor öffnet sich ein Platz, der nach Jacopo della Quercia heißt, einem hier beschäftigten Bildkünstler. An der Nordflanke des Doms steht das erzbischöfliche Palais und der Hauptfassade gegenüber ein Krankenhaus, Ospedale S. Maria della Scala. Den Eingang zum Dombezirk bildet die kleine Piazza S. Giovanni mit dem gotischen Baptisterium.

Auf dem höchsten Hügel

Der Duomo Santa Maria Assunta erhebt sich auf dem höchsten Punkt von Siena. Die Stadt, vermutlich eine Militärkolonie Caesars, war bereits im 4. Jahrhundert Bischofssitz; wie andere alte Siedlungen im Hügelland der Toskana wurde sie rund um einen Berg errichtet. Im 12. Jahrhundert unabhängige Republik, brachte sie es zu Wohlstand und politischer Macht, als Sitz reicher Banken, deren Existenz sich den Silberminen von Montieri verdankte. Von den beiden heute bestehenden Sieneser Universitäten wurde die ältere bereits im Jahre 1240 gegründet. Die kostbare Altstadt von Siena gilt als die schönste in der Toskana überhaupt.

Santa Maria Assunta ist ein Bauwerk im Stil der italienischen Gotik, die sich von jener in Frankreich nachhaltig unterscheidet: Die Wände sind nicht durchbrochen, die Linien streben nicht himmelwärts, dafür erfolgen reichliche Rückgriffe auf die Antike. In Siena wirken die dabei verwendeten Materialien überraschend. Für die Fassade wurde, in übereinander geschichteten Streifen, Marmor von unterschiedlicher Färbung verwendet: rot, schwarz und weiß.

Dies ist das Werk von Giovanni Pisano, der, ebenso wie sein Vater Nicola, zu den großen Architekten des 13./14. Jahrhunderts gezählt wird. Er war ein Zeitgenosse von Cimabue und Giotto, jenen Malern, mit denen in der Bildkunst die Gotik endet und die Renaissance anhebt. Dieser Stilwandel lässt sich auch für die Architekturen der Pisanos behaupten. Der auf quadratischem Grundriss stehende Glockenturm bedient sich ebenfalls der helldunklen Inkrustierung. Seine Arkaden sind zahlreicher, je höher man gelangt, was den Eindruck von großer Eleganz erzeugt.

Intarsien auf dem Boden

Die Polychromie setzt sich fort im Inneren der Kathedrale, in dem Wechsel von Schwarz zu Weiß an den Wänden. Der Fußboden zeigt, in Gestalt von Marmorintarsien und Sgrafitti, 56 bildliche Darstellungen antiker und biblischer Szenen. Die Arbeiten daran dauerten fast 200 Jahre.

Von seinem Entwurf her ist Santa Maria Assunta eine dreischiffige Kathedrale mit dreischiffigem Querschiff. Der Grundriss zeigt die übliche Kreuzform. Die Vierung freilich ist abgedeckt mit einer voluminösen Kuppel, die eher den Eindruck eines Zentralbaus hervorruft, und es geschah eben hier, in der Vierung, unter dem Licht aus der Kuppel, dass Richard Wagner die Vorstellung von seiner Gralsburg erhielt. Vorbild solcher Konstruktionen, in Italien, ist möglicherweise das altrömische Pantheon, dessen Imitation ein besonders nachdrückliches Zitat der Antike bedeutet und ein recht frühes dazu, denn die Architekturen von Brunelleschi und Michelangelo entstanden später.

Santa Maria Assunta war im Außenbau um 1264 vollendet. 80 Jahre später beschloss man, den Dom zu erweitern, um ihn zur größten Kirche Italiens zu machen. Die Arbeiten begannen, da brach 1348 die Pest aus und bereitete dem Fortgang ein Ende. Der Bau blieb Fragment. Seine Bedeutung blieb unbeschädigt.

Stammsitz der Franziskaner

In der Klosterkirche San Francesco ruhen die Gebeine des heiligen Franziskus von **ASSISI**

ANREISE:
Assisi ist von den Flughäfen Rom, Florenz und Rimini etwa gleich weit entfernt. Weiterfahrt mit dem Auto über Autobahn und Landstraßen

ÖFFNUNGSZEITEN:
Normalerweise täglich 7 – 19 Uhr

SEHENSWERT:
Die Fresken in der Unter- und der Oberkirche

Die gewaltige Klosteranlage liegt auf einem Hügel über dem weiten Tal (oben)

Von den Kolonnaden aus hat der Besucher einen eindrucksvollen Ausblick auf das Land zu Füßen des Hügels (unten links)

Giotto di Bondone malte um 1295/1300 das Gemälde „Der heilige Franziskus erscheint den Brüdern in Arles". Das Fresko schmückt die Südwand im Langhaus der Oberkirche (unten Mitte)

Innenansicht der Oberkirche (unten rechts)

Sie nannten ihn „poverello", den „Armen", und bauten ihm nach seinem Tod doch eine der prächtigsten und am kostbarsten ausgestattete Kirche der Welt. Franz von Assisi, als Sohn eines reichen Tuchhändlers im Jahr 1181 in Umbrien geboren, entsagte trotz einer glänzenden Zukunft allen irdischen Gütern und gründete mit dem Segen des Papstes im Jahr 1209 einen Bettelorden, der schnell Zulauf fand. Neben der Missionierung war die Armut des Ordens höchstes Ziel, aber auch die Pflege der Kranken und Unterdrückten.

Nach Missionsreisen durch Südfrankreich und Ägypten kehrte Franziskus nach Assisi zurück, verzichtete auf eine eigene Kirche und wohnte in Häusern und einfachen Unterkünften, die dem Orden von wohltätigen Bürgern bereitgestellt wurden. Im Garten von San Damiano dichtete er fast erblindet den „Sonnengesang", eines der ersten Gedichte in italienischer Sprache. Bei seinem Tod am 3. Oktober 1226 besaß er nichts und starb nackt ausgestreckt auf dem Steinfußboden liegend.

Unterkirche und Oberkirche

Warum dann also eine solche Basilika? Warum die Ausmalung durch die besten Künstler der Zeit? Bereits zwei Jahre nach seinem Tod und einen Tag nach seiner Heiligsprechung am 17. Juli 1128 begannen die Arbeiten für ein Gotteshaus, das weder Kloster- noch Stiftskirche, sondern einzig als Grabeskirche geplant war. Franziskus selber hatte den „Hügel der Hölle" als seine letzte Ruhestätte ausgesucht, da dieser Galgenplatz die Erinnerung an die Leiden Christi auf Golgatha wachhielt. 1230 wurde der Leichnam in die neu errichtete Kirche überführt.

Architektonisch gilt das Gotteshaus als ein Weltwunder des Mittelalters, denn zwei überaus prunkvolle Kirchen sind hier übereinander gebaut. Eine Idee, die dem Lieblingsbruder des Heiligen, Elia da Cortona, zugeschrieben wird. Während in der Unterkirche (1228 – 1230) im Schiff, in der Vierung und in der von kräftigen Rippen unterstützten Kuppel klar der Stil der Romanik, aber auch der Einfluss frühchristlicher Grabbauten erkennbar ist, hat man sich in der Oberkirche (1230 – 1253) mit einem einschiffigen Saalbau vom Stil der Gotik, vor allem von Sainte-Chapelle in Paris inspirieren lassen.

Herausragend sind in beiden Kirchen die Freskenmalereien, die von Cimabue, Giotto, Pietro Lorenzetti und Simone Martini angefertigt wurden. Sie sind der bedeutendste malerische Komplex des 13. und 14. Jahrhunderts in Italien und gelten als die größten bemalten Wandflächen überhaupt. Vor allem die zwischen 1296 und 1304 entstandenen Fresken des erst 25-jährigen Giottos in der Oberkirche hielt man schon zu seiner Zeit für eine Sensation. In 28 Bildern wird der Zyklus der Franziskus-Legende auf eine revolutionäre Weise dargestellt. Der Künstler schuf hier nicht nur eine neue Plastizität. Die Gesichter seiner Figuren tragen individuelle Züge, und die Landschaft wird in direkten Bezug zur dargestellten Szene gesetzt. Die Unesco reihte diese Fresken in das Weltkulturerbe ein.

Zerstörte Fresken

1997 war ein Jahr, das man in Assisi nie vergessen wird, denn am 26. September erschütterten zwei schwere Erdbeben die Provinzen Umbrien und Marken. Ein Teil der Oberkirche stürzte ein, vier Menschen starben unter den Trümmern, und 200 Quadratmeter Freskenmalerei wurden zerstört. Trotz des Elends im Land mit über 50 000 Obdachlosen galt die Aufmerksamkeit der Weltöffentlichkeit vor allem der Kirche und ihren Fresken. In einer einzigartigen Sanierungsmaßnahme wurden an die 200 000 kleinste Partikel aus dem Schutt herausgesiebt und schließlich nach jahrelanger Sisyphusarbeit im „größten Puzzle der Welt" mit Hilfe von Computer-Animationen wieder zusammengefügt. Pünktlich zum Heiligen Jahr 2000 konnte die Oberkirche wieder geöffnet werden. Die ebenfalls ausgemalte Unterkirche mit ihren Kapellen und dem Grab des Heiligen hatte die Beben weitgehend unversehrt überstanden.

Der Sarg des Heiligen Franziskus galt jahrhundertelang als verschollen, ehe man ihn 1818 in einer zugemauerten Krypta unter der Unterkirche wiederfand und damit eine dritte Kirche entdeckte, die das Wunder San Francesco komplett machte. Heute ist der in der Unterkirche aufgestellte einfache Steinsarkophag mit dem Leichnam Franz von Assisis wieder ein Wallfahrtsort für Millionen von Besuchern aus aller Welt.

Normannisch-arabische Kunst

Der Dom von **MONREALE** auf Sizilien ist mit seinem Kreuzgang und den Mosaiken das berühmteste Denkmal der Normannen

„Wie soll man diesen Kreuzgang nicht lieben können, diesen ruhigen Ort, eingeschlossen und erfunden, um tiefgängige Gedanken zu inspirieren, während man langsam durch die Arkaden schreitet", schrieb der französische Schriftsteller Guy de Maupassant über das „wunderbare Kloster in Monreale", dessen Kreuzgang überall auf der Welt als Meisterwerk gerühmt wird. 47 mal 47 Meter groß rahmt er mit seinen 228 Zwillingssäulen einen verträumten Garten ein – wobei keine Säule der anderen gleicht und jede mit anderen Motiven und Dekorationen ausgestattet ist. Fast unversehrt erhalten, ist der Kreuzgang zusammen mit dem Dom ein einzigartiges Beispiel der normannisch-sizilianischen Architektur.

Der Legende zufolge soll die Muttergottes dem Normannenkönig Wilhelm II. (1154–1190) im Traum erschienen sein und ihn aufgefordert haben, eine Kirche und ein Kloster zu ihren Ehren zu errichten. Dieser Traum deckte sich vorzüglich mit der politischen Situation. Schließlich war dem dritten Herrscher auf dem sizilianischen Königsthron durch die Gründung des Erzbistums Palermo ein Teil seiner Macht abhanden gekommen.

Mit der Gründung einer neuen Diözese und dem Bau von Schloss, Dom, Bischofspalais und Kloster im Jahr 1174 hoffte er sich einen machtvollen Ausgleich schaffen zu können. Das Kloster übergab er den Cluniazensern und sicherte sich so die Unterstützung des mächtigen Benediktinerordens. Von der großartigen Anlage sind heute nur noch Dom und Kreuzgang erhalten – und eine auf dem Berg gelegene 27 000 Einwohner zählende Stadt, in der man sich einem Bonmot zufolge eher als Normanne denn als Italiener fühlt.

Wie Sizilien Königreich wurde

Phönizier, Griechen, Karthager und Römer, aber auch Byzantiner und Araber hatten auf der Insel bereits ihre Spuren hinterlassen, als es dem Normannenführer Graf Roger I. gelang, die heidnischen Sarazenen im Auftrag des Papstes zu unterwerfen. Unter seinem Sohn Roger II. wurden alle normannischen Gebiete vereint und als Königreich Sizilien mit der Hauptstadt Palermo eingerichtet.

Bereits in seiner Zeit, aber auch unter den Nachfolgern Wilhelm I. und Wilhelm II. entwickelte sich auf ganz Sizilien eine rege Bautätigkeit, die in der Gründung Monreales ihren Höhepunkt fand. Die ganze Anlage wurde zum Prunkstück der arabisch-normannischen Kunst und gilt heute als wichtigstes Vermächtnis dieses in Süditalien so bestimmenden Stils. Denn wenn am Dom durch spätere Anbauten auch manche Veränderungen sichtbar sind, so steht die klar gegliederte Fassade mit den beiden Wehrtürmen stilrein für die normannische Bauweise, während ihre geradezu poetischen Wanddekorationen in der arabischen Tradition stehen.

Der ursprüngliche Dekor der Kirche wird vor allem in den drei Apsiden an der Ostseite sichtbar. Denn hier setzte man den mittelalterlichen Brauch, die Kirchenwände an hohen Festtagen mit Stoffen und Teppichen zu schmücken, meisterhaft in Stein um. Blendarkaden, Rosetten und Friese wurden als Einlegearbeiten aus schwarzem und weißem Lavagestein mit dem gelblichen Stein des Monte Pellegrino so kunstvoll vermischt, dass die Wände wie mit Teppichen behängt wirken.

Biblischer Bilderbogen

Der 102 Meter lange und 40 Meter breite Dom steht als dreischiffige Kreuzbasilika zwar in der Tradition der lateinischen Basilika. Doch da das Quadrat des Chors den eigentlichen Mittelpunkt darstellt und Lichtquellen den Chor zudem als das Zentrum ausweisen, trägt der Dom im Inneren auch die Züge eines byzantinischen Zentralbaus.

Ebenfalls von der islamischen Kultur beeinflusst sind das Mittelschiff, das Querschiff und die Apsis, die auf einer Gesamtfläche von 6340 Quadratmetern mit beeindruckenden Mosaiken auf goldenem Grund geschmückt sind. Dieser Wandschmuck ist das Werk byzantinischer und einheimischer Mosaizisten, die zwischen 1179 und 1182 mit Themen aus dem Alten und Neuen Testament diesen einzigartigen biblischen Bilderbogen geschaffen haben. Stilistisch sind sie die Vollendung der eher steifen byzantinischen Mosaikarbeit zur malerischen Kunst auf goldenem Grund.

Trotz des Glanzes im Mittel- und Querschiff werden alle Blicke auf die Apsis gelenkt, die mit ihren Mosaiken als die prächtigste auf sizilianischem Boden gilt. Auf Goldgrund wird hier die himmlische Hierarchie dargestellt: Über den Heiligen baut sich die von Erzengeln und Aposteln umgebene Muttergottes auf.

Darüber trohnt alles beherrschend Christus als Pantokrator, als Weltenherrscher, in machtvoller Autorität. 13,30 Meter hoch und 7 Meter breit ist die Figur, die in der linken Hand das offene Buch mit der Inschrift trägt: „Ich bin das Licht. Wer mir folgt, wird nicht die Finsternis durchschreiten."

ITALIEN
Tyrrhenisches Meer
Mittelmeer
Palermo

ANREISE:
Über den Flughafen von Palermo. Gute Fährverbindungen vom italienischen Festland. Monreale ist von Palermo ca. 15 km entfernt, mit Bus oder Taxi leicht erreichbar

ÖFFNUNGSZEITEN:
Normalerweise ganztägig geöffnet

SEHENSWERT:
Die Apsis mit ihrem Jesus-Mosaik

Blick durch das Hauptschiff auf die Apsis. In der Höhe ist die Balkenkonstruktion der Decke erkennbar (links)

Der Kreuzgang von Monreale gilt als besonders prachtvolles Beispiel für den arabisch-normannischen Dekorationsstil (rechts oben)

Vom Innenhof aus gesehen: der mächtige Dom mit dem Kreuzgang, dem Langschiff und dem Glockenturm (rechts unten)

Agía Sophía der Griechen

THESSALONIKI im griechischen Makedonien spielte in der Frühzeit des Christentums eine bedeutende Rolle

ANREISE:
Über den internationalen Flughafen von Thessaloniki. Bahn- und Autobahnverbindung von Athen und Mitteleuropa. Fährverbindung von Piräus

ÖFFNUNGSZEITEN:
Normalerweise 8.30 - 13.00 Uhr und 15.30 - 19.30 Uhr

SEHENSWERT:
Die Mosaiken aus dem 8./9. Jahrhundert

Christi Himmelfahrt auf dem großen Kuppelmosaik aus dem 9. Jahrhundert (oben rechts)

Ausschnitt aus dem Mosaik der Gottesmutter mit den Engeln (rechts unten)

Das Hauptportal der Agía Sophía mit ihrer flachen Kuppel in der Mitte des Baus (unten links)

Thessaloniki ist eine von Griechenlands größten Städten und Zentrum des griechischen Makedoniens. Von dieser Landschaft gingen einmal Anstöße aus für die Entstehung eines Weltreichs, im vierten vorchristlichen Jahrhundert, als der makedonische Herrscher Philipp auch die übrigen Gebiete Griechenlands eroberte, worauf sein Sohn Alexander, genannt der Große, ein sämtliche Regionen des östlichen Mittelmeeres umfassendes Imperium schuf.

Es zerfiel bald wieder, nach Alexanders Tod. Makedonien wurde schließlich römische Provinz, kam später zu Byzanz, erhielt Zuzug von südslawischen Stämmen, um dann im Zuge der osmanischen Balkaneroberungen für fast ein halbes Jahrtausend von Türken beherrscht zu werden. Heute gehört ein kleiner Teil Makedoniens zu Bulgarien, der Süden ist Teil der Republik Griechenland, während das einst jugoslawische Makedonien ein autonomer Staat geworden ist.

Griechisch-Makedonien war die Heimat einer der frühesten christlichen Gemeinden in Europa. Zweimal besuchte sie der Apostel Paulus, der mit den Mitgliedern auch eine Korrespondenz führte. „Wir aber, die wir Kinder des Tages sind, wollen nüchtern sein, angetan mit dem Panzer des Glaubens und der Liebe und mit dem Helm der Hoffnung auf das Heil." So schrieb er, im Zusammenhang mit einer Warnung vor Trunksucht und daraus resultierender Schläfrigkeit.

Der zitierte Satz steht im ersten der zwei Briefe an die Thessaloniker, denn Thessaloniki war das Ziel seines Besuchs. Man kennt die Jahresdaten: 49/50 und 59. Die Stadt, zu jener Zeit noch eine vergleichsweise junge Gründung, fungierte inzwischen als Hauptstadt der römischen Provinz Macedonia. Thessaloniki lag an einer der wichtigsten Handelsstraßen des römischen Imperiums, der Vía Egnetía, die von der Adria bis nach Bycantium führte, dem späteren Konstantinopel.

Die durch Paulus' Besuch und Briefe geadelte Gemeinde wurde zum Ausgangspunkt jener Missionstätigkeit auf dem Balkan, der sich unter anderem das kirchenslawische Alphabet verdankte; die Slawenapostel Kyrillos und Methodios waren Geistliche aus Thessaloniki.

Die Osmanen waren tolerant

Im 6. Jahrhundert, unter dem byzantinischen Kaiser Justinian, wuchs die Stadt zur zweitgrößten in ganz Ostrom. Viele neue Kirchen entstanden. Es gab Belagerungen, durch Awaren und Goten, den Sarazenen gelang die militärische Einnahme mit anschließender Plünderung, Normannen, Venezianer und Kreuzritter folgten. Wie auch sonst in ihrem Imperium zeigten sich die osmanischen Besatzer in Glaubensdingen einigermaßen tolerant, Christen konnten ihrem Glauben nachgehen, ohnehin stellten sie zuletzt nur gerade einem Viertel der Einwohner die Minorität.

Zahlreicher waren die Türken, und fast die Hälfte der Einwohnerschaft waren Juden. Schon die Apostelgeschichte des Markus erzählt: „... da war eine Synagoge. Wie nun

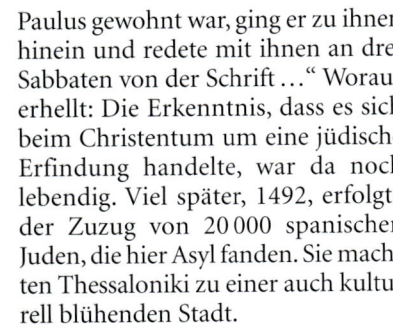

Paulus gewohnt war, ging er zu ihnen hinein und redete mit ihnen an drei Sabbaten von der Schrift ..." Woraus erhellt: Die Erkenntnis, dass es sich beim Christentum um eine jüdische Erfindung handelte, war da noch lebendig. Viel später, 1492, erfolgte der Zuzug von 20 000 spanischen Juden, die hier Asyl fanden. Sie machten Thessaloniki zu einer auch kulturell blühenden Stadt.

Dreischiffiger Kreuzkuppelbau

1917, das war im fünften Jahre nach der Wiedergewinnung durch Griechenland, brach in der Altstadt ein Großfeuer aus. Es wütete drei Tage und verwüstete 10 000 Gebäude. Die Stadt musste völlig neu errichtet werden; was heute an antiken und mittelalterlichen Baudenkmälern steht, ist durch dieses Unglück gegangen, wie die beiden bekanntesten Gotteshäuser der Stadt, die Sophienkirche und die Dimitrioskirche.

Die Agía Sophía ist ein dreischiffiger Kreuzkuppelbau auf fast quadratischem Grundriss, errichtet im 8. Jahrhundert, auf dem Platz einer älteren Kirche. Der Gesamteindruck ist der einer wuchtig in sich ruhenden orthodoxen Metropolitenkathedrale. Es gibt mehrere übereinander geordnete, durch ihre Fensterreihen auch von außen wahrnehmbare Galerien. Das architektonische Vorbild war der imposante Bau Hagia Sophia in Konstantinopel. Freilich, die Kuppel hier ist erkennbar flacher, und was sie von der Dimitrioskirche, die nach 1917 völlig wiederaufgebaut werden musste, jedenfalls unterscheidet, ist ihr größerer Anteil an erhaltener Altbausubstanz.

Und damit sind, vor allem, die Mosaiken gemeint. Sie gelten als die schönsten in ganz Thessaloníki. Sie schmücken mit Ornamenten die Mauern, sie steigern sich zu grandiosen Bildkompositionen im Kuppelinnern. Entstanden sind sie nach dem Ende des so genannten Bilderstreites, der im 8. Jahrhundert die byzantinische Kirche erschütterte; ein Konzil wollte der oströmischen Ikonenverehrung begegnen, was zur mutwilligen Zerstörung zahlloser Arbeiten führte. Die byzantinische Bildkunst mit ihrer besonderen Ästhetik drohte zu verschwinden.

Es kam nicht dazu, glücklicherweise, und die Agía Sophía zeigt einige besonders vollkommene Belege. Vor einem goldenen Hintergrund bilden die zwölf Apostel gemeinsam mit der Gottesmutter, die zwei Engel an ihrer Seite hat, einen Kreis. Andere Engel, vier an der Zahl, tragen Christus, der auf einem Regenbogen thront, in einer Aureole zum Himmel. Alles geschieht im Sinne des Apostels Paulus, da er nach Thessaloniki schrieb: „Aber der Herr ist treu; der wird euch stärken und bewahren vor dem Bösen."

Das Wunder von Byzanz

Die Hagia Sophia in **ISTANBUL** war die Hochkirche des oströmischen Reiches

ANREISE:
Über den internationalen Flughafen von Istanbul

ÖFFNUNGSZEITEN:
Normalerweise 9.30 - 18.30 Uhr

SEHENSWERT:
Die christlichen Kunstwerke aus dem 9. Jahrhundert

Christus, dargestellt auf einem byzantinischen Mosaik

Die Hagia Sophia im heutigen Istanbul war einmal die größte Kirche der Christenheit. Das ist lange her. Istanbul hieß damals noch Konstantinopel, und auch dies war nicht der ursprüngliche Name der Stadt, der lautete vielmehr Byzanz. Byzantion war eine um 660 v. Chr. gegründete Kolonie am Bosporus. Ihre ideale Lage machte sie als Hafen- und Handelsplatz wohlhabend und begehrenswert. Perser zerstörten sie, Spartaner bauten sie wieder auf, Alexander der Große eroberte sie ebenso wie das kaiserliche Rom. Konstantin der Große erkor sie zum Regierungssitz, und da er zudem der erste römische Imperator war, der sich zum Christentum bekannte, wurde die neue Hauptstadt, die nun Konstantinopel hieß, zu einem religiösen Mittelpunkt.

Der Name Byzanz verblieb dem Reich, das von Konstantinopel aus regiert wurde. Nach unserer üblichen Vorstellung ging das alte Rom zugrunde durch den Ansturm von Germanenstämmen im 5. Jahrhundert. Das trifft zu für das westliche Mittelmeer. Byzanz bestand weiter, tausend Jahre lang, es begriff sich als Nachfolger des römischen Imperiums und blieb eine unbezweifelbare Großmacht, kulturell wie zivilisatorisch führend und darin Westeuropa weit überlegen. Wenn das heutige Geschichtsbewusstsein derlei verdrängt, so deshalb, weil der siegreiche Ansturm der Türken und die Eroberung Konstantinopels im Jahr 1453 eine Rückbeziehung zu diesem Abschnitt der Historie radikal beschnitt.

Krönungskirche des Reiches

Die Hagia Sophia hat dies alles mit vollzogen. Sie war Haupt- und Krönungskirche des byzantinischen Reiches und Bischofskathedrale der Patriarchen von Konstantinopel. Die ersten Baupläne reichen zurück bis in die Zeit des großen Konstantin, dessen Söhne den Auftrag erteilten. Der erste Bau stand auf den Ruinen eines Apollotempels und war 360 vollendet. Das zweite ökumenische Konzil von 381 fand darin statt. Brandstiftung suchte ihn heim, 415 waren die Schäden beseitigt, die Kirche wurde neu geweiht. Bei dem so genannten Nika-Aufstand im Januar 532, einer Volksrebellion gegen den Kaiser, die Feldherr Belisar niederschlug, wurde die Hagia Sophia erneut zerstört.

Nunmehr befahl der regierende Kaiser Justinian eine völlige Neukonstruktion. Die Namen der ausführenden Baumeister sind bekannt: Isidoros von Milet und Anthemios von Tralles. Tausende von Arbeitskräften waren tätig, für die benötigten Materialien dienten auch antike Tempel, darunter Bauwerke in Athen, Delphi und Ephesus, als Marmorsteinbrüche. Die Bauzeit betrug knapp sechs Jahre. Weihnachten 537 konnte die neue Kathedrale von Patriarch Menas geweiht werden.

Das griechische Hagia Sophia bedeutet heilige Weisheit. Man kann dies sowohl als allgemeinen Begriff deuten als auch als Bezeichnung für die Spiritualität Jesu. Ein wenig darf auch an die heilige Sophia von Rom gedacht werden, Märtyrerin der Christenverfolgungen unter Diokletian, der ein direkter Vorgänger des christlichen Kaisers Konstantin war. In Legenden tritt Sophia unter dem latinisierten Namen Sapientia auf, bildliche Darstellungen zeigen sie mit Palme und Buch. Auf diese Weise gehen die konkrete Heiligenfigur und die Abstraktion der göttlichen Weisheit Christi ineinander über.

Ausgeplündert von Rittern

Der unter Justinian geschaffene Bau blieb im Wesentlichen bestehen. Völlig ohne Beschädigung ging es auch in der Folgezeit nicht ab. Bereits 558 stürzte, während eines Erdbebens, die Kuppel herunter und musste ersetzt werden. Ein weiteres Erdbeben, im Jahre 986, hinterließ seine Schäden. 1206, während des Vierten Kreuzzugs, der weniger die Befreiung Jerusalems als die Heimsuchung der reichen Stadt Konstantinopel bezweckte, plünderten christliche Ritter aus dem papistischen Westeuropa die Hagia Sophia und raubten die darin aufbewahrten edelmetallenen Kultgegenstände. Die Kirche blieb auch danach mächtig. Um die 600 Personen waren direkt in ihr beschäftigt, darunter 80 Priester, 150 Diakone, 40 Diakoninnen, 60 Subdiakone, 160 Vorleser, 25 Sänger, 75 Türsteher.

Die nachhaltigsten Veränderungen erfolgten nach der Besetzung Konstantinopels durch Sultan Mehmet dem Eroberer. Die Hagia Sophia wurde zur türkischen Moschee. Die christliche Innenausstattung verschwand hinter islamischem Dekor, und zusätzlich wurden vier Minarette errichtet. So blieb der Zustand über fast vier Jahrhunderte, in denen das osmanische Reich expandierte, zeitweilig die Levante und fast den gesamten Balkan beherrschte, um am Ende zu zerfallen. Die Revolution von Kemal Atatürk machte die Türkei zu einem säkularen Staat. 1934 wurde die Hagia Sophia zum Museum.

Sie ist eine Kombination aus Basilika- und Zentralbau, wobei sich das Langhaus durch zwei an die Zentralkuppel anschließende Halbkuppeln erstreckt, abgestützt durch Nebenkuppeln. Im Norden und Süden gibt es in ihrem Inneren zweigeschossige Galerien. Die Wände werden von vielen Fenstern durchbrochen. Die Kuppel mit 33 Meter Durchmesser, bei einer Gesamthöhe von 56 Meter, wird gehalten von einer Fenstergalerie, die den Eindruck eines schwebenden Gewölbes erweckt. Überhaupt ist es der Raumeindruck, der diese Kirche so außerordentlich macht. Die christlichen Kunstwerke, Inkrustationen und Mosaike, vielfach aus dem 9. Jahrhundert, wurden längst wieder freigelegt. Die Darstellungen biblischer Gestalten und oströmischer Kirchenfürsten gehören zu den schönsten Werken der byzantinischen Bildkunst überhaupt.

Blick in den Innenraum der Hagia Sophia mit ihren umlaufenden Galerien (oben)

In osmanischer Zeit wurde die Hagia Sophia zur Moschee umgewidmet und erhielt vier Minarette (unten)

Der Schutzpatron der Spanier

Die Kathedrale von **SANTIAGO DE COMPOSTELA** – ein ewiger Wallfahrtsort

ANREISE:
Über den Flughafen Labacolla 13 km außerhalb der Stadt. Gute Verbindungen mit Bahn und Bus

ÖFFNUNGSZEITEN:
Normalerweise ganztägig geöffnet

SEHENSWERT:
Der im 16. Jahrhundert entstandene Kreuzgang der Kathedrale

Wie ein Gebirge baut sich die schmuckvolle Fassade der Jakobuskirche über der Stadt auf (rechts oben)

Im Innern zeigt der Blick auf den Hochaltar die ganze Pracht des spanischen Katholizismus (oben links)

Zum Abschluss ihrer Pilgerfahrt berühren die Gläubigen eine Säule (unten links)

Der Pórtico de la Gloria, das Ruhmesportal, ist geschmückt mit den Figuren, die Meister Mateo geschaffen hat (unten Mitte)

Das größte Weihrauchfass der Welt zu schwenken erfordert alle Kraft der Messdiener (unten rechts)

Die Schalen der Jakobs- oder Pilgermuschel wurden im Mittelalter oft als Trinkgefäß benutzt, und zwar (daher der Name) bevorzugt von Pilgern auf dem Jakobsweg. Sie trugen sie als Zeichen an ihren Hüten. Ziel ihrer Wanderung war das nordspanische Santiago de Compostela.

Jakobus, Fischer am See Genezareth und Bruder des Apostels Johannes, war einer der zwölf Jünger Jesu und von ihnen einer der ersten christlichen Märtyrer: Im Jahr 41 ließ ihn Tetrarch Herodes Agrippa I. hinrichten. Im 7. Jahrhundert verbrachten Mönche seine Gebeine auf die iberische Halbinsel, wo sie erst in die Estremadura, nach dem Maureneinfall ins nordwestliche Spanien gerieten. Die Verehrung des Heiligen begann schon in fränkischer Zeit. Jakobus, spanisch: Santiago, wurde zum iberischen Schutzpatron.

Santiago de Compostela ist Hauptstadt der Provinz Galicien, die sich vom übrigen Spanien abhebt als ein besonders regenreiches und armes Gebiet. Ihr Dialekt steht dem Portugiesischen näher als dem Kastilischen. Die Maurenherrschaft war hier flüchtiger als anderswo, und die islamischen Eroberer zeigten vor dem Jakobsgrab so viel Respekt, dass sie es nicht anrührten.

Ab dem 11. Jahrhundert nahmen die Pilgerzüge dorthin immer größere Ausmaße an. Schließlich wurde das beliebte Heiligtum zum meistbesuchten Wallfahrtsziel überhaupt, noch vor Rom und vor Jerusalem. Gläubige erschienen aus ganz Europa und selbst aus dem Kaukasus. Es gab feste Pilgerrouten mit zugehörigen Hospizen, benannt und bewertet in entsprechenden Itinerarien, den ältesten Reiseführern der Kulturgeschichte.

Mitten in der Altstadt

Jakobspilger kommen immer noch, zumal am Tag des Apostels, dem 25. Juli. Sie betreten eine freundliche Kommune mit vielen Kirchen und einem schönen Altstadtkern. Die Plaza del Obradoiro ist ihr Mittelpunkt. An deren Ostseite steht die Kathedrale. Sie beeindruckt durch ihre barocke Doppelturmfassade, verschwenderisch ausgestattet mit Figuren, Turmaufsätzen, Pilastern und anderem Zierrat, realisiert von Baumeister Fernando Casas y Novoa in den Jahren 1738 bis 1750. Über dem Mittelgiebel steht eine erste Statue des heiligen Jakob.

Eine groß angelegte Freitreppe führt zum Eingang. Unter der Treppe liegt die Catedral Vieja, ein eindrucksvolles Gewölbe aus dem 11. bis 12. Jahrhundert, ältester noch erhaltener Teil des Sakralbaus. Wer den Eingang durchschreitet, sieht sich alsbald vor dem Pórtico de la Gloria. Einst war dies die Fassade, nun ist es Teil einer Vorhalle. Den Pórtico schmücken zahlreiche Skulpturen, deren einstiger Farbauftrag sich nicht mehr erkennen lässt; sie sind eines der umfänglichsten und eindrucksvollsten Ensembles romanischer Bildhauerkunst europaweit, entstanden zwischen 1166 und 1188 und geschaffen von einem Meister, dessen Namen man kennt: Mateo.

Imponierend die Plastik des Erlösers im Tympanon. Er wird umgeben von den vier Evangelisten, von zwei Weihrauch spendenden und acht Engeln mit den Werkzeugen des Leidenswegs. In der Mitte steht eine Säule. Sie stellt die Wurzel Jesse dar. Der Stein ist abgenutzt, denn es ist üblich, ihn zum Zeichen der beendeten Wallfahrt zu berühren oder zu küssen. Eine weitere Statue des Heiligen, hoch oben auf der Säule, sieht gelassen darüber hinweg.

Stilreine Frühromanik

Das Kathedraleninnere ist im Stil der reinen, aus Granit errichteten, Frühromanik gestaltet. Die dreischiffige Emporenbasilika mit Querschiff wird eingefasst von zahlreichen Kapellen. Den Mittelpunkt bildet die prächtige Capilla Mayor, ein üppig ausgestatteter Aufbau über dem Grab des heiligen Jakob.

Der Hauptaltar ist ein figurenreiches Barockensemble, gefertigt aus Silber, Alabaster und Jaspis. In der Mitte steht eine dritte Figur des Heiligen, diesmal aus Holz. Sie stammt aus dem 13. Jahrhundert, um 1700 wurde ihr allerlei Schmuck aus Edelmetall und Juwelen angehängt. Zu beiden Seiten des Hochaltars führen schmale Treppen in das Innere des Altars. Die Pilger erklimmen sie, derart gelangen sie hinter die Apostelfigur und küssen deren Mantel. Erst hiermit ist die Wallfahrt erfolgreich abgeschlossen.

Unter dem Altar befindet sich die Krypta mit den Gräbern von Jakobus und seinen beiden Schülern Theodorus und Athanasius.

In die Kathedrale führen noch weitere Portale. Eines geht nach Norden, die 1769 vollendete Puerta de la Azabachería. Das Ostportal, die Puerta Santa, ist eine barocke Arbeit, ausgestattet mit Figuren von Aposteln und Kirchenvätern, die schon aus dem 12. Jahrhundert stammen. Geöffnet wird sie nur in Jahren, da der 25. Juli auf einen Sonntag fällt. Die Puerta de las Platerías, die nach Süden geht, ist das älteste der erhaltenen Portale.

Unter der Kuppel in der Vierung hängen Halterungen für das Botafumeiro, ein Weihrauchfass, das vermutlich größte, das existiert und das seinen Namen wortwörtlich verdient, denn es hat die gewaltige Höhe von zwei Metern. An Feiertagen wird es herbeigeschafft, befestigt und in Schwingung versetzt. Es braucht acht kräftige Männer für diese Aktion. Mindestens.

Wo der Cid begraben ist

Die Kathedrale von **BURGOS** stammt aus der Zeit der Gotik, hat aber den Schmuck des 15. Jahrhunderts

ANREISE:
Von Barcelona aus über die Autobahn. Flüge über Madrid, gute Bahnverbindung

ÖFFNUNGSZEITEN:
Normalerweise 9.30 - 13.30 Uhr und 16 - 19 Uhr

SEHENSWERT:
Kuriositäten in den Kapellen

Umgeben von den Häusern der Altstadt liegt die Kathedrale mitten im Ort (rechts oben)

Der Turm über der Apsis wurde mit der ganzen Pracht spanischer Steinmetzkunst ausgestattet (unten links)

Das Grabmal des Condestable und seiner Frau (unten rechts)

Im Jahre 1636 erlebte in Paris die Tragikomödie „Le Cid" von Pierre Corneille ihre Uraufführung. Das Stück wurde ein Erfolg, setzte seinen Autor durch und gilt längst als Meisterwerk der französischen Klassik. Erzählt wird die Geschichte von Liebe, Intrigen und Ehrenhändel in einem spanischen Adelshaus, den Stoff hatte Corneille der spanischen Literatur entlehnt. Dort war El Cid seit dem Hochmittelalter Held zahlreicher Dichtungen, die älteste, „Cantar de mío Cid", ist das früheste spanischsprachige Literaturdenkmal überhaupt.

Die Titelfigur, ein kluger und tapferer Ritter, betreibt erfolgreich die christliche Befreiung des Landes von der islamischen Fremdherrschaft. Nun ist das Wort Cid arabischen Ursprungs, es bedeutet Herr, und die historische Wahrheit ist, dass der Cid sowohl auf spanischer wie auf maurischer Seite focht, als ein Haudegen, der sich nach Gutdünken verdingte. Dass er zum Volks- und Nationalhelden aufstieg, hat mit Wunschdenken und Mythenbildung zu tun.

Einstmals die Hauptstadt

Eigentlich hieß er Rodrigo Díaz de Vivar und war ein Adliger aus der Gegend von Burgos. In dieser Stadt liegt er nunmehr begraben, in der dortigen Kathedrale. Burgos war mehrfach spanische Hauptstadt: im 11. und 12. Jahrhundert, für das vereinigte Königreich Kastilien und León, und während des spanischen Bürgerkriegs, für die Faschisten von General Franco.

Die Kathedrale erhebt sich über dem linken Ufer des Río Arlanzón, am Fuße des Burghügels, und gilt als eines der schönsten Sakralbauwerke spanischer Gotik. Der relativ frühe Zeitpunkt ihrer Entstehung und die europäische Herkunft ihrer Baumeister bewirkte eine starke Ähnlichkeit mit Kathedralen in Frankreich, dem Mutterland der Gotik. In südlicheren Regionen Spaniens zeigen Bauwerke dieses Stils Anleihen bei der maurischen Kunst; ganz fehlen sie auch nicht in Burgos.

Die Capilla de Condestable etwa, mit der die Kathedrale in östlicher Richtung abschließt, verfügt reichlich über jenen filigranen, an Textilspitzen erinnernden Zierrat, der die spanische Spätgotik auszeichnet, es ist dies der estilo plateresco, der die Muster islamischer Kunstschmiedearbeiten zitiert.

Pures Plateresco

Doch das betrifft das Interieur. Von außen und auf den ersten Blick präsentiert sich die Kathedrale Santa María mit den üblichen Kennzeichen gemeineuropäischer Gotik: fromme Plastiken an den Portalen, einer zweitürmigen Fassade nach Westen hin, mit estrellón, einer Fensterrose. Der marmorweiße Sandstein des Baumaterials verfärbte sich jedoch längst ins Schwarzgraue. Die Türme erbaute ein Ausländer, Juan de Colonia oder Hans von Köln, andere Beteiligte kamen aus Flandern, wie Gil de Siloé, oder aus Burgund, wie Philippe Vigarny.

Ihrem Grundriss zufolge ist die Kathedrale eine dreischiffige Basilika, um die herum noch zahlreiche Kapellen, außerdem ein Kreuzgang und ein Kapitularraum entstanden. Das Grab des Cid und seiner Gattin Jimena gibt es erst seit 1921. Es befindet sich direkt unter dem Cimborio, das ist die Vierungskuppel, deren Dekor pures Plateresco ist: ein achtzackiger Stern, vielfach durchbrochen, ergänzt und gefasst in einen äußerst kunstvollen Rahmen. Geschaffen wurde das 1568 von Juan de Vallejo, nachdem die alte Kuppel eingestürzt war.

Im nördlichen Seitenschiff, zwischen der Capilla de la Natividad und der Capilla de Santa Ana, beginnt eine doppelläufige Treppe. Die Escalera Dorada erhielt ihren Namen nach ihrem vergoldeten Geländer, führt zur acht Meter höher gelegenen Puerta da la Coronería und ist eine Arbeit von Diego de Siloé.

Chor und Capilla Mayor sind vom übrigen Innenraum durch ein hohes Schmiedegitter getrennt. Das Chorgestühl mit seinen schönen Schnitzarbeiten ist überwiegend die Arbeit des Burgunders Philippe Vigarny, der in Spanien Felipe de Borgoña heißt. In der Chormitte wurde der 1240 verstorbene Bischof Mauricio beigesetzt, unter dem der Bau der Catedral de Santa María anfing. Den Grundstein legte ein König, Fernando II. von León. Die Union mit dem Nachbarreich Kastilien war da schon wieder zerbrochen, man führte vielmehr Krieg gegeneinander.

Die Bauarbeiten dauerten rund 300 Jahre. Alles Plateresco stammt aus dem 15. Jahrhundert, der großen Zeit dieses Stils, und es ist aufschlussreich, dass auch die ausländischen Künstler

diese genuin spanische Richtung bedienten oder bedienen mussten. Dass sie überhaupt nach Burgos gelangt sind, geschah auf Veranlassung von Bischof Alonso de Cartagena, einem ästhetisch überaus interessiertem Menschen, der auch den Kathedralbau vorantrieb.

Vom Fliegenfänger

Die Capilla Mayor ist der Raum für den Hochaltar. Der, üppig vergoldet, stammt aus dem Jahr 1580 und ist das Werk von Rodrigo und Martin de la Haya. Allerlei bemerkenswerte und auch merkwürdige Dinge finden sich in der Catedral de Santa María: Die Grabfigur des Bischofs Mauricio wurde mit emailliertem Kupferblech überzogen, die Christusfigur in der Capilla del Santísimo Cristo besteht äußerlich aus Büffelhaut, und in der Capilla de Santa Tecla mit ihrem reichen Rokokodekor steht außer einem romanischen Taufbecken eine Figur, die zu jeder vollen Stunde den Mund öffnet und wieder schließt, mit der Präzision eines Uhrwerks. Die Demut des Volkes vor diesem mechanischen Wunder hält sich in Grenzen. Man nennt es papamosca, zu deutsch: Fliegenfänger.

Eine Vision Antoni Gaudís

La Sagrada Família – BARCELONAS ewige Baustelle

Antoni Gaudí y Cornet, 1852 in Reus bei Tarragona geboren, studierte in der katalanischen Hauptstadt Barcelona, wo er sich später auch als Architekt niederließ und sein gesamtes Leben zubringen würde. Die erste größere Aufgabe, die er zu bewältigen hatte, war der Bau eines Wohnhauses, der Casa Vicens. Es erregte einiges Aufsehen und entzückte den Industriellen Eusebi Güell, der den jungen Baumeister mit extravaganten Projekten beauftragte, wie dem Palau Güell, einem Stadtpalast, und beispielsweise einem Park im Stil des damaligen Modernismus.

Aufbruch der Architektur

Das ästhetische Prinzip, dem Gaudí huldigte, war der Jugendstil, französisch: art nouveau, eine in Großbritannien entstandene und bald gesamteuropäische Strömung, die den eklektischen Historismus des späten 19. Jahrhunderts beendete und durch eine neue und einheitliche Formensprache ersetzte. Sie verwendete florale Dekors und fließende Linien. Der neue Stil eroberte die Malerei und die angewandten Künste auch in Katalonien, vor allem wegen Antoni Gaudís. Park und Palau Güell vermitteln seine Interpretation des Jugendstils, ebenso wie seine anderen Projekte in Barcelona. Für Astorga in der Nähe Leóns entwarf er 1887 einen Bischofssitz, als ein Schloss mit höchst eigenwilliger Mixtur aus Gotik und art nouveau. Da war er bereits im vierten Jahr engagiert beim Bau des Templo de la Sagrada Família.

Die Kirche steht am Carrer de Sardenya und ist eine Baustelle bis zum heutigen Tag. Ob das Projekt jemals abgeschlossen wird, bleibt ungewiss. Am Anfang war hier ein neugotischer Bau geplant, wie ihn das ausgehende 19. Jahrhundert zu Hunderten ersann. Dann wurde, ein Jahr nach Baubeginn, Antoni Gaudí mit der Fortführung betraut. Er stieß ursprüngliche Entwürfe um und entwarf ein riesiges Gotteshaus, das die Größe und Ansprüche hochmittelalterlicher Kathedralen einholen sollte.

Wie im Bischofspalast von Astorga werden Gotik und Jugendstil miteinander kombiniert. Der Grundriss ist der einer fünfschiffigen Basilika mit Querschiff und Apsis. Da das Langhaus verhältnismäßig kurz geriet und allerlei Anbauten hinzukamen, entsteht eher der Eindruck eines Zentralbaus, wofür auch die vorgesehene Kuppel spricht, die eine Höhe von 160 Meter erreichen soll. Vorerst beherrschen Türme das Bild. Acht von ihnen sind vollendet, 115 Meter hoch, vier stehen im Osten und gehören zum so genannten Weihnachtsportal. Ihre Umrisse erinnern an hochgotische Glockentürme mit Helmen, doch bei genauerem Hinsehen zeigt sich, dass es da keinerlei Grenzen gibt zwischen Turmsockel und Dach und die Konturen der Helme eine leichte Krümmung aufweisen.

Insgesamt sind zwölf Spitztürme geplant. Sie sollen die zwölf Apostel symbolisieren. Zu den gotischen Zitaten treten Dekors, die der vegetativen Formensprache des Jugendstils entstammen. Ein weiteres inzwischen fertig gestelltes Portal ist die Passionsfassade. In ihrer Ausführung steht sie im krassen Gegensatz zur filigranen Weihnachtsfassade.

Ohne Ecken und Kanten

Auch die gotischen Spitzbögen über den Rosettenfenstern sind abgeflacht und geschwungen. Bereits in seinen Bauten für Güell bewies Gaudí eine Abneigung gegen alle Geraden, Kanten und Ecken, und er wich ihnen aus, wo immer es möglich war. Die Bauten des österreichischen Künstlers Friedensreich Hundertwasser, die ähnlichen Prinzipien folgen, stehen deutlich in der Nachfolge des katalanischen Modernismus von Gaudí.

Was die Statik anlangt, die in der Gotik durch Strebepfeiler und Strebebögen gekennzeichnet ist, so erfand Antoni Gaudí eine neue Technik der Lastenverteilung. Er hat sie an einem berühmt gewordenen Modell mittels Sandsäcken und Bindfäden demonstriert. Außerdem legte er Wert darauf, dass die Bauarbeiten, ganz in der Art mittelalterlicher Dombauhütten, wesentlich von Hand erfolgten. Dies verteuerte und verlangsamte das Projekt ungemein. Insgesamt 43 Jahre verbrachte Gaudí mit dem Projekt. Als er 1926 starb, war weniger als die Hälfte verwirklicht. Man setzt die Arbeiten fort, heute aber verwendet man auch gesteuerte Maschinen, was dem Fortgang zwar dienlich ist, jedoch nicht nur den Intentionen des Architekten zuwider läuft, sondern auch eine gewisse Uniformität und Sterilität in der Ausführung zum Ergebnis hat. Im Inneren gibt es einen Altar und unter ihm eine Krypta, in der der katalanische Architekt Antoni Gaudí y Cornet begraben liegt.

ANREISE:
Internationale Flugverbindungen über den Airport El Prat.
Ca. 12 km in die City

ÖFFNUNGSZEITEN:
September bis März normalerweise 9 – 18 Uhr, April bis August 9 – 20 Uhr

SEHENSWERT:
Die filigrane Westfassade mit Szenen um die Geburt Christi. Der Blick vom Glockenturm auf Barcelona und die bunten Mosaiken der anderen Türme

Seit Baubeginn 1882 ist die Sagrada Família bis heute eine ewige Baustelle geblieben (links)

Die Ostfassade mit dem Weihnachtsportal (unten links)

Enge Wendeltreppe in einem der Türme (unten Mitte)

Bunte Mosaikarbeiten schmücken die Spitzen der einzigartigen Glockentürme (unten rechts)

Romanik am Ufer des Tormes

Die Kathedrale von **SALAMANCA** reicht in ihrem ältesten Teil bis ins 12. Jahrhundert

ANREISE:
Internationale Flugverbindungen nach Madrid. Von dort über gut ausgebaute Landstraßen oder von Norden über die Autobahn. Auch per Bahn gut erreichbar

ÖFFNUNGSZEITEN:
Normalerweise Di - Sa 10 - 14 und 16 - 19 Uhr, Mo 16 - 19 Uhr, So 10 - 14 Uhr

SEHENSWERT:
Der Hochaltar der Alten Kathedrale mit seinen 53 Bildern

Blick über den Tormes auf die Kathedrale mit ihren beiden Kuppeltürmen (oben rechts)

Die Chorpartie der Alten Kathedrale mit der Vierungskuppel aus dem 12. Jahrhundert und dem Goldenen Hahn (unten links)

Auch das Seitenschiff mit den Strebepfeilern wurde bei der prachtvollen Ausstattung nicht vernachlässigt (unten Mitte)

Dem Himmel näher: Blick in das Gewölbe der großen Kuppel (unten rechts)

Das Prosabuch „Lazarillo vom Tormes" erschien 1553 erstmals. Sein Held ist ein Schelm, ein picaro, welcher Figurentypus für die europäische Belletristik bis in die unmittelbare Gegenwart zu einem prägenden Typus gedieh. Der Fluss Tormes fließt durch die westspanische Stadt Salamanca. Es ist anzunehmen, dass auch der anonyme Autor des ersten Schelmenromans hier daheim war.

Denn die Stadt war ein Zentrum humanistischer Gelehrsamkeit. Ihre Universität gehört zu den ältesten Hochschulen der Welt, gegründet 1218, die päpstliche Universität am Ort ist nochmals fast hundert Jahre älter. Frey Luis de León, Spaniens Erasmus, lehrte hier, und unter den Studenten war Miguel de Cervantes, Autor des „Don Quijote". Die alten Hochschulgebäude stehen noch, zu Recht berühmt für ihre Hauptfassade im Platereskenstil, der Spätgotik Spaniens mit islamisch-maurischen Einflüssen.

Goldgelber Naturstein

Hergestellt wurden sie aus dem goldgelben Naturstein von Villamayor, so wie die beiden Kathedralen mit ihren Fronten an der Plaza Mayor, Salamancas guter Stube. Auch das Nordportal der Neuen Kathedrale ist pures Plateresco und ähnelt stark der Universitätsfassade, in deren unmittelbarer Nachbarschaft sie steht.

Beide Kirchen sind derart aneinander gerückt, dass man sie für einen einzigen Baukomplex halten kann, wobei die Alte Kathedrale wie eine Kapelle der Catedral Nueva erscheint. Diese entstand zwischen 1513 und 1733, als teils spätgotische, teils barocke Architektur. Die Catedral Vieja wurde bereits zwischen 1100 und 1200 errichtet, ihr Baumeister blieb anonym.

Sie ist reine Romanik. Dieser Stil hat in Spanien seine besondere Geschichte und, daraus folgend, seine ästhetische Eigenart.

Fortsetzung der Spätantike

In vormals römischen Regionen bedeutete Romanik eine direkte Fortsetzung der Spätantike. Grundrisse, Bauformen, Ornamente wurden von römischen Originalen übernommen, die, christlich adaptiert oder nicht, als Muster jedenfalls erfahrbar waren. Auch Iberien war einst römische Kolonie, doch nach germanischen Invasionen begann mit den maurisch-islamischen Eroberern die Herrschaft einer völlig anderen Kultur mit einem besonderen ästhetischen Kanon. Die Jahrhunderte der Maurenherrschaft produzierten eine Art iberischen Mischstil, dessen bekanntestes Resultat der estilo plateresco wurde. Der religiöse Kultus, die Mauren tolerierten ihn, hatte seine eigene Liturgie, die isodorische oder mozarabische, mit wiederum ästhetischen Konsequenzen.

Die christliche Wiedereroberung Iberiens verlief von Norden nach Süden. Um 1100 waren die Mauren aus Galicien, León, Asturien und Kastilien vertrieben. Es war dies die große Zeit der europäischen Romanik, und dieses Stils bedienten sich nun die iberischen Architekten, wobei sie ihre Muster nicht aus der Antike bezogen, vielmehr orientierten sie sich an Italien und Frankreich. Die Kommunikation erfolgte auf dem Pilgerweg nach Santiago de Compostela und durch die ins Land gerufenen Siedler. Gelegentlich erfolgte eine Symbiose mit mozarabischen Tendenzen; Eigenarten der spanischen Romanik waren zum Beispiel die in Reihen übereinander stehenden Säulen, wie man sie auch in der Catedral Vieja von Salamanca findet.

Einfluss der Mauren

Den schönsten Panoramablick auf sie bietet die alten Brücke über dem Tormes. Sie war einst Teil einer von den Römern erbauten Straße.

Betreten lässt sich die Catedral de Santa María de la Sede über die Puerta de Acre, eine Pforte im rechten Seitenschiff der Neuen Kathedrale. Die Catedral Vieja ist eine eingewölbte Basilika, ihre Bögen laufen deutlich in Spitzen aus, was man als Hinwendung zur Architektur der Mauren ansehen kann. Das Langhaus ist ein eher einfacher, sehr würdiger und durchaus stimmungsvoller Bau. An den reich gestalteten Säulenkapitellen gibt es Tierköpfe, Tierkörper, menschliche Gestalten.

Die Apsis zeigt einen monumentalen Retablo, einen Altaraufbau, mit insgesamt 53 Darstellungen aus dem Leben Jesu Christi und dem Leben der Gottesmutter Maria. Dies und das Fresko im Gewölbe, mit einer Darstellung des Jüngsten Gerichts, sind Arbeiten von Nicolás Florentino aus der Mitte des 15. Jahrhunderts. Mittelpunkt des Retabels aber ist eine Statue der heiligen Jungfrau, Virgen de la Vega. Sie stammt aus romanischer Zeit, wurde mit Bronze verkleidet und mit Edelsteinen geschmückt.

Eindrucksvollster Teil der Kathedrale ist der Vierungsturm. Derartige cimborios stellen eine weitere Eigenart der spanischen Romanik dar, jener in Salamanca ist der von allen wahrscheinlich eindrucksvollste. Oben auf dem spitz zulaufenden Kuppeldach steht ein Hahn, und nach ihm wurde der Aufbau benannt. Hahnenturm. Der spanische Wortlaut klingt etwas pompöser: la Torre del Gallo.

Domkirche statt Moschee

Die Spuren des Islam sind in der Kathedrale von **SEVILLA** noch heute erkennbar – Hier ist Kolumbus beigesetzt

Wie eine mittelalterliche Hallenkirche wirkt die Kathedrale mit ihrer kastenförmigen Anlage. Hier der Blick auf die Südseite. Fenster, Galerien, Pilaster und Aufsätze lockern die Außenfassade auf (oben)

Der Blick die Säulen hinauf und zur Decke des Hauptschiffes endet in 56 Meter Höhe (oben rechts)

Quien no ha visto Sevilla, no ha visto maravilla, heißt ein alter Spruch. Wer Sevilla nicht sah, hat kein Wunder gesehen. Die südspanische Großstadt an der Mündung des Río Guadalquivir, aus deren Hafen einst die Schiffe der Entdecker Christoph Kolumbus und Ferdinand Magellan ausliefen, ist Kunstfreunden bekannt durch die Maler Velázquez und Murillo, durch die hier spielenden Opern von Mozart, Rossini und Bizet. Wahrscheinlich von Phöniziern gegründet, war der Ort ein bedeutender Hafen unter Caesar, Hauptstadt unter Wandalen und Westgoten, ein wichtiges urbanes Zentrum unter der Herrschaft der Mauren.

1248 wurde die Stadt im Zuge der Reconquista als vorletzte islamische Bastion durch Ferdinand III. von Kastilien erobert, der Sevilla auch zu seiner Residenz erhob. Spanien einschließlich Andalusiens war jetzt von Mauren fast frei, lediglich das maurische Granada hielt sich noch bis 1492, zufällig dem Jahr, da Kolumbus zu seiner folgenreichen Exkursion aufbrach.

An die lange islamische Vergangenheit erinnert in Sevilla heute noch vieles, zumal in der Architektur. Das städtische Wahrzeichen, der „Giralda" genannte Turm der Kathedrale, ist zuvor ein Minarett gewesen, zugehörig der Ende des 12. Jahrhunderts errichteten Hauptmoschee. Von den siegreichen Christen wurde sie erst umgewidmet zur Kirche und schließlich geschleift, um an diese Stelle eine Kathedrale zu setzen. Ihr Bau begann 1402. Die Weihe geschah 1506.

Bleiben wir noch bei der Giralda, deren Name übrigens Wetterfahne bedeutet. Der Turm ist 93 Meter hoch und verjüngt sich zur Spitze. Der oberste Abschnitt, die Glockenstube,

ist eine christliche Zutat. Das große Geläut befindet sich in der Galerie darunter, bestehend aus 24 Glocken, außerdem gibt es dort die Matraca, ein hölzernes Gehäuse mit Klappern, die in der Karwoche benutzt werden, statt der Glocken, und ein schaurigmakabres Geräusch erzeugen, dem düsteren religiösen Anlass gemäß.

Verrückte Baumeister

Die Kathedrale von Sevilla ist eine der großen Kirchen der Christenheit. Das meint ihre räumliche Ausdehnung ebenso wie ihre kulturelle Bedeutung als Denkmal der spanischen Spätgotik. Der Grundriss zeigte eine fünfschiffige Kirche mit Seitenkapellen, die bewirken, dass Apsis und Querhaus nicht über die Außenmauern hinaustreten und derart ein massiges, einigermaßen kastenförmiges Bauwerk entstand. Die Länge beträgt 117 Meter, die Breite 76 Meter.

Die Seitenschiffe erheben sich fast zum Niveau des 40 Meter hohen Mittelschiffs, womit sich eine Annäherung an die Hallenkirchen der mitteleuropäischen Spätgotik herstellt. Die Erbauer der Kirche wollten eine Architektur, für deren Ausführung, so ihr wörtlicher Ausspruch, man sie für verrückt halten werde. Die Baumeister sind bekannt, außer einem Flamen waren zwei Franzosen beteiligt, wohl auch ein Deutscher, Meister Simon von Köln, der sich an der Kathedrale in Burgos hervortat; man nimmt an, dass die Vierungskuppel von ihm stammt.

Arabische Portale

Von dem islamischen Vorgängerbau wurde nicht nur das Minarett übernommen. Ebenso blieben die Grundmauern erhalten, was die Gestalt der Kathedrale maßgeblich beeinflusste. Einige Portale stammen von der Moschee, so die Puerta del Perdón im Norden, durch die man zunächst in den Patio de los Naranjos – den Orangenhof – gelangt, gleichfalls ein islamisches Überbleibsel. Der achteckige Brunnen in der Hofmitte gehörte einst zu einem islamischen Ritualbad, einer Midhâ.

Das Hauptportal, Puerta Mayor, geht nach Westen. Es liegt zwischen der Puerta del Bautismo, dem Taufportal, und der Puerta des Nacimiento, der Geburtspforte, beide tragen reichen Figurenschmuck. Andere Eingänge führen nach Süden und nach Osten.

Innen fällt das Licht durch vierteilige Lanzettfenster mit sehr reichem Maßwerk. Unter der Vierung befinden sich Chor und Capilla Mayor. Das Retabel, der Altaraufsatz, ist ein riesiger gotischer Schnitzaltar, an dem gleich mehrere Meister 80 Jahre lang gearbeitet haben, in seiner Mitte steht die Figur der heiligen Jungfrau Maria, nach der die Kathedrale heißt: in Silber getrieben und umgeben von 45 Schnitzfiguren, die ihr Leben wie das ihres Sohnes Jesus Christus erzählen.

In der Kelchsakristei, Sacristía de los Cálices, hängen Gemälde von Goya und Murillo. Der Kapitelsaal trägt reiches Dekor. In der Kathedrale befinden sich einige wichtige Gräber, auch von Königen, so das von Pedro el cruel, Peter dem Grausamen, gestorben 1369. Im südlichen Querschiff wurde Kolumbus beigesetzt.

ANREISE:
Flughafen San Pablo, 5 km von der Innenstadt entfernt. Schnelle Bahnverbindung von Madrid

ÖFFNUNGSZEITEN:
La Giralda und Kathedrale normalerweise Mo - Sa 10.30 bis 17 Uhr, So 14 bis 18 Uhr

SEHENSWERT:
Das größte Retabel (Altaraufsatz) der christlichen Welt. Eindrucksvoller Blick über die Stadt vom Giralda-Turm

Ursprünglich befand sich das Grab des Kolumbus in Havanna. Als Kuba unabhängig wurde, kehrte der Entdecker Amerikas 1892 dorthin zurück, von wo er einst aufgebrochen war: nach Sevilla. Sein Grabmal steht in der Kathedrale (Mitte)

Die ganze Pracht spanischer Handwerkskunst zeigt der Blick in eines der Seitenschiffe (unten)

Lissabons älteste Basilika

Die Kathedrale Sé Patriarchal ist das zentrale Gotteshaus der portugiesischen Hauptstadt

ANREISE:
Über den internationalen Flughafen der Stadt. Direkte Bahnverbindungen von Madrid und Frankreich. Autobahnverbindungen von Madrid und Galizien

ÖFFNUNGSZEITEN:
Normalerweise 7-17 Uhr. Während der Messen kein Zugang für Touristen

SEHENSWERT:
Der Kreuzgang aus dem 14. Jahrhundert, der Kirchenschatz und die angeschlossenen Kapellen

Eine der Grabkapellen im Chorumgang. In den Sarkophagen ruhen die Gebeine des Heerführers Pacheco und seiner Frau (links unten)

Der heilige Antonius von Padua, Augustinerchorherr und später Franziskaner, Prediger in Marokko wie in Frankreich, beschloss sein frommes Leben als Eremit in Mittelitalien. Seine Heiligsprechung erfolgte kein Jahr nach seinem Tode, es war das kürzeste Kanonisierungsverfahren der Kirchengeschichte.

Geboren wurde er unter dem Namen Fernando Martin de Bulhom, als Kind einer portugiesischen Adelsfamilie, seine Priesterweihe erfuhr er in Coimbra. Sein Geburtshaus befand sich dort, wo heute die Kirche Santo António da Sé steht, mitten in der Altstadt von Lissabon, nahe der Kathedrale.

Die Biografie des Heiligen sagt etwas aus über das Portugal des 13. Jahrhunderts, als Antonius lebte. Dass er es unternahm, in Nordafrika zu missionieren, hatte mit dem allmählichen Rückzug der Mauren von der iberischen Halbinsel zu tun; dies erfolgte im Zusammenhang mit den Kreuzzügen, deren logistischer Mittelpunkt Italien war.

Portugal konnte seine Reconquista früher beenden als das Nachbarland Spanien, dem es, als Seefahrtnation mit transatlantischem Ehrgeiz, für eine Weile sehr erfolgreich Konkurrenz machte, nachweislich seiner kolonialen Eroberungen in Afrika, Asien und Lateinamerika. Die Reichtümer, die von dort ins Mutterland flossen, waren auch von immaterieller Art, es waren Kenntnisse, Anregungen und Imitationen in Wissenschaft und Kunst.

Angelsächsischer Einfluss

Die Kathedrale Sé Patriarchal entstand viel früher. Sie ist das zentrale Gotteshaus der Stadt Lissabon und das älteste dazu. Die Kapelle, die sich ursprünglich an seiner Stelle befand, war unter der Maurenherrschaft zu einer Moschee geworden. Nach der siegreichen Reconquista, als Alfonso I. Lissabon 1147 zurückeroberte, riss man diese nieder, um Platz zu schaffen für eine neue christliche und von der fremden Religion unbefleckte Kirche, Baubeginn war um 1150.

Man kennt, selten genug für diese hochmittelalterlichen Zeiten, den Namen des Baumeisters: Roberto, magister operis. Seine wichtigste architektonische Anregung erfuhr er durch die Sé Velha, die alte Kathedrale in Coimbra, die einen ganz ähnlichen Grundriss aufweist. Beide Kirchen haben auch den normannischen Typus der Westfassade gemeinsam. Dieser angelsächsische Einfluss soll nicht erstaunen. Die Verbindungen zwischen Portugal und England sind alt und dauerten bis in jüngste Zeit. Selbst der erste Bischof der Lissaboner Kathedrale war ein Engländer, Gilbert.

Grabstätten im Chor

Mitte des 14. Jahrhunderts wurde die Sé Patriarchal umgebaut, im damals populären spätgotischen Stil. Auftraggeber war der damalige König Dom Alfonso IV. Wichtigste Zeugnisse aus jener Periode sind das prächtige Gitterportal vor einer der Kapellen und vor allem die Choranlage. Bei dem schweren Erdbeben in Lissabon 1755 trug auch die Kathedrale erhebliche Schäden davon, die anschließend beseitigt wurden. Seit dem Jahre 1990 finden auf dem Gelände archäologische Grabungen statt. Sie haben römische und phönizische Spuren freigelegt.

Sé Patriarchal ist eine dreischiffige, in ihren Strukturen noch überwiegend romanische Basilika. Links neben dem Eingang steht das Becken, in dem das Kind Bulhom seine Taufe empfing. Im Chor befinden sich die Grabstätten von Dom Alfonso IV. und seiner Gattin Brites; König Alfonso trug den Beinamen der Tapfere, dabei war seine bekannteste Handlung der Befehl, die Gattin seines Sohnes zu ermorden, da sie aus dem Königshaus Kastiliens stammte und der König fürchtete, die Ehe könne für Portugal Schaden stiften. Auch einer seiner treuesten Gefolgsleute, Lopo Fernandes Pacheco, wurde hier beigesetzt, in einer eigenen Kapelle.

Die Kirche besitzt noch weitere Kapellen. In der ersten, gleich hinter dem Portal, wurde eine plastische Darstellung der Geburtskrippe Jesu Christi aufgestellt, eine Arbeit des

Barockkünstlers Joaquim Machado de Castro. Ihr Material ist Terrakotta; es macht darauf aufmerksam, dass der gebrannte Ton ein ästhetisches Vorzugsmaterial ist in Portugal und in Lissabon, wo farbige Fliesen, azulejos, zum bevorzugten Dekor der Häuser gehören, innen wie außen. In ärmeren Wohngegenden genauso wie in denen der Reichen.

Reliquien des heiligen Vinzenz

Eine andere Kapelle ist dem heiligen Vinzenz gewidmet, dessen Reliquien sich einst hier befanden; jetzt steht der Silberschrein in der Sakristei hinter dem rechten Seitenschiff. Vinzenz von Saragossa lebte Ende des dritten Jahrhunderts als Erzdiakon, und er war berühmt wegen seiner Beredsamkeit.

Während der Christenverfolgung unter Kaiser Diokletian wurde er inhaftiert und hingerichtet. Raben sollen seinen Leichnam vor Raubtieren geschützt haben, der schließlich ins Meer geworfen wurde, worauf es ihn in Südportugal wieder an Land trieb, an eben jener Stelle, die nun Cabo de São Vicente heißt. Eines seiner ikonographischen Attribute ist ein Schiff, seine Patronage gilt unter anderen den Weinbergswächtern und Winzern. Mithin gab es für die Seefahrer- und Weinnation Portugal gute Gründe, diesen Heiligen besonders zu mögen.

Seitlich im Chorumgang von Sé Patriarchal führt eine Pforte zum Kreuzgang. Er stammt aus dem 14. Jahrhundert und hat zwei Stockwerke. Die Fassade der Kathedrale, die den Eindruck einer zweitürmigen Festung macht, wurde 1380 fertig gestellt.

Hier beginnt, hangabwärts, die Altstadt Alfama mit ihren krummen Gassen, den pittoresken Häusern und dem schmuddeligen Pflaster. Einst war es ein Adelsquartier, heute ist es das Kleine-Leute-Viertel, über das die stumpfen Türme von Sé Patriarchal sich steif und hochmütig erheben.

Die Kathedrale Sé Patriarchal mit ihren beiden spätromanischen Türmen steht in der Altstadt (oben)

Reliquienkasten aus dem 16. Jh. (unten)

Im emanuelinischen Stil

Die Klosteranlage St. Jerónimos in **BELÉM** ist ein Beispiel für die Pracht des portugiesischen Dekors

ANREISE:
Über den internationalen Flughafen von Lissabon. Bahnverbindungen von Madrid und Frankreich. Autobahnen von Madrid und entlang der Küste.

ÖFFNUNGSZEITEN:
Normalerweise Di - So 10 - 17 Uhr. Änderungen kurzfristig möglich

SEHENSWERT:
Der Kreuzgang von 1517 und 1522

Der südwestliche Vorort von Portugals Hauptstadt Lissabon, am rechten Ufer der Mündung des Tejo gelegen, trägt den Namen Belém. Es handelt sich um eine Kurzform von Bethlehem, der Geburtsstätte Jesu Christi, was darauf aufmerksam macht, dass es sich um einen Ort der Frömmigkeit handelt. Tatsächlich ist Mittelpunkt von Belém ein großes Kloster, benannt nach dem Kirchenvater Hieronymus. Dieser lebte Ende des 4. Jahrhunderts, schuf die maßgebliche lateinische Bibelübersetzung Vulgata und verbrachte einen Großteil seines Daseins im historischen Bethlehem, wo er mehreren Klöstern vorstand.

Das Hieronymitenkloster in Lissabon geht zurück auf Heinrich den Seefahrer. Dieser im Jahre 1394 geborene dritte Sohn von Portugiesenkönig Johann I. hatte ein ausgeprägtes Interesse an allem Nautischen. Er revolutionierte die Techniken der Navigation und brachte Neuerungen beim Schiffsbau voran. Der Bau der später bei den Welterkundungen verwendeten Karavalle, eine Fortentwicklung der hanseatischen Kogge, verdankt sich seiner Initiative. Er suchte einen Seeweg nach Asien, mit dem der arabische Zwischenhandel zu umgehen war. Ohne Heinrichs Initiativen hätte es die Expeditionen des Christoph Kolumbus so nicht gegeben.

Portugal wurde infolge Heinrichs Bemühung zu einer bedeutenden Seefahrer- und Kolonialmacht. Seine Besitzungen reichten von Afrika bis China und Südamerika. Die von dorther kommenden Anregungen trafen auf die heimischen Überlieferungen, die auch geprägt waren durch drei Jahrhunderte islamischer Herrschaft unter dem Kalifat von Córdoba. Aus alledem entstand in der Bauästhetik ein Manierismus, den die Kunstgeschichte unter dem Namen emanuelinischer Stil kennt, benannt nach König Dom Emanuel I., der von 1495 bis 1521 regierte.

Strebepfeiler werden Bäume

Der emanuelinische Stil ist eine Spielart der Spätgotik. Strebepfeiler werden zu entwurzelten Bäumen. Überall finden sich Fische und Korallen, ranken sich exotische Pflanzen aus Stein. Rundfenster sind eingefasst mit den Abbildern nautischer Gegenstände: Ankern, Navigationsinstrumenten, gedrehten Seilen. Proben des Stils finden sich in Batalha, in Setúbal, in Tomar. Die bei weitem berühmtesten und üppigsten Beispiele dieser außerordentlich reichen Ornamentik zeigt das Hieronymitenkloster in Belém.

Dessen Ursprung war eine Kapelle, in der die Seeleute sich vor dem Auslaufen ihrer Schiffe zur Andacht versammelten. Auch der berühmte Vasco da Gama soll hier gebetet haben, ehe er 1497 aufbrach zu seiner erfolgreichen Umsegelung Afrikas. In Erinnerung daran ließ König Emanuel I. eine Klosteranlage errichten, deren Vorbild das Mausoleum in Batalha war. Begonnen wurde der

Bau von Matheus Fernandes, fortgesetzt von João de Castilho, den bedeutendsten Architekten der emanuelinischen Epoche. Die gesamte Anlage entstand zwischen 1517 und 1551 unter der Anleitung von João de Castilho. Mittelpunkt der Anlage ist die dreischiffige Kirche Santa Maria. Die Bildhauerarbeiten des Kirchenraums stammen von dem Franzosen Nicolau Chatranez.

Am Grab von Vasco da Gama

Santa Maria hat drei Schiffe und misst 92 Meter in der Länge, bei einer Breite von 22,6 Meter und einer Höhe von 25 Meter. Die achteckigen Pfeiler sind mit reichhaltigen Reliefs versehen. In Querschiff und Apsis befinden sich die Gräber von König Emanuel I., seinen Nachfolgern und etlichen seiner Verwandten, insgesamt sieben Königen, sieben Königinnen und 19 Infanten aus dem Hause Aviz, das war jene Dynastie, die mit König Johann I. begann, Heinrich des Seefahrers Vater.

Nicht nur Angehörige der Königsfamilie ruhen in der Kirche. Das Hieronymitenkloster von Belém ist für Portugal ungefähr das, was das Pariser Panthéon für Frankreich ist. Unter der Orgeltribüne der Kirche Santa Maria stehen die Sarkophage von Vasco da Gama und Luís Vaz de Camões, Portugals größtem Dichter, der 1580 an der Pest verschied. Er hatte ein äußerst abenteuerliches Leben hinter sich, er hatte Liebesaffären und Schlägereien, er war bis nach Macao in China und bis nach Moçambique in Afrika gelangt, sein großes Versepos „Os Lusídaes" entstand während seiner Reisen und feiert die Entdeckungsfahrt von Vasco da Gama. Dass der Entdecker und sein literarischer Chronist in derselben Kirche bestattet wurden, zeugt von schöner Folgerichtigkeit.

An die Klosterkirche schließt nördlich João de Castilhos Kreuzgang an. Er verläuft in zwei übereinander liegenden Galerien mit besonders üppiger emanuelinischer Ausstattung. Hier steht ein steinerner Löwenbrunnen, geweiht dem heiligen Hieronymus. Der Heilige wird üblicherweise dargestellt mit einem Löwen, dem er aus der Pfote einen Stachel entfernt. Es handelt sich um reine Allegorie: Der Löwe symbolisiert die unverfälschte Lehre und der Stachel deren Entstellung. Hieronymus war nicht nur Übersetzer und Klostervorstand, sondern vor allem ein eifriger Kämpfer wider alle Abweichungen von der herrschenden Theologie.

Das Hauptportal der Klosterkirche von St. Jerónimos in Belém mit ihren beiden Türmen (oben links)

Das Hauptschiff von Santa Maria mit dem Hochaltar (oben rechts)

Unter schweren im emanuelinischen Stil gearbeiteten Säulen ruht Vasco da Gama in seinem Sarkophag (unten links)

Die vielfältigen Schmuckelemente des Emanuelinismus zeigt auch der Blick auf das Deckengewölbe (unten rechts)

Ein Höhepunkt französischer Gotik

Die Kathedrale in **AMIENS** ist berühmt für ihre wertvollen Plastiken und Reliefs

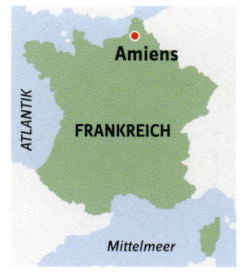

ANREISE:
Gute Straßen- und Schienenverbindungen von Paris oder über den Flughafen von Lille

ÖFFNUNGSZEITEN:
Normalerweise täglich 8.30 - 18.45 Uhr, im Winter 8.30 - 12 Uhr und 14 - 17 Uhr

SEHENSWERT:
Das Chorgestühl mit 110 geschnitzten Chorstühlen und 4000 biblischen Szenen

Die im französischen Norden gelegene historische Provinz Picardie wurde nach der Großen Revolution aufgeteilt in die drei Départements Aisne, Oise und Somme. Der Name der Region erinnert an eine Stichwaffe und deren soldatische Träger, die zu Zeiten der französischen Könige bevorzugt aus dieser Landschaft rekrutiert wurden.

Die Picardie grenzt an die Champagne, an das Pariser Becken, an die Kanalküste; Flandern ist nahe, die Luft schmeckt nach Feuchtigkeit und Nebel. Hauptstadt der vormaligen Provinz war und Zentrum des heutigen Départements Somme ist Amiens. Es liegt am Mittellauf des Flusses Somme, ist von allerlei Industrie geprägt und besitzt eine Universität, die nach Jules Verne heißt, dem utopischen Schriftsteller, der einst in Amiens zu Tode kam.

Unübersehbarer Mittelpunkt der Stadt ist die Kathedrale von Notre-Dame: größtes gotisches Gotteshaus in Frankreich, mit dem doppelten Volumen der Kirche Notre-Dame von Paris. Es ist dies nicht der einzige Superlativ, den diese Kathedrale für sich reklamieren kann. Mit ihren Skulpturen, deren Gesamtzahl erstaunliche 3600 beträgt, die meisten befinden sich an der Westfassade, darf sie einen anderen Spitzenrang unter den mittelalterlichen Gotteshäusern im Land und darüber hinaus in Europa beanspruchen.

Beginn mit der Westfassade

Im 13. Jahrhundert, da man die Kathedrale schuf, war Amiens eine prosperierende Stadt. Ihre urbanen Ursprünge reichen weit zurück: Ursprünglich siedelten hier keltische Stämme, die Caesar während seines gallischen Krieges unterwarf. Die Römer nannten die hiesige Provinz Ambianum. Eine wichtige Durchgangsstraße führte vorbei. Zum christlichen Bischofssitz wurde Amiens im 5. Jahrhundert.

Vor der jetzigen Kathedrale gab es etliche hölzerne Kirchen, die schließlich einer romanischen Kathedrale Platz machten. Im Jahre 1218 brannte sie herunter. Der Neubau begann. Der verantwortliche Bischof hieß Evrard de Fouilloy, und man kennt auch den Namen seines Baumeisters, Robert de Luzarches, dem 1225 in gleicher Funktion dann Thomas de Cormont und dessen Sohn Regnault folgten.

Gegen alle Gewohnheit begann man mit dem Bau von Westfassade und Langhaus. Sie wurden auch als erste fertig gestellt. Einige zuvor hier existierende Gebäude mussten der ausladenden Konstruktion weichen, darunter die Kirche St. Firmin und das Armenspital. Zwischen 1240 und 1258 waren die Arbeiten unterbrochen, da es an Geld fehlte. Anschließend entstand der Chor, und die ersten Fenster wurden eingesetzt. Der König von Frankreich, Ludwig der Heilige, besichtigte den Bau, als er nach Amiens kam, um einen Streit zwischen Englands König Heinrich III. und dessen Baronen zu schlichten. Die Sache ging als Mise d'Amiens in die Geschichtsbücher ein.

Reliquien des hl. Firminius

1269 waren die wichtigsten Arbeiten abgeschlossen, die kurze Bauzeit bewirkte eine größtmögliche stilistische Geschlossenheit. 1279 wurden die Reliquien des heiligen Firminius feierlich in das neue Gotteshaus überführt, in Anwesenheit der Könige von Frankreich und England. Firminius war erster Bischof von Amiens, erlitt den Märtyrertod zu Zeiten des Kaisers Diokletian und ist jetzt städtischer Schutzpatron.

Nach 1290 begann der Bau der Kapellen. 1366 wurde der südliche Turm errichtet, 1375 der nördliche. Zehn Jahre darauf heirateten in der Kathedrale Franzosenkönig Karl IV., genannt der Wahnsinnige, und Isabella von Bayern. Inzwischen tobte der Hundertjährige Krieg zwischen Frankreich und England, der die Picardie immer mitbetraf; in der Kathedrale wurde weiter gewerkelt. Die prächtige Orgel wurde eingebaut. Ähnlich sonstigen mittelalterlichen Bauwerken dämmerte Notre-Dame d'Amiens während der Zeiten von Renaissance und Barock vor sich hin, erst im 19. Jahrhundert machte Eugène Emmanuel Viollet-le-Duc, Begründer der französischen Denkmalpflege, auf das Bauwerk aufmerksam und sorgte für die dringendsten Restaurationsarbeiten. Sie dauern an bis zur Gegenwart.

Wer heute als Tourist nach Amiens reist, tut es in aller Regel, um die imponierende Kathedrale zu sehen. Sie ist eine dreischiffige Basilika, mit fünfschiffigem Chor und mit im Osten herausgeschobener Marienkapelle. Die beiden unterschiedlich gestalteten Türme sind stumpf, sie erheben sich nicht ganz bis zur Höhe des Dachreiters. Das Strebewerk wirkt ungewöhnlich ausladend. Die Westfassade zeigt außer ihrem üppigen Skulpturenschmuck eine große Fensterrose.

Im Inneren beeindruckt der mit effektvollen Ornamenten ausgestattete Fußboden, wozu jenes berühmte oktogonale Labyrinth gehört, das, in schwarzen und weißen Marmorlinien, auf einen zentralen Stein zuläuft. Dort sind die Abbilder der drei Architekten und ihres ersten Auftraggebers zu sehen, dazwischen flattern weiße Tauben. Eine in Mittelfranzösisch verfasste Inschrift teilt die Entstehungsgeschichte der Kirche mit.

Die Skulpturen zeigen Heilige ebenso wie tierisch-dämonische Wasserspeier. An beiden Türmen gibt es Galerien mit steinernen Königsfiguren. Sämtliche Plastiken waren früher farbig, Zeit und Witterung haben die Kolorierung zumeist fortgewaschen, nur vereinzelt blieb sie erhalten, etwa bei dem Relief mit der Geschichte des heiligen Firminius und, vor allem, bei der Vierge dorée am Mittelpfeiler des Querhaus-Südportals. Sie ist eine prächtige goldene Madonnenfigur. Engel umschweben sie.

Außenansicht der Kathedrale von Amiens. Besonders schmuckvoll ist die Hauptfassade mit ihren zwei stumpfen Türmen (links)

Mit ihren hohen Pfeilern und der beeindruckenden Gewölbehöhe wurde die Kathedrale zum Vorbild für den Dombau westlich des Rheins. Blick in das Gewölbe des Querschiffs (rechts)

Das Lächeln von Reims

Die Kathedrale von Notre-Dame – Vorbild der Dombauten jenseits des Rheins

ANREISE:
Direkte Autobahn- und Zugverbindung von Paris

ÖFFNUNGSZEITEN:
Normalerweise täglich 7-19 Uhr, auch sonntags. Ausgenommen die Zeiten während der Messen

BESONDERHEITEN:
Klassik- und Jazzfestival im Juli/August. Während des Festivals große Chorkonzerte in der Kathedrale

Die prachtvolle Fassade der Kathedrale ist berühmt für die zahlreichen steinernen Figuren. Die von zwei stumpfen Türmen überragte Westfront zeigt die Bildhauerkunst der Gotik in größter Vollendung (rechts)

Figurengruppe am Mittelportal der Westfassade (unten links). Sie entstand vor 1233 und zeigt die Heimsuchung Mariä durch den Engel und die Verkündigung

Krönung Karls VII. am 17. Juli 1429 in der Kathedrale von Reims in Gegenwart von Jeanne d'Arc. Das Farblitho entstand nach einer Zeichnung von Paul de Semant um 1900 (unten Mitte)

Im Palais du Tau von Reims, dem ehemaligen Bischofssitz, liegt hinter dickem Panzerglas ein Schmuckstück aus dem 9. Jahrhundert. Es handelt sich um einen goldenen Anhänger, oval in der Form, mit Edelsteinen verschiedener Größe, gefasst in Gold. Besitzer des Schmuckstückes war einmal Karl, der fränkische König und römische Kaiser, von den Franzosen Charlemagne genannt, nach dem lateinischen Carolus Magnus, Karl der Große. Er trug den Anhänger als Amulett. Dass er sich nun in Reims befindet, hat seine historische Logik, denn die Stadt war zu Karls Zeit das eigentliche Zentrum des Frankenreichs, bedeutender als Aachen oder Paris. So sollte das eine Weile bleiben, vermöge der hier alljährlich abgehaltenen Handelsmessen, zu denen Kaufleute aus ganz Europa eilten.

Königlicher Krönungsort

Amtskirche der Reimser Bischöfe ist das Liebfrauenmünster, die Kathedrale von Notre-Dame. Sie war der Krönungsort der fränkischen und französischen Könige, beginnend mit Pippin, Karls Vater, und endend erst mit Karl X., im Jahre 1825. Der Grund dafür war: Der merowingische Eroberer des spätrömischen Galliens, Frankenfürst Chlodwig, wurde in Reims getauft, an eben der Stelle, wo heute die Kathedrale steht.

Von mehr als zeremonieller Bedeutung wurde das Ritual mindestens in einem Falle, während des Hundertjährigen Kriegs zwischen England und Frankreich, als das lothringische Hirtenmädchen Jeanne d'Arc, nach ihrem militärischen Sieg bei Orléans, der von himmlischen Stimmen zugetragenen Anweisung nachkam, König Karl VII. zu krönen. In Erinnerung daran steht sie heute nahe der Kathedrale, vor dem Justizpalast, in Gestalt eines kleinen bronzenen Reiterbilds.

Als Jeanne ihr Zeremoniell vollzog, hatte die Kathedrale schon die jetzige Form. Wie bei allen großen Domen des Mittelalters gab es Vorgängerkirchen, die älteste aus dem 5. Jahrhundert und noch in Auftrag gegeben von dem Täufling Chlodwig. Nach einem großen Brand im Jahre 1211 begann einer der ersten namentlich bekannten Baumeister jener Epoche, Jean d'Orbais, mit den Arbeiten an der neuen gotischen Kathedrale, die unter seinen vier Nachfolgern bis zum Jahre 1294 im Wesentlichen vollendet war. Lediglich die Turmgeschosse brauchten länger. Als Letztes wurde 1485 der Vierungsturm aufgebracht.

Derart zeigt sich die 138,5 Meter lange Kathedrale mit ihren zwei stumpfen Türmen als ein Werk von hoher stilistischer Geschlossenheit. Durch ihre Nähe zu jenen Landschaften, die später Deutschland hießen, wurde sie zu einem Vorbild für die Dombauhütten auch rechts des Rheins, wohl durch die Bauleute, die, von ethnischen Bindungen frei, von einer Baustelle zur nächsten wechselten und ihre anderswo gemachten Erfahrungen dabei mitbrachten.

Im Licht der Mystik

Das Liebfrauenmünster von Reims ist eine dreischiffige Basilika mit Querschiff und Kapellenkranz rund um den Chor. Das riesige Langhaus mit seinen schlanken, zu Spitzbögen auslaufenden Bündelpfeilern erzeugt eine mystische Stimmung auch infolge des durch die farbigen Fenster gebrochenen und gefilterten Lichts. Bei ihnen handelt es sich um Glasmalereien aus vielen Jahrhunderten. Die große Rose über dem Hauptportal stammt gänzlich aus dem 13. Jahrhundert.

Die letzten Arbeiten von Bedeutung schuf dann der aus dem weißrussischen Witebsk stammende Avantgardist Marc Chagall, der im Alter eine Vorliebe für biblische Themen entwickelte und außer Reims auch Metz und Mainz mit Entwürfen für Kirchenfenster belieferte.

Den größten kulturhistorischen Ruhm verdient das Liebfrauenmünster durch seine Außengestaltung. Der Figurenreichtum ist außerordentlich und der ästhetische Rang der skulpturalen Ausführung sehr hoch. Zu sehen ist der Heiland Jesus Christus in den verschiedenen Stationen seines Lebens, dargestellt werden Heilige, die Jungfrau Maria, französische Könige und Gestalten aus dem Alten Testament, voran der meisterlich geformte König Salomo.

Der Dom der Engel

Vor allem aber gibt es Engel, zahllose Engel, an Pfeiler gelehnt, kniend unter Baldachinen, und besonders berühmt ist jener am linken Portal, genannt le Sourire de Reims, das Lächeln von Reims.

Hier handelt es sich allerdings nicht um das Original, sondern um eine Replik. Reims, Hauptstadt der Champagne, war ein Schauplatz kriegerischer Konflikte spätestens seit den Tagen des Keltenstammes der Remi. Römer, Hunnen und Franken zogen hier durch oder setzten sich fest, die Soldatenhaufen des Hundertjährigen Krieges verheerten die Gegend, zuletzt marschierten hier deutsche Armeen zweier Weltkriege im 20. Jahrhundert. Zwischen 1914 und 1918 waren die Champagne und der nahe Gebirgszug der Ardennen ein erbittert umkämpftes Territorium. Reims trug schwere Schäden davon. Die Kathedrale von Notre-Dame glühte aus zur Ruine. Man hat sie völlig wieder hergestellt, mit aller denkmalspflegerischen Sorgfalt der Moderne.

Außer auf Königskrönung und Kriegswirren gründet die Prominenz der Champagne auf ein Getränk: Die Landschaft ist Ursprung jenes Schaumweines, der ihren Namen trägt und dessen kostbarste Kreszenzen in oder nahe Reims heranreifen. Auf den Bänken der Place du Cardinal Luçon vor der Kathedrale Notre-Dame kann man sie an schönen Tagen sitzen sehen: Rentiers, in der Hand Piccoloflaschen eines Champagners, der in den Feinkostgeschäften dieser Welt stolze Preise erzielt, so sitzen sie, trinken, lächeln versonnen, und die Engel an der Kathedrale lächeln zurück.

Gotteshaus in bester Lage

Notre-Dame, die berühmteste Kirche von **PARIS**, wurde auf einer Insel in der Seine errichtet

ANREISE:
Internationale Flug- und Bahnverbindungen. Métro bis Cité. Über den Anleger Notre-Dame auch mit dem Schiff erreichbar

ÖFFNUNGSZEITEN:
Normalerweise täglich 8 - 18.45 Uhr

SEHENSWERT:
Die Fensterrosetten in der West- und der Südfassade

Alle Teile verschmelzen harmonisch zum prächtigen Ganzen, dessen fünf gigantische Stockwerke sich dem Auge auf einmal darbieten", schrieb Victor Hugo, freilich sei es „schwer, die Entrüstungen über die unzähligen Verstümmelungen und Beschädigungen zu unterdrücken, die Zeit und Menschen einmütig an diesem ehrwürdigen Gebäude verübt haben".

Die Sätze stehen in „Notre-Dame de Paris" von 1831, das mehr ist als der Roman, sondern ebenso ein Traktat über die verschüttete Schönheit der Pariser Bischofskirche. Das Gebäude war damals in keinem guten Zustand. Niemanden schien es zu stören. Erst Hugos Roman bewirkte einen Wandel des allgemeinen Bewusstseins, in der Folge wurden die Architekten Lassus und Violett-le-Duc beauftragt, sich der Restaurierung anzunehmen.

Auf historischem Grund

Notre-Dame de Paris steht auf einer Seine-Insel, Ile de la Cité, dem ältesten Siedlungsgrund der Stadt seit den Zeiten von Kelten und Römern. Bischof Maurice de Sully gab um 1145 die Anweisung zum Bau, den Grundstein legte 1163 ein veritabler Papst, Alexander III. Der Chor wurde 1182 geweiht, die Westfront und die beiden Türme wurden bis 1250 vollendet. Es war die Zeit der beginnenden Gotik, französische Kreuzfahrer hätten den Spitzbogen aus dem Orient mitgebracht, wie es Hugo, kunsthistorisch nicht völlig korrekt, in seinem Roman formulierte.

Notre-Dame ist eine auf gotischem Grundriss errichtete fünfschiffige Emporenbasilika. Insgesamt gibt

es 37 Seitenkapellen, stammend aus dem 13. und 14. Jahrhundert, wie auch die Hälfte des Chorgestühls. Steinerne Platten im Boden bedecken die Gräber etlicher Bischöfe. Die Schatzkammer enthält Monstranzen, Handschriften und Reliquien, als kostbarste Christi Dornenkrone und einen Splitter von Christi Kreuz. Zu Karfreitag kann beides besichtigt werden.

Das Kathedraleninnere liegt überwiegend in weihrauchgeschwängertem Dämmer. Von den farbigen Fenstern hat nur noch ein Teil, so die am Geviert, seine ursprünglichen Gläser, die Mehrzahl wurde im 18. Jahrhundert entfernt, auf Geheiß des Hofes. Die letzten Repliken brachte man erst wieder nach dem Zweiten Weltkrieg an.

Außen zeigt die Kirche drei asymmetrische Portale, über denen sich die beiden 69 Meter hohen Turmstümpfe erheben. Natürlich war ursprünglich geplant, sie mit Spitzen zu krönen, doch es kam nicht dazu, der unvollendete Zustand blieb und gab der Kathedrale ihr unverwechselbares Gesicht.

Ein Werk der Jahrhunderte

Auf dieses Gotteshaus, wie auf die meisten Kathedralen Europas, haben viele Jahrhunderte eingewirkt. Ehrgeiz und Intentionen Einzelner hinterließen ihre Spuren ebenso wie die allgemeine Gleichgültigkeit. Dem Baumeister Jean de Chelles, Schöpfer des Nordportals von 1250, folgte zehn Jahre später Pierre de Montreuil, der die nach Osten führende Rote Pforte schuf. Es folgte der Barockkünstler Soufflot, es folgten Lassus, Viollet-le-Duc und schließlich André Malraux, der Schriftsteller und Kulturminister unter de Gaulle. Er bewirkte, dass man der völlig verschmutzten Außenhaut mit dem Sandstrahlgebläse beikam, wonach sie für einige Jahre eine blendend helle Steinfärbung zeigte.

Hugo hatte das Fehlen des ursprünglich reichen Figurenschmuckes beklagt. Inzwischen ist er wieder vorhanden – aber nicht durchweg authentisch, wenn etwa unter den Aposteln eine Gestalt mit dem Porträt von Viollet-le-Duc steht. Die Mehrzahl der Bildnisse sind Originale oder von Originalen genommene Kopien. Sie zeigen das Jüngste Gericht, die heilige Anna, es gibt Könige, Propheten, Engel und immer wieder die Namensgeberin, die Jungfrau Maria. Die Figuren waren, was heute keiner mehr sieht, früher allesamt bemalt.

Paris ist mit jährlich 6,5 Millionen Touristen längst die meistbesuchte Stadt weltweit. Ein übergroßer Teil der Fremden nimmt beim Sightseeing auch Notre-Dame zur Kenntnis und macht sie damit zum vermutlich meistfrequentierten Gotteshaus der Welt neben dem Petersdom zu Rom. Hinter den massenhaft wartenden Omnibussen befinden sich Grabungsstätten, die Einblick in die archäologischen Ursprünge gewähren. „Die Zeit ist der Baumeister", schrieb 1831 Victor Hugo. Genauso ist es geblieben.

Kulturinsel auf altem Siedlungsgrund im Zentrum der Stadt. Notre-Dame, hier vom Wasser aus fotografiert (Bild links), ist an den beiden Turmstümpfen identifizierbar

Von diesen Türmen aus geht der Blick über das Dach eines Seitenschiffs nach Osten auf die Seine und über die östlichen Stadtteile (Bild rechts)

Im Innern der berühmtesten Pariser Kirche wurden einst Henry VI. und Napoleon gekrönt (oben Mitte)

Vielleicht passt ja dazu, dass unter den Skulpturen in der Fassade ein geflügelter Teufel steht (unten Mitte)

Die Kirche des Himmels

Die Kathedrale von **CHARTRES** – ein Vorbild für andere gotische Dome

ANREISE:
Von Paris aus mit dem Auto über die Autobahn knapp 100 km nach Westen. Gute Bahn- und Busverbindungen

ÖFFNUNGSZEITEN:
Normalerweise Mo – Sa 7.30 - 19.15 Uhr, So und Feiertage ab 8 Uhr

SEHENSWERT:
Die zahlreichen farbigen Glasfenster im Innern der Kirche

Die Kleinstadt Chartres, hundert Kilometer südwestlich von Paris gelegen, hat zweimal in ihrer neueren Geschichte Personen und Ereignisse von nationaler Bedeutung erlebt. Zunächst ist da Jean Moulin. Der Anführer der Résistance, des französischen Widerstands gegen die Hitler-Okkupation im Zweiten Weltkrieg, wurde 1943 von den Deutschen gefangen genommen und kam auf dem Weg in die Deportation um. Zuvor war er Präfekt in Chartres gewesen. Die Stadt erinnert sich gern daran und mit einigem Aufwand.

Lange zuvor, im Jahre 1594, wurde in der Kathedrale von Chartres Heinrich, König von Navarra und erster in Paris regierender Bourbone, zum französischen Herrscher gekrönt. Dies war außergewöhnlich. Üblicherweise erfolgte das Zeremoniell in der Kathedrale von Reims. Heinrich IV., einer der bedeutendsten französischen Regenten und Erfinder des Edikts von Nantes, wollte in Frankreich den Religionsfrieden wiederherstellen. Er selber hat insgesamt vier Mal das Bekenntnis gewechselt, gestorben ist er als Katholik. Der Ort seiner Krönung war gleichsam ein Vorgriff auf die sein Leben beschließende Konfession. Die Kathedrale diente seit langem schon als Wallfahrtsort und gilt heute als herausgehobene Bastion des katholischen Frankreich.

Zweitausend Steinfiguren

Etliche Autoren haben das Gotteshaus deswegen gefeiert. Charles Péguy, einer der bedeutenden Autoren der französischen Moderne, schrieb pathetische Verse auf die Kathedrale.

Die Fülle bemerkenswerter Umstände und Einzelheiten ist in der Tat überwältigend. Es gibt rund zweitausend mittelalterliche Steinfiguren von höchster Qualität. Die Impulse, die von ihnen ausgingen, bereits zur Zeit der Entstehung, waren nachhaltig und reichten bis über den Rhein. Es gibt drei große Rosetten und 150 Fenster mit Glasmalereien aus dem 13. Jahrhundert. Kein anderes Gotteshaus verfügt über einen vergleichbaren Bestand.

Die Kathedrale von Notre-Dame steht auf einer kleinen Anhöhe über dem Fluss Eure. Lange zuvor befand sich an gleicher Stelle ein gallorömisches Heiligtum. Drei Jahrhunderte nach der römischen Eroberung Galliens amtierte im damaligen Carnutum erstmals ein christlicher Bischof. Erhalten haben sich aus jener Vergangenheit die beiden Krypten, die ältere stammt noch aus karolingischer Zeit.

Ab 1195 wurde an der jetzigen Kathedrale gebaut, die von ihrer unmittelbaren Vorgängerin die intakt gebliebene frühgotische Westfassade übernehmen konnte. Der unbekannte Baumeister des Langhauses führte den neuen Stil dann zu jener Höhe und Leichtigkeit, die, mitsamt den architektonischen Stabilisatoren, Vorbild wurde für zahlreiche andere Kathedralen, französische zunächst, dann auch englische und deutsche.

Der Dom, wie er heute steht, erfuhr seine Weihe im Jahre 1260. Ursprünglich waren neun Türme vorgesehen, zu einer Ausführung kam es nicht, Notre-Dame de Chartres besitzt lediglich den 105 Meter hohen Vieux Clocher und den 117 Meter hohen Clocher Neuf, dessen erst Anfang des 16. Jahrhunderts aufgebrachter Helm sich mit seinem filigranen Maßwerk von der reinen Gotik des 400 Jahre früher vollendeten Südturms deutlich abhebt.

Wallfahrtsort für die Pilger

Es gibt drei Portale: im Westen das Portail Royal, das Königsportal, dazu je eines an den Abschlüssen des Querschiffs. Jedes Portal hat drei Eingänge, und jeder von ihnen ist mit in mehreren Reihen rundum laufenden Skulpturen ausgestattet, nicht gerechnet die Plastiken in den Türfeldern und im Inneren, an den Chorschranken.

Es fällt schwer, hier Einzelheiten herauszugreifen. Die gesamte Heilige Schrift wird skulptural abgebildet. Die Bildfenster setzen die biblischen Erzählungen fort, ergänzen oder variieren sie und erzählen Heiligenlegenden. Etwa die des Thomas Becket, der sich mehrere Jahre im französischen Exil befand, ehe er auf die Insel zurückkehrte und in seiner Kathedrale ermordet wurde. Becket hat mehrfach Chartres besucht.

Auch Chartres blieb nicht gänzlich verschont von den Rigorismen der Französischen Revolution. Die Kathedrale mutierte zum Tempel der Vernunft, ihre wichtige Reliquie, ein Schleier der Muttergottes, wurde entwendet, eine Madonnenstatue aus einer Krypta verbrannte. Die geplante Totalzerstörung indes unterblieb, und ein halbes Jahrhundert später wurde die verbrannte Madonna substituiert. Die Krypta ist wieder das Ziel von Pilgern wie schon im Mittelalter. Den Massenbetrieb Lourdes kann Chartres nicht einholen, doch die Zahl der Wallfahrer wächst beharrlich, zumal unter jungen Menschen. Chartres ist darauf stolz.

Die eindrucksvolle Schlichtheit des Mittelschiffs steht für die himmelstrebende Architektur der Gotik (Bild rechts)

Die Hauptfassade wird dominiert von zwei unterschiedlichen Türmen (unten)

Wie Noah und seine Frau an Bord der Arche gehen, zeigt die frühe Glasmalerei aus dem 12./13. Jahrhundert (Bild links)

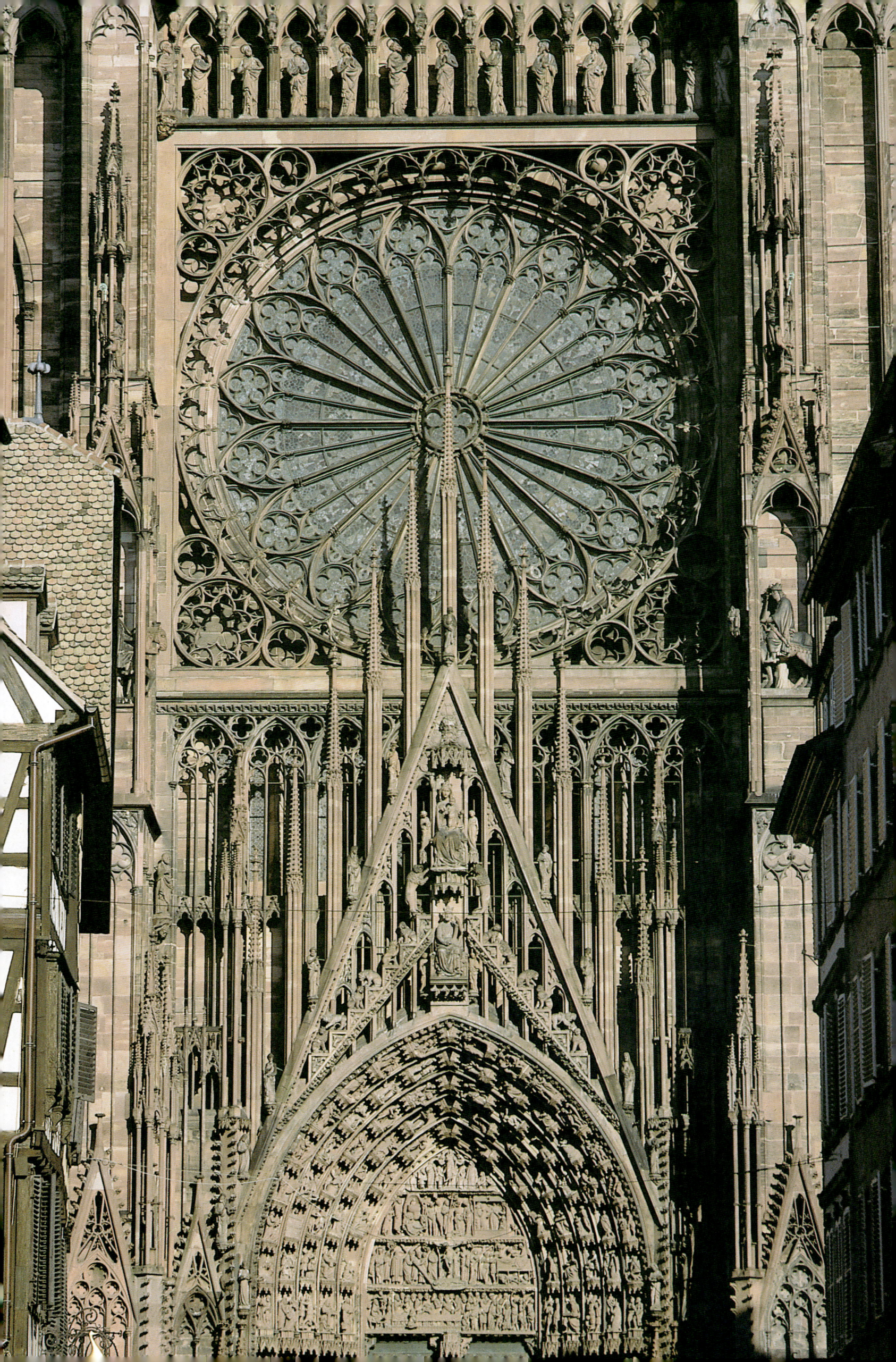

Europas berühmteste Rosette

Das **STRASSBURGER** Münster mit seinen einzigartigen Glasfenstern gilt als Wunder der Gotik

Als ich das erstemal nach dem Münster ging, hatt' ich den Kopf voll allgemeiner Erkenntnis guten Geschmacks. Auf Hörensagen ehrt' ich die Harmonie der Massen, die Reinheit der Formen, war ein abgesagter Feind der verworrenen Willkürlichkeiten gotischer Verzierungen", schrieb der deutsche Dichter Johann Wolfgang Goethe. Doch dann: „Mit welcher unerwarteten Empfindung überraschte mich der Anblick, als ich davor trat! Ein ganzer, großer Eindruck füllte meine Seele, den, weil er aus tausend harmonierenden Einzelheiten bestand, ich wohl schmecken und genießen, keineswegs aber erkennen und erklären konnte."

Goethe hat einige Zeit als Student in Straßburg zugebracht. 1771 wurde er hier zum Dr. jur. promoviert und erlebte nahebei eine leidenschaftliche Liebesaffäre mit einer Pfarrerstochter; über das Münster hat er einen berühmt gewordenen Aufsatz verfasst. Damals war Straßburg noch eine überwiegend deutschsprachige Stadt, die Universität eine deutschsprachige Hochschule und das Elsass, dessen Zentrum Straßburg ist, eine weitgehend autonome Region. Der radikale Wandel zu einem integralen Bestandteil der französischen Republik erfolgte durch die Große Revolution, deren Hymne, la Marseillaise, eben hier entstand.

1793, auf dem Höhepunkt der Jakobinerherrschaft, wurde das Münster zu einem „Tempel der Vernunft". 235 seiner kostbaren Skulpturen fielen der Zerstörung anheim. Über die gotische Turmhaube war eine blecherne Jakobinerhaube gestülpt. Die kulturhistorische Ehrfurcht, die aus Goethes Sätzen spricht, wurde erst wieder zur Tugend einer späteren Zeit, da das Bürgertum sich völlig etabliert hatte und daran ging, seine historischen Wurzeln zu suchen.

Baumeister aus Deutschland

Goethe nennt in seinem Aufsatz einen der Baumeister des Doms: Erwin von Steinbach. Er wäre der Architekt der Westfassade. Noch weitere Namen sind überliefert, mehr als bei anderen Kathedralen aus dem Hoch- und Spätmittelalter: Ulrich von Ensingen, der den Nordturm schuf, Johannes Hültz, von dem die Turmhaube stammt, Bernhard Nonnenmacher, der die Katharinenkapelle vollendet hat. Die Baumeister waren deutscher Herkunft, doch der Stil, dessen sie sich bedienten, war die Gotik, die aus Frankreich kam. Das Münster von Straßburg vereint die kulturellen Tendenzen und Aktivitäten der beiden benachbarten Länder, das Resultat ist eine der großen Architekturen im alten Europa.

Die Baugeschichte ist lang. Ursprünglich stand hier eine karolingische Kapelle, Straßburg war damals eine der Metropolen des Frankenreiches. Le Serment de Strasbourg, der Schwur von Straßburg, wurde zu einem Dokument der nachmaligen Teilung. Die Kapelle brannte 1007 völlig nieder, der Neubau begann 1015. Als der Dom halb fertig war, hinterließ ein neuerlicher Großbrand abermals schwere Schäden. Insgesamt währte die Entstehungszeit des Münsters reichliche 400 Jahre. Abänderungen und Korrekturen sind auch später noch erfolgt, bis tief ins 19. Jahrhundert hinein.

Als Bürgerkirche gebaut

Die Kathedrale steht zwischen zwei repräsentativen Freiräumen der Straßburger Altstadt: dem nördlichen Münsterplatz und dem Schlossplatz im Süden. Letzterer heißt so nach dem Château des Rohan, einst der Amtssitz der Erzbischöfe, seinen Namen erhielt er von einem altfranzösischen Adelsgeschlecht, dessen bekanntester Vertreter der Kardinal Rohan war, Hauptbeteiligter der Halsbandaffäre, die der Großen Revolution vorausging.

Den Münsterplatz beherrschen etliche eindrucksvolle spätmittelalterliche Patrizierhäuser, voran das Maison Kammerzell mit seiner kunstvollen Fachwerkfassade – wie auch das Münster, Cathédrale Notre-Dame oder Liebfrauen-Kathedrale, vorrangig eine Bürgerkirche war. Der Einsatz von Straßburgs Einwohnerschaft für den Bau ihres Gotteshauses und dessen Vollendung war beträchtlich und ist vielfach bezeugt.

Als Baumaterial diente der rote Sandstein aus den Vogesen; geologisch betrachtet ist er identisch mit dem Schwarzwaldsandstein, der beim Bau des Freiburger Münsters Verwendung fand. Dem 103 Meter langen Hauptschiff sind zwei Seitenschiffe zugeordnet. Von den ursprünglich geplanten zwei Türmen wurde nur einer fertig gestellt, im Jahre 1439. Er erreicht die Höhe von 142 Meter, und der Ausblick von seiner Spitze, durch das gotische Maßwerk hindurch, ist überwältigend. An das Querschiff schließen Kapellen und Sakristeien an.

Berühmte Details sind das farbige Rosettenfenster in der Westfront mit seinem Durchmesser von eindrucksvollen 13,5 Meter, die so genannten Kaiserfenster, die kunstvolle astronomische Uhr am südlichen Ende des Querschiffs, die um das Jahr 1550 entstand, die beiden Skulpturen der Ecclesia und der Synagoge, die den jakobinischen Bildersturm überstanden, ebenso wie die Plastik von der Krönung Marias, der Taufstein aus dem Jahre 1453 und die Darstellung des Ölbergs aus ungefähr der gleichen Zeit.

Patron der Köche

Die ältesten erhaltenen Teile der Kathedrale sind wie üblich Krypta und Vierung, beide noch deutlich romanischen Ursprungs. Die Orgel stammt aus der Werkstatt der berühmten Silbermanns. Von den Kapellen ist die schönste dem heiligen Lorenz geweiht, la Chapelle St. Laurent. Lorenz ist Patron der Köche, Bäcker und Bierbrauer. Seine Schutzbefohlenen wirkten und wirken in unmittelbarer Nähe, bis zum heutigen Tag, die Gerüche in den Gassen beweisen es.

ANREISE:
Über den internationalen Flughafen am Stadtrand. Gute Bahn- und Autobahnanbindung in alle Richtungen

ÖFFNUNGSZEITEN:
Bis auf weiteres täglich 7 - 11.30 und 12.40 - 19 Uhr. Kein Zutritt für Touristen während der Messen und Andachten

SEHENSWERT:
Die astronomische Uhr im Querschiff

Die nachts erleuchtete Hauptfassade mit der großen Rosette (links)

Blick auf das Gewölbe der südlichen Seitenwand des Mittelschiffs mit den hohen Glasfenstern (unten links)

Konsole an der Westfassade. Die beiden Skulpturen stellen das Urteil Salomons dar (unten Mitte)

Blick von Ferne auf das Münster (unten rechts)

Der moderne Gottestempel

Le Corbusiers Wallfahrtskapelle in **RONCHAMP** ist der berühmteste Kirchenbau des 20. Jahrhunderts

ANREISE:
Über die Autobahn Mulhouse–Besançon und bei Belfort abbiegen. Ca. 35 km nördlich liegt Ronchamp

ÖFFNUNGSZEITEN:
Bis auf weiteres täglich 10–18 Uhr

SEHENSWERT:
Die Wallfahrten am 15. August und am 8. September

Wie ein Vogel mit ausgebreiteten Flügeln wirkt das schwere Betondach über der Kapelle (oben)

Der Innenraum ist spartanisch schmucklos eingerichtet. Nur das Licht, das aus den vielfarbigen Glasfenstern einfällt, gibt dem Raum seine ganz besondere Weihe (unten rechts)

Einen „Hochsitz" nannte Le Corbusier die Wallfahrtskirche Notre-Dame-du-Haut in Ronchamp, denn sie symbolisiere gleichermaßen Höhe und Erhabenheit. Wie eine „anmutige Blume", „ein Vogel", „eine Skulptur" throne die Kirche über dem sanftgrünen Land der Franche-Comté, haben Bewunderer später geschrieben und sie in zweifacher Weise zur Wallfahrtsstätte gemacht. Hierher pilgern die Menschen zu Zigtausenden, um zu der Muttergottes zu beten. Sie kommen aber auch als Bewunderer eines Architekten, der mit der Kirche sein Manifest abgeliefert hat. Ein Sakralbau aus nüchternem Stahlbeton, der dennoch alle Gesetze der Schwerkraft außer Kraft zu setzen scheint. Denn wie ein sich in die Lüfte erhebender Vogel schwebt das Dach über dem Bau.

Ein Siegeszug von Anfang an? Keineswegs, denn für kein Werk hat Le Corbusier soviel Häme, Kritik und Spott einstecken müssen wie für Notre-Dame-du-Haut. Vom feindseligen Befremden der Einwohner gar nicht zu reden.

Dabei war die Wahl der Kirchenoberen spontan auf den in der Schweiz geborenen Architekten gefallen, als es 1950 darum ging, an Stelle einer durch die deutsche Wehrmacht zerstörten Wallfahrtskapelle einen Neubau zu errichten, an einer Stelle, an der bereits in heidnischer Zeit ein Tempel und seit dem 4. Jahrhundert eine Marienkapelle gestanden hatte. Le Corbusier, anfangs zögernd, stimmte zu, als er sich von der Stimmung des Bauplatzes hatte einfangen lassen. „Eine respektable Persönlichkeit", schrieb er später, „war anwesend, die Landschaft, die vier Himmelsrichtungen. Sie waren es, die bestimmten."

Beton als Baustoff

Geradezu minuziös hat Le Corbusier den Fortgang seiner Entwürfe skizziert und die Bauarbeiten kommentiert, die sich zwei Jahre lang hinzogen. Die Entscheidung für Beton als Baustoff war mit von der Höhenlage und der schlechten Zuwegung beeinflusst. Der Architekt sah in ihm aber auch ein Material, das nicht betrügt und blendet. Im Jahr 1955 konnte die Kirche eingeweiht werden, die seither eine der Hauptattraktionen Frankreichs ist.

Beinahe andachtsvoll bewegen sich die Menschen auf das Gotteshaus zu, das beim steilen Anstieg plötzlich mitten in freier Natur zwischen Bäumen und Büschen auftaucht. Als ein „Spiel" hat Le Corbusier die Architektur empfunden, eine Art Inszenierung also, bei der sich nur ganz langsam der Vorhang hebt. Ein fest verankerter Hauptturm, schräg stehende Mauern mit unterschiedlichen Öffnungen und ein schwebendes Dach lassen den Baukörper leicht erscheinen. Die Ebenen der mit Kalkmilch geweißten Mauern scheinen sich darunter aufzulösen. Wie von riesiger Hand niedergedrückt neigt sich das in rohem Beton belassene Dach zum niedrigsten Punkt der Kapelle. Die vier Fassaden tragen alle eine andere Handschrift, setzen andere Akzente. Wie ein grün-graues Meer dehnt sich die Landschaft mit Wäldern, Feldern und Senken weit unten, ja fernab der Gegenwart aus.

Beim Betreten des Innenraums an der Nordseite wird man unwillkürlich an frühromanische Kirchen, aber auch an Moscheen erinnert. Die gegenüberliegende Südmauer der Kapelle zieht alle Blicke auf sich, da sie mit Hilfe des Lichts wie eine Skulptur gestaltet ist. Als magische Dreiecke, Vierecke und Quadrate ruhen die Fenster tief im Mauerwerk, deren meist farbiges Glas nur wenig Licht eindringen lässt.

Die Stille des Lichts

„Ein Gefäß der Stille, der Sanftmut", schrieb Le Corbusier und fügte hinzu: „Ein Wunsch? Ja, durch die Sprache der Architektur zu den hier ausgelösten Gefühlen zu gelangen." Die Lichtquellen sind denn auch so ausgerichtet, dass der Akzent dem Hauptaltar gilt. Eine aus dem 17. Jahrhundert stammende Madonna, die schon in den Vorgängerkirchen stand, wurde in die Kapelle integriert.

Von der Konzentration auf das Wesentliche ist auch die Inneneinrichtung geprägt, und Hauptaltar, Kanzel, Balkon der Chorbühne, ja

sogar die Beichtstühle sind in klaren Formen aus Beton gefertigt. Das hölzerne Gestühl und die gusseiserne Kommunionsbank bestimmen als belebende Elemente den Raum. Dabei zeichnen sich die beiden Seiten der Kapelle durch unterschiedliche Raumwirkungen aus. Denn die eine Seite ist von Harmonie, die andere aber von einer Auflösung des Gleichgewichts bestimmt.

Nur etwa 200 Personen fasst die Kirche, und das reicht für einen Wallfahrtsort nicht aus. Wenn an den Marienfesten am 15. August und am 8. September bis zu 30 000 Menschen nach Ronchamp strömen, dann wird der genau auf diesen Zweck hin gestaltete Vorplatz zur großen Kathedrale unter freiem Himmel. Am schlichten Altar im Außenchor wird dann die Messe zelebriert, und die Architektur bildet zusammen mit Bäumen, Landschaft und Himmel einen Raum, den schöner kein Kirchenbau liefern kann.

Die Vorburg des Himmels

In der Klosterkirche von **VÉZELAY** startete 1190 der dritte Kreuzzug unter der Leitung von Richard Löwenherz

ANREISE:
Über die Autobahn E 15 von Paris aus bis Auxerre. Dort über Landstraßen ca. 60 km nach Süden bis Vézelay

ÖFFNUNGSZEITEN:
Normalerweise Di - Fr 8.30 - 12.00 Uhr und 14.30 - 17.00 Uhr. Sa 9.30 - 12.00 Uhr und 14.30 - 17.00 Uhr. Sonntags bisweilen geschlossen

SEHENSWERT:
Die Figuren aus der Zeit der Romanik auf dem Tympanon und in den Portalen

Wie eine Burg thront der romanische Dom von Vézelay über der Stadt (Bild oben)

Die Kapitelle der Säulen sind mit figürlichen Darstellungen aus der Blütezeit der Romanik geschmückt. Die Vielzahl dieser Darstellungen ist einzigartig in der Welt der Sakralbauten (unten rechts)

Im gotischen Chor am Ende des Hauptschiffs versammeln sich die Nonnen und Mönche zur Andacht (unten Mitte)

Teilansicht der Westfassade (unten links)

Wenn die „Colline eternelle", der „ewige Hügel", von Vézelay majestätisch zwischen den burgundischen Weinbergen auftaucht, gekrönt von der Kathedrale Sainte-Madeleine, dann versteht man, warum von einer „Vorburg des Himmels" gesprochen wird. Hierher strömten die Pilger im Mittelalter in einer solch hohen Zahl, dass der Ort, der heute 500 Einwohner zählt, von bis zu 12 000 Menschen bewohnt war, darunter 800 Ordensleute in ihren wehenden Kutten. Schon damals stieg man die steile Rue St. Pierre empor, die heute von Häusern aus allen Jahrhunderten gesäumt ist. Ein Ensemble, das zusammen mit der Kathedrale unter das „Erbe der Menschheit" eingereiht wurde.

Ein Benediktinerinnenkloster mit der Kirche St. Père sous Vézelay war die Keimzelle des Ortes, der zwischen 858 und 864 im Tal der Cure gegründet wurde. Nach Zerstörung durch die Normannen errichtete man 887 ein günstiger gelegenes Mönchskloster auf einem Berg über dem Fluss, das bald schon Karriere machte.

Reliquien von Maria Magdalena

Entscheidend für den kometenhaften Aufstieg des Klosters war der von Cluny geförderte Maria-Magdalenen-Kult, den man geschickt zu nutzen wusste, denn auf dubiosen Wegen hatte man sich aus der Provence Reliquien der Büßerin und Gefährtin Christi beschafft. Vézelay war allerdings nicht nur selbst Wallfahrtsziel, von hier aus brach man auch aus Lothringen, Deutschland und der Schweiz auf, um auf dem Jakobsweg zur großen Wallfahrt nach Santiago de Compostela zu gelangen.

Politisch bekam der Ort eine brisante Bedeutung, als Bernhard von Clairvaux vor angeblich 100 000 Gläubigen und in Anwesenheit König Louis' VII. hier im Jahr 1146 zum zweiten Kreuzzug aufrief. Der dritte startete unter der Leitung von Philipp August und Richard Löwenherz 44 Jahre später sogar direkt in Vézelay.

Von den historischen Ereignissen ist auch die Geschichte des Kirchenbaus bestimmt. Denn eine karolingische Kirche mit dem in der Krypta eingerichteten Grab der heiligen Maria Magdalena musste angesichts der Pilgerscharen Ende des 11. Jahrhunderts durch einen Neubau ersetzt werden. 1120 zerstörte ein Feuer mit über tausend Toten den unvollendeten Bau, der in den folgenden 15 Jahren durch die heutige romanische Basilika ersetzt wurde. Die dreischiffige Vorhalle war 1150 vollendet, den Chor fügte man nach einem weiteren Brand im gotischen Stil ein.

Der Niedergang Vézelays begann, als Mitte des 13. Jahrhunderts die Echtheit der Reliquien Maria Magdalenas bezweifelt wurde. In St. Maximine in der Provence war der Leichnam der frommen Büßerin aufgetaucht, so dass niemand mehr nach Vézelay pilgern wollte. Dennoch setzte sich das mönchische Leben bis 1537 fort, ehe das Kloster in ein Chorherrenstift umgewandelt wurde. In den Religionskriegen wurde Vézelay mehrmals von den Hugenotten verwüstet und 1790 ganz aufgelassen.

Berühmtes Tympanon

Nach und nach riss man alle Klosterbauten ab, und nur die Kirche blieb zurück – eine „Himmelsburg", deren Einzigartigkeit im „romantischen" 19. Jahrhundert mit der neu erwachten Liebe zum Mittelalter wieder entdeckt wurde. Auf Veranlassung des Dichters Prosper Merimée und anderer Kunstenthusiasten begannen die Restaurierungsmaßnahmen an der einsturzgefährdeten Kirche, und der junge Architekt Viollet-le-Duc gab ihr die romanische Strenge und Schönheit zurück. Heute wird Sainte-Madeleine von der Fraternité Monastique de Jerusalem betreut, die als moderne Ordensgemeinschaft in Paris gegründet wurde. Mehr als eine Million Besucher kommen jährlich nach Vézelay.

Wer die Stufen zum großen Eingangsportal der Westfassade emporsteigt, tritt zuerst in den Narthex ein, eine vollständig abgeschlossene Vor- und Pilgerkirche. Drei Eingänge führen von hier in den eigentlichen Kirchenraum, der mittlere ist von einem Tympanon, einem der berühmtesten der Romanik, gekrönt. Christus in der Mandorla thront überlebensgroß über den Jüngern, ein Halbrund mit Tierkreiszeichen und Jahreszeitenbildern erzählt lebhaft vom Alltag der Menschen.

Romanischer Säulenschmuck

Beim Betreten der Kirche überrascht die extreme Weite des Raums, und tatsächlich sind solch breite und zugleich hohe Gewölbe in der romanischen Kunst eine Besonderheit. 12 Meter breit ist das Hauptschiff bei einer Länge von 64 Meter, und auch die Seitenschiffe ducken sich nicht devot neben dem Hauptschiff, sondern zeigen sich majestätisch. Geradezu von Licht überschwemmt baut sich der gotische Chor am Ende des Hauptschiffs auf, so dass die Helligkeit der Kirche noch einmal gesteigert wird. Eine große Lebendigkeit geht auch von den weißen und braunen Steinen aus, die an den Bögen effektvoll gegeneinander abgesetzt wurden. Die kunsthistorische Sensation ist neben dem Tympanon der reiche Schmuck an den mehr als 60 Kapitellen der Pfeiler, die mit ihrer plastischen, lebensvollen Darstellung als eines der schönsten Ensembles der romanischen Kunst gelten.

Zur Krypta steigt man zugleich in die Geschichte hinab, denn dieser Raum wurde noch in der karolingischen Zeit erbaut. Hier werden wieder Reliquien Maria Magdalenas gezeigt, die aus einer anderen burgundischen Kirche nach Vézelay überführt wurden.

Vom Genius der „Vorburg des Himmels" überzeugt man sich auch auf der Terrasse hinter der Kathedrale. Weit geht der Blick von hier aus über den nördlichen Morvan, über Felder und Wiesen. Über rote Dächer und weißes Vieh. Über ein Land, in dem nun schon seit mehr als tausend Jahren die Kirchenglocken läuten.

Südliche Backsteingotik

Im Südwesten Frankreichs erinnert die Kathedrale von **ALBI** an die Kriege der Kirche gegen die Katharer

ANREISE:
Über den Regionalflughafen bei Albi oder den internationalen Flughafen Toulouse

ÖFFNUNGSZEITEN:
Normalerweise ganztägig, außer während der Messen

SEHENSWERT:
Die über Jahrhunderte immer wieder erneuerte Bemalung der Innenwände und Kapellen

Wie ein Schloss thront die Kathedrale Sainte-Cécile über der Stadt und dem Fluss Tarn (oben rechts)

Nach dem Ende der Albigenserkriege wurde das Bauwerk 1282 begonnen. Zu den Besonderheiten der Kirche gehört die gut erhaltene Innenbemalung (unten rechts)

An der südlichen Längsseite wurde im 15. Jahrhundert der „Baldachin" angebaut, ein besonders prächtiges überdachtes Portal mit Vorraum (unten)

Die Backsteingotik gilt gemeinhin als ein nordeuropäisches Privileg. Gewillt, die himmelstrebenden Gotteshäuser in Frankreich und Süddeutschland nachzuahmen, mussten Gegenden, die in ihrer Nähe keine Sandsteinbrüche wussten, zu einem alternativen Material greifen. Sie entschieden sich für den gebrannten Tonziegel.

Es wurde offenbar, dass nicht nur Wohnhäuser, sondern auch Wände, Türme, Pfeiler und Strebebögen gotischer Kathedralen damit zu konstruieren waren. Früheste Beispiele dieser Bauweise finden sich im südlichen Skandinavien. Sie setzte sich bald auch anderswo durch, in den Küstenstädten an der Ostsee oder auch in den mitteldeutschen Klosteranlagen des Ordens der Zisterzienser.

Vorliebe für Ton

Albi besitzt eine Kathedrale im backsteingotischen Stil. Die Stadt liegt im französischen Südwesten, in der Gascogne, 80 Kilometer nordöstlich von Toulouse. Cineasten wissen durch die Verfilmung des Romans „Die drei Musketiere" des älteren Dumas, dessen Hauptfigur d'Artagnan Gascogner ist, dass der Baustil zu jener Zeit nicht nur in Frankreichs Süden, sondern bis hin nach Paris eine deutliche Vorliebe für den warmen rotbraunen Ton des Backsteins zeigt, besonders eindrucksvoll in der Verbindung mit sandsteinernen Einfassungen für Türen und Fenster.

Da stand die Kathedrale Ste-Cécile von Albi schon gute anderthalb Jahrhunderte. Die Bischofskirche der Stadt am Fluss Tarn ist südfranzösische Backsteingotik. An die Lübecker Marienkirche, Modell für die backsteinernen Dome im Ostseeraum, darf man nicht denken, der Farbton der hier verwendeten Ziegel ist ein fahles, zum Grau changierendes Gelb, so dass man bei flüchtigem Hinsehen den Eindruck einer Sandsteinarchitektur erhalten kann.

Wehrhafte Mauern

Auch die Form unterscheidet sich von jener in Nordeuropa. Der Turm trägt keinen Helm, es gibt kein Querschiff, keine Seitenschiffe, wir haben es mit einer riesigen, 100 Meter langen und 30 Meter hohen Halle zu tun. Das übliche Westwerk fehlt. Es gibt einen Glockenturm, in dessen Basis sich eine Ste-Clair gewidmete Kapelle befindet.

Die Kathedrale von Albi ging eine innige Verbindung ein mit dem kirchenfürstlichen Palast, Palais de la Berbie, wobei Ursprung des Wortes berbie das lateinische bisbia ist, was nichts anderes als Bischof bedeutet. Kathedrale und Palais machen einen durchaus wehrhaften Eindruck infolge ihrer Verteidigungsmauern, was, wenn man die Geschichte des Ortes und seiner Umgebung betrachtet, als völlig gerechtfertigt erscheint.

Albi war im Hochmittelalter das Zentrum einer häretischen Bewegung. Die Katharer glaubten an einen strikten Dualismus von gut und böse, rein und unrein, wobei böse und unrein des Satans waren; Erlösung ließ sich durch Askese erzielen. Die Lehre fand Anhänger in ganz Europa, beim Adel wie beim Volk, in Südfrankreich hießen sie Poblicants oder Albigenser. Das päpstliche Rom machte gegen sie mobil in einem „Albigenserkrieg" genannten Kreuzzug, der von 1209 bis 1229 dauerte und mit einem fürchterlichen Blutbad unter den als Ketzer verdammten Katharern endete.

Der Bau der Kathedrale von Albi begann mehr als ein halbes Jahrhundert nach dem Ende der Albigenserkriege. Ste-Cécile ist ein architektonischer Triumph des siegreichen Papismus. Dem simplen Manichäismus der Katharer setzte er die große und bunte Vielfalt der christlichen Marien- und Heiligenkulte entgegen.

Erneuerte Wandbemalung

Das Innere der Kathedrale ist farbig. So war die übliche Ausstattung aller mittelalterlichen Kirchen; anderswo ist es verblasst, übermalt oder abgewaschen, hier wurde erneuert. Es gibt zahlreiche Kapellen, gesetzt zwischen die weit in das Kircheninnere ragenden Wandpfeiler, wodurch sich völlig gleichförmige Räume auf fast quadratischem Grundriss bilden. Nach außen hin sind die Kapellen erkennbar durch halbrunde Ausbuchtungen, die an Türme erinnern.

Ste-Cécile verdankt ihren Erhalt den historischen Bemühungen des 19. Jahrhunderts. Was anderswo in Frankreich Viollet-le-Duc geleistet hat, vollbrachte in Albi ein Mann namens César Daly. Er wirkte zur gleichen Zeit, als in einem Gebäude nahe der Kathedrale Henri de Toulouse-Lautrec geboren wurde, der impressionistische Maler mit den verkrüppelten Beinen, der Maler der Huren, des Cancan und des Amüsiertempels „Moulin Rouge" in Paris. Das Palais de la Berbie hat inzwischen eigens ein Museum für ihn eingerichtet. Dazu fügt es sich gut, dass Cäcilia, Namensgeberin der Kathedrale, Patronin der Musik ist und da gewiss auch der leicht geschürzten.

Flandrische Repräsentation

Ein Denkmal bürgerlichen Reichtums und gotischer Pracht ist die Liebfrauenkirche in **ANTWERPEN**

ANREISE:
Gute Bahn- und Autobahnverbindungen aus allen Richtungen. Flughafen Antwerpen oder Brüssel

ÖFFNUNGSZEITEN:
Normalerweise Mo - Fr 10 - 17 Uhr, Sa 10 - 15 Uhr, sonntags und an Feiertagen 13 - 16 Uhr

SEHENSWERT:
Die Rubens-Gemälde in einem Seitentrakt

Die Luftaufnahme der Kathedrale mit dem Marktplatz und der Altstadt zeigt, wie filigran die Steinmetze den Turm ausgearbeitet haben (rechts oben)

Blick in das Kuppelgewölbe (links oben)

Die „Kreuzabnahme" von Peter Paul Rubens (unten rechts)

Szene aus dem täglichen Leben in der Kathedrale „Onze Lieve Vrouwe". Gemälde von Hendrik Steenwijk d.J. und Jan Brueghel d.Ä., um 1609 (unten links)

Natürlich musste der Teufel im Spiel sein, wenn ein solch himmelstürmender Turm gebaut werden konnte, 123 Meter hoch und so filigran, dass er sich mit seinen Spitzbögen und Filialen scheinbar in Luft aufzulösen schien. An den Turm habe sich der Satan gekrallt und dort schwarze Flecken hinterlassen, erzählte man sich im mittelalterlichen Antwerpen.

Und heute? Die mitten im Zentrum der Stadt gelegene Kathedrale „Onze Lieve Vrouwe" verblüfft noch immer die Menschen, die zu Scharen kommen, herandrängen an die Kirche – ähnlich den kleinen Häusern, die früher hier auf kirchlichem Grund gebaut wurden. Als gute Einnahmequelle für den Klerus, der trotz des Größenwahns, mit dem man dieses Gotteshaus plante (siebenschiffig im Langschiff), für die Finanzen verantwortlich war.

Ein Wunder, aber auch ein Abbild der Geschichte Antwerpens ist dieser Bau. Denn nicht einmal mit den sieben Schiffen gab man sich im 16. – dem so genannten goldenen – Jahrhundert an der Schelde zufrieden, sondern brachte Kaiser Karl V. noch dazu, den Grundstein für einen Anbau mit zwei weiteren Schiffen zu legen, was dieser denn auch mit den Worten tat: „Dieses Denkmal ist ein Königreich wert." Dass der Anbau nie realisiert wurde, zeigt nur, dass auch Königreiche als Pfand nicht ausreichen müssen.

170 Jahre Bauzeit

Eine kleine Kapelle stand ursprünglich am Standort der Kathedrale, die schließlich durch Umbauten zu einer imponierenden romanischen Kirche ausgeweitet wurde. In der Mitte des 14. Jahrhunderts begannen dann die Arbeiten für eine gotische Kathedrale, die sich 170 Jahre lang hinziehen sollten. Mit einer Länge von 119 Metern und einem ein Hektar großen Dach, dazu versehen mit 128 Glasfenstern, war sie im 16. Jahrhundert jener Repräsentativbau flandrischer Gotik, mit dem sich die unangefochtene Wirtschaftsmetropole schmücken konnte.

Durch die Verlegung der Handelskontore von Brügge nach Antwerpen, die Entdeckung Amerikas und die Ausstattung mit Privilegien durch Kaiser Maximilian war Antwerpen zur einsamen Königin unter den Handelsstädten Europas aufgestiegen. Mehr als 1000 Kontore, die mit Bier und Brokat, Gold- und Silberwaren, Leinen, Gewürzen und Seide handelten, hatten hier ihren Sitz. Erst als 1576 die Stadt von den Spaniern unter dem Feldherrn Farnese verwüstet wurde und die Scheldeblockade die Handelswege abriegelte, begann die Zeit des Niedergangs.

Erst langsam blühte das kulturelle Leben wieder auf, und daran war zu Beginn des 17. Jahrhunderts ein Maler beteiligt, dessen gigantisches Werk heute die Liebfrauenkathedrale zum großen Wallfahrtsort der Kunstfreunde macht. Als Diplomat in Spanien hochgeschätzt, ließ sich Peter Paul Rubens als Maler in Antwerpen nieder und fertigte für die Kathedrale drei riesige Bilder an: die „Kreuzabnahme", die „Kreuzaufrichtung" und schließlich das Altarbild „Mariens Himmelfahrt". „Mein Talent ist so geartet", schrieb er, „dass keine Unternehmung, sei sie auch noch so groß und mannigfaltig, mein Selbstvertrauen jemals überstieg."

Salut für die Rubens-Gemälde

Mit den Werken des „Malerfürsten" zog wieder Glanz in das Kircheninnere ein, und die riesigen Bilder wurden von der Bevölkerung wegen ihrer außerordentlich lebendigen Schilderungen, der Lebensfülle und der

Leuchtkraft der Farben geliebt. Auch Napoleon war von den Bildern so fasziniert, dass er sie nach der Eroberung der belgischen Provinzen nach Paris entführen ließ. Als sie 20 Jahre später wieder nach Antwerpen zurückkehrten, donnerten die Kanonen Salut und alle Glocken läuteten.

Überhaupt stand das 19. Jahrhundert ganz im Zeichen der Wiederherstellung des durch die Revolutionstruppen demolierten und leergeräumten Innenraums. Man verzichtete zwar auf die Restaurierung der früher so beherrschenden Zunftaltäre und stellte stattdessen reichverzierte Heiligen- und Marienaltäre auf. Streit herrschte aber darüber, ob die Kirche durchgehend im klassizistischen oder eher im neogotischen Stil ausgebaut werden sollte, weil dieser mehr dem wiedererstarkten Katholizismus entsprach.

Die Befürworter der Neogotik gewannen die Überhand, so dass die Kirche heute mit dem um 1840 ge- schnitzten Chorgestühl, den Kranzkapellen und dem Altar in der Sakramentenkapelle eine weitgehend einheitliche Handschrift trägt. Auch die Glasfenster wurden im neogotischen Stil mit Szenen aus der wechselvollen Geschichte der Stadt gestaltet. Mit prunkvoller Kanzel, Orgel und eindrucksvollem Kruzifix ist aber auch das Barock präsent.

In den beiden Weltkriegen blieb die Liebfrauenkathedrale weitgehend verschont, allerdings traten in den 60er Jahren solch schwere Schäden an der Bausubstanz zutage, dass Jahrzehnte der Restauration folgten. Diese Arbeiten sind inzwischen weitgehend abgeschlossen.

Wer heute durch den gigantischen Wald der Strebepfeiler geht und sich dabei von der Pracht der vielen Kunstwerke einfangen lässt, wird begreifen, warum Karl V. bereit war, für dieses Denkmal sein Königreich herzugeben. Die größte und schönste Kirche Belgiens wäre es wert gewesen.

Im Gotteshaus des Genter Altars

Der Flügelaltar wurde dem Dom St. Bavo in GENT von einem Patrizier gestiftet

ANREISE:
Gent ist aus allen Richtungen über das Autobahnnetz erreichbar. Gute Bahnverbindungen über Brüssel und Antwerpen

ÖFFNUNGSZEITEN:
April bis Oktober täglich 8.30 - 18.00 Uhr.
November - März 8.30 - 17.00 Uhr.
Sonntagvormittag geschlossen. Kein Zutritt während der Messen. Änderungen kurzfristig möglich

SEHENSWERT:
Die Kanzel von 1745

Blick vom Belfried aus über den Marktplatz auf den Westturm von St. Bavo (rechts)

Der Genter Altar, den Jan van Eyck in Zusammenarbeit mit Hubert van Eyck gemalt und 1432 vollendet hat. Oben Johannes der Täufer, Gottvater und Maria, unten die Anbetung des Lammes (unten links)

Welchen Eindruck muss die Turmsilhouette dieser Stadt einst auf die Menschen gemacht haben, wenn ihr Schiff im „Manhattan des Mittelalters" einlief. Herrisch und majestätisch bauen sich die Türme der Michaelskirche, des Belfried und der St.-Bavo-Kathedrale auf, von den Schlägen der Glockenspiele umläutet. Keine andere Stadt in Belgien besitzt so viele unter Denkmalschutz stehende Monumente wie Gent, das mit 400 Kirchen, Brücken und Bürgerhäusern den Besucher in einer untergegangenen Zeit ankommen lässt.

Weltliche und kirchliche Macht stehen sich auf dem St. Baafsplein gegenüber, denn machtvoll ragt der 95 Meter hohe Belfried in Front des 89 Meter hohen Westturms des Doms auf. Vor allem am Abend scheint gegenüber die angestrahlte Fassade von St. Bavo in den Himmel zu wachsen, auch wenn deren Ursprung wie bei den meisten Kathedralen bescheiden ist.

Johannes dem Täufer, aber auch den glückseligen Bekennern Vedastus und Bavo war eine kleine Kirche geweiht, die im 10. Jahrhundert in der Nähe des heutigen Doms stand. Mitte des 11. Jahrhunderts wurde diese durch einen romanischen Bau in Kreuzform ersetzt, von dem noch Teile der eindrucksvollen Krypta erhalten sind. Ende des 13. Jahrhunderts, als die Seitenschiffe wegen Baufälligkeit abgetragen werden mussten, war die Zeit reif für den Bau einer gotischen Kathedrale, die 1569 vollendet war. Auch der in Gent geborene Kaiser Karl V. hatte auf die Vollendung der majestätischen Kirche gedrängt. 1561 erfolgte die Gründung des Bistums Gent mit der St.-Bavo-Kirche als Dom.

Die Eleganz des Westturms

Wie viele niederländische Kirchen blieb auch Gents wichtigstes Gotteshaus von den Bilderstürmern nicht verschont, die neben unersetzbaren Kunstschätzen wertvolle Buntglasfenster zerstörten. Im 19. Jahrhundert hat man dann noch einmal die Außenwirkung korrigiert und die sich an die Kirche herandrängenden Bauten abgetragen, so dass die Vornehmheit der gotischen Außenarchitektur mit dem elegant gestalteten Westturm fortan besser zur Geltung kam. Eine Wendeltreppe mit 444 Stufen führt auf eine Balustrade empor, von der aus man das rote Dächermeer der Stadt und die Scheldelandschaft überblickt.

Wenn man die Kirche durch den Haupteingang betritt, überrascht die große Weitläufigkeit des Doms, der mit 112 Meter Länge, 43 Meter Breite und einer Höhe von 33 Meter eine der größten Kirchen Belgiens ist. Vor allem der Gegensatz zwischen dem in blauem Doornicher Haustein gehaltenen hochgotischen Chor und dem farbigen Back- und Sandstein des Langhauses sorgt für eine erstaunliche Spannung. Der Chor ist der kostbarste Teil der Kirche und stellt eine glückliche Verbindung her zwischen der französischen Gotik und dem flämischen Barock.

Reiche Schenkungen

Beherrschend im Mittelschiff ist die aus weißem italienischem Marmor und dänischer Eiche angefertigte Kanzel, die der Genter Bildhauer Laurent Delvaux 1745 schuf. Ein Marmorrelief an der Rückseite erinnert an Bischof Triest, aus dessen Vermögen die Kanzel gestiftet wurde. Dieser Kirchenmann hat mit reichen Schenkungen unendlich viel zur Ausstattung des Doms beigetragen. Sein Andenken hält heute ein kostbares Marmorgrabmal im italienisch-flämischen Renaissancestil wach, das neben dem Hochaltar aufgestellt ist. Einem Gang durch die Kunstgeschichte kommt dann die Besichtigung der 25 Kapellen gleich, die mit Meisterwerken der niederländischen Malerei und Bildhauerkunst ausgestattet sind. Wie ein Jubilate ragt die für ihre außergewöhnliche Klangfülle bekannte Barockorgel im nördlichen Querschiff schlank und elegant auf.

Ein wohlhabender Patrizier stiftete mit dem „Genter Altar" das bekannteste Kunstwerk der Stadt, das zugleich eines der berühmtesten Werke der Malerei in Europa ist: Der 1432 vollendete Flügelaltar der Brüder van Eyck gibt allerdings nicht nur im Hinblick auf seine Entstehung Rätsel auf, er hat auch eine so bewegte Vergangenheit, dass sich seine Geschichte beinahe wie ein Krimi liest. Mehrfach wurde der Altar in letzter Minute vor den Bilderstürmern oder den Flammen gerettet, dennoch von den Calvinisten verschleppt und unter dem spanischen Feldherrn Farnese „zurückerobert" und wieder an seinem Platz aufgestellt.

Napoleon schaffte einzelne Tafeln nach Paris, der preußische Königshof konnte sich zeitweilig mit ein paar Teilen schmücken, und auch das Brüsseler Museum war im Besitz von Fragmenten dieses Meisterwerks. Erst 1920 konnte der Altar wieder zusammengefügt werden; ein spektakulärer Kirchenraub führte 1934 dazu, dass eine für immer verschwundene Tafel durch eine Replik ersetzt wurde. Glücklicherweise hat man ihn in beiden Weltkriegen rechtzeitig in Sicherheit gebracht, so dass die „überköstliche Malerei" (Albrecht Dürer) nach umfangreicher Restaurierung heute wieder die Menschen begeistern kann.

Charakterstarke Gesichter

Der Genter Altar ist ein Flügelaltar mit feststehendem Mittelteil und zwei beweglichen Flügeln. Auf der Mitteltafel die Anbetung des Lammes, darüber thront Gott, flankiert von Maria und Johannes dem Täufer. An den Seiten werden musizierende Jungfrauen, aber auch Adam und Eva gezeigt, beide so nackt und realistisch, dass sie Joseph II. von Österreich auf den Dachboden schaffen ließ. Überaus lebendig sind die Szenen dargestellt und so leuchtend in den Farben, dass man glaubt, sie seien erst gestern gemalt. Stunden kann man hier stehen und dieses Abbild der mittelalterlichen Welt mit Landschaften, Blumen und überaus charaktervoll gemalten Gesichtern auf sich wirken lassen. Und da stört es auch nicht, dass dieses Kunstwerk heute mit Panzerglasplatten gesichert ist. Denn nichts wünscht man mehr, als dass dieser Altar für die nachkommenden Generationen erhalten bleibt.

Von der Gotik in Brabant

Die Kathedrale in **BRÜSSEL** wurde in barockem Stil neu ausgeschmückt, nachdem die Bilderstürmer gewütet hatten

Eine imposante Freitreppe führt zur Kathedrale von St. Michael und St. Gudula empor, und die Fassade mit den drei Portalen und den an Notre-Dame in Paris erinnernden 69 Meter hohen Doppeltürmen erfährt so eine pompöse Steigerung. 1861 wurde die Treppenanlage erbaut, als man die vom Barock und vom Klassizismus geprägte Stadt in den Jahrzehnten nach der Gründung des belgischen Königreiches (im Jahr 1830) noch einmal einer gigantischen Verschönerungskur unterzog.

Bereits im 7. Jahrhundert hatte auf dem Treurenberg eine Kirche gestanden, denn hier am Schnittpunkt der Handelswege von Brügge nach Köln und Maubeuge in die Niederlande erhoffte man sich neben Unterkunft und warmem Essen auch den Schutz des Erzengels Michael, des Patrons der Reisenden. Im 11. Jahrhundert wurde dann auf dem Hügel eine Kanonikerkirche errichtet, doch die Geschäfte liefen so gut, dass nur 26 Jahre später Hendrik I. von Brabant mit dem Bau einer gotischen Kathedrale begann. Nahezu 300 Jahre lang wurde daran gebaut.

Es ist die Brabanter Gotik, die der Kirche heute ihre jubelnde Leichtigkeit, ihre beinahe maurisch anmutende Pracht beschert. Fantasiereicher, detailgenauer und feiner ausgearbeitet als alles Vergleichbare ist dieser Stil, was vor allem am Baumaterial liegt, das in den flämischen Steinbrüchen gewonnen wurde. Denn der sandige Kalkstein Flanderns ist ein leicht zu verarbeitendes Material, das ziseliertes Maßwerk und reiche Ornamentik möglich macht. Die Brabanter Gotik verfeinert noch einmal die klassischen Formen der Gotik und findet gerade in der Brüsseler Kathedrale mit den gewaltigen Maßen von 110 Meter Länge, 50 Meter Breite und 26,5 Meter Höhe ihre Vollendung.

Eine Kanzel als Geschenk

Die Kreuzrippengewölbe des Langhauses sorgen zusammen mit der Triforien- und Fensterzone für eine klare Gliederung des Kirchenraums. Zwölf Rundpfeiler mit Blattkapitellen – typisch für die Brabanter Gotik – lockern den Innenraum auf. Bestimmend für die majestätische Wirkung des Innenraums sind auch die hohen Glasfenster, die in den unterschiedlichsten Epochen entstanden sind, oftmals die Königs- und Herzogsfamilien zeigend, die über Brabant geherrscht haben. Darunter die Österreicher, die im 16. Jahrhundert und später wieder im 18. Jahrhundert im Land das Sagen hatten. Ein Geschenk Maria Theresias aus dem Jahr 1776 ist die von Hendrik-Frans Verbrüggen 1699 vollendete Kanzel aus Eichenholz, über die der französische Dichter Victor Hugo an seine Frau schrieb: „Sie ist ganz Philosophie, ganz Poesie."

Eine Besonderheit stellen die beiden Türme der Kathedrale dar, da Doppeltürme eigentlich nicht typisch für die Brabanter Gotik sind. 1451 wurde der Südturm, 1480 der Nordturm unter der Mitarbeit von Jan van Ruysbroek fertig, der als Architekt und Baumeister auch das Brüsseler Rathaus vollendet hat.

Die Folgen der Zerstörung

Im Inneren wirkt die Kirche trotz ihrer vielen Kunstschätze nicht überladen, denn die wechselvolle Geschichte der Stadt hat die Kathedrale nicht verschont.

In der Zeit der großen Auseinandersetzungen zwischen Katholiken und Calvinisten zerstörten die Bilderstürmer im Jahr 1579 nahezu alle Altäre, alle Statuen und Gemälde. Sie fielen auch über den Schrein der heiligen Gudula her, der zweiten Schutzpatronin der Kirche, zerstreuten ihre Gebeine und konnten dennoch den Mythos nicht zerstören. Die Heilige stammt aus karolingischem Adelsgeschlecht und wurde um 670 geboren.

Die Zerstörung durch die Bilderstürmer führte dazu, dass die Kirche Ende des 16. Jahrhunderts gänzlich neu, also im barocken Stil ausgestattet worden ist. Was sich vor allem an vielen Bildern ablesen lässt, die im flämischen Barock gemalt sind. Aber genauso an den Kapellen wie der von „Unserer Lieben Frau von der Befreiung", die auf Veranlassung der Erzherzogin Isabella Mitte des 17. Jahrhunderts entstanden ist.

Reiche Kirchenschätze sind ebenfalls in der gotischen Sakramentenkapelle ausgestellt, darunter ein 1000 Jahre altes angelsächsisches Reliquienkreuz. Dominierend im Mittelschiff ist heute die gewaltige Schwalbennesterorgel, die von dem in Barcelona ansässigen deutschen Orgelbaumeister Gerhard Grenzing angefertigt wurde. Das Instrument hat 4300 Pfeifen und 63 Register und ist berühmt für seine außerordentliche Klangfülle. Die Kathedrale ist Krönungskirche und Grablege des belgischen Königshauses.

Ein Platz für die Welt

Überhaupt ist die Kirche der richtige Rahmen für den großen Auftritt: Hier feierte Papst Johannes Paul II. bei seinem Belgien-Besuch ein Hochamt, und die Hochzeit von Belgiens Thronfolger fand selbstverständlich in der Kathedrale statt.

Im Sommer ist die Freitreppe ein Ort, auf dem sich die Jugend aus aller Welt trifft. Seit Brüssel die Hauptstadt Europas wurde, spielt die Kirche mit ihrer gotischen Pracht und dem zarten Glockenspiel noch eine neue Rolle. Als Platz der Nationen.

ANREISE:
Über den stadtnahen internationalen Flughafen. Perfekte Eisenbahn- und Autobahnverbindungen aus allen Richtungen

ÖFFNUNGSZEITEN:
Normalerweise 10 - 18 Uhr. An Sonn- und Feiertagen keine Besichtigung während der Messen

SEHENSWERT:
Die Kirchenschätze in der Sakramentenkapelle

Die beiden stumpfen Türme von St. Michael und St. Gudula waren früher das Wahrzeichen Brüssels (links)

Feierliche Zeremonie in der Krönungskirche. Kronprinz Philippe und Prinzessin Mathilde wurden hier am 4. Dezember 1999 getraut (unten Mitte)

Skulptur der hl. Gudula mit dem Modell der Kirche (unten rechts)

Die Grablege der Oranier

In der Nieuwe Kerk in **DELFT** ruhen die Toten des holländischen Königshauses

Voller Geheimnisse ist Delft, wenn man an den Grachten entlangschlendert, während sich das Licht in breiten Bahnen auf das Wasser legt. Man ahnt es auch, wenn man die Bilder des Delfter Malers Johannes Vermeer betrachtet, auf denen die Menschen schweigend im häuslichen Interieur gefangen scheinen. Vor allem aber empfindet man es an dem Tag, an dem der niederländische König oder die Königin, der Prinzgemahl oder die Königinmutter zu Grabe getragen werden.

Die Stadt mit den engen Straßen und Plätzen, den Klöstern und Kirchen bildet dann eine melancholische Kulisse für den am Den Haager Schloss gestarteten Trauerzug, der nur ein Ziel hat: die Nieuwe Kerk auf dem Markt in Delft. Seit mehr als 400 Jahren wurden fast alle Mitglieder des niederländischen Königshauses hier bestattet. 42 an der Zahl, die allesamt in einer Gruft ruhen, die nach jeder Beisetzung wieder mit einem großen Stein und mit vier Kupferringen verschlossen wird. Der Zutritt zu der Oranier-Gruft ist Besuchern nicht gestattet, nicht einmal die Ehegatten der Verstorbenen dürfen später an das Grab. Die Stadt der toten Könige überrascht mit einem mittelalterlich strengen Ritual.

Der Muttergottes war eine einfache Holzkirche gewidmet, die von 1396 an durch eine spätgotische Kreuzbasilika ersetzt wurde. Die Kirche wuchs in drei Bauphasen empor: Zuerst wurden Querschiff, Chor und der untere Teil des Turmes erbaut, es folgten das Mittelschiff und die Seitenhäuser, und erst in der zweiten Hälfte des 15. Jahrhunderts hat man den Chorumgang errichtet. Am 6. September 1496, hundert Jahre nach Baubeginn, war der Turm vollendet.

Aufgebot von Schutzheiligen

Die Basilika wurde noch während der Bauarbeiten zusätzlich unter den Schutz der heiligen Ursula gestellt, die nach der Legende gemeinsam mit 11 000 Jungfrauen den Märtyrertod erlitten haben soll. Trotz des zahlenmäßig imponierenden Schutzheiligenaufgebots suchte das Unglück die Kirche oft heim. Im Jahr 1536 zerstörte ein vermutlich durch einen Blitzschlag im Turm ausgelöstes Feuer weite Teile der Stadt, 1566 wüteten die Bilderstürmer, und schließlich legte der „Delfter Kanonenschlag" im Jahr 1654 zwei Drittel der Häuser in Schutt und Asche und fügte auch der Kirche schwere Schäden zu. 90 000 Pfund Schießpulver explodierten im Keller eines ehemaligen Clarissen-Klosters.

Zu diesem Zeitpunkt war Delft als Grablege des Fürstenhauses von Nassau-Oranien bereits ein bedeutendes Zentrum der Niederlande. Dabei kam die Stadt eher zufällig zu ihrem Status. Denn als Wilhelm von Oranien im Jahr 1584 in seiner vorläufigen Residenz in Delft das Opfer eines politischen Attentats wurde, war die damals unter spanischer Herrschaft stehende Grablege in Breda unerreichbar. So wählten die Oranier die Nieuwe Kerk zur Beisetzung aus, und auch die Nachfolger entschieden sich für die Grachtenstadt.

Verfolgung der Protestanten

Die Geschichte der Niederlande ist wie kaum eine andere Europas von den großen Auseinandersetzungen zwischen Katholiken und Protestanten geprägt. Nachdem die Niederlande im Jahre 1555 als Erbe an den Sohn Karls V., den fanatischen Philipp II., gefallen waren – an den „Schrecken Europas" –, setzte eine Verfolgung nicht gekannten Ausmaßes ein. Erst unter Wilhelm von Oranien machte sich ein Teil des Landes von der spanischen Vorherrschaft frei. Später wurden die Niederlande dann ein selbstständiges Königreich.

Dem „Vater des Vaterlandes" haben die Holländer in der Nieuwe Kerk bereits 30 Jahre nach seinem Tod ein Denkmal errichtet, das seinesgleichen sucht. An der Stelle, an der in katholischen Zeiten einst der Hochaltar stand, schuf der Bildhauer Hendrick de Keijser aus schwarzem, weißem und goldgeädertem Marmor das schönste Grabmal der Renaissance in den Niederlanden. Im Zentrum ruht die in weißen Marmor gehauene Figur Wilhelms von Oranien, zu seinen Füßen wacht sein Hund, der Fressen und Trinken verweigernd nur wenige Tage nach dem Meuchelmord starb. Das Mausoleum ist heute Pilgerstätte für ganz Holland.

Überaus imposant ist das Äußere der Kirche, denn herrisch ragt die gotische Fassade auf dem Marktplatz empor, gekrönt von einem 108 Meter hohen Turm. Eine Wendeltreppe führt mit 356 Treppenstufen zu drei Plattformen empor, von denen man einen wahren Malerblick auf die enge Dächerwelt und den Marktplatz hat.

Der Grote Markt ist bis in die Nacht hinein belagert. Hier im Schatten des Denkmals von Hugo Grotius, der als Wissenschaftler Delfts Ruhm in die ganze Welt getragen hat und ebenfalls in der Nieuwe Kerk begraben ist, erlebt man die Studentenstadt Delft mit ihrem sorglosen Leben. Hier wird aber auch das Gold der Stadt gezeigt, das Delfter Porzellan mit dem blauen Dekor, das der Stadt seit dem 17. Jahrhundert zu weltweitem Ruhm verholfen hat. Das lockt die Touristen an, die zum Leben auf dem Platz ebenso beitragen wie die Delfter selbst. Ein überaus lebendiges Umfeld für die Kirche mit ihrer schweigenden Gruft.

ANREISE:
Über das holländische Eisenbahn- und Autobahnnetz aus allen Richtungen. Über den internationalen Flughafen Schiphol, direkte Autobahnanbindung

ÖFFNUNGSZEITEN:
Bis auf weiteres April bis Okt. Mo-Sa 9-18 Uhr, So geschlossen. In den Monaten Nov. bis März Mo-Fr 11-16 Uhr, Sa 11-17 Uhr

SEHENSWERT:
Das Grabmal Wilhelm von Oraniens. Rundblick vom Turm über die Stadt

Der Turm der Nieuwe Kerk überragt den belebten Marktplatz von Delft. Vor dem Turm steht das Denkmal von Hugo Grotius, dem Begründer des modernen Naturrechts (links)

Das Grabmal Wilhelm von Oraniens war schon im 17. Jahrhundert eine Kultstätte für die Holländer, wie das Gemälde von Gerard Houckgeest aus dem Jahre 1651 zeigt (rechts)

Hollands schönste Madonna

Die St.-Jan-Kathedrale in **S'HERTOGENBOSCH** ist ein Prunkstück der Brabanter Gotik – und ein Haus der Marienverehrung

ANREISE:
Die Stadt ist aus allen Richtungen leicht über die Autobahnen erreichbar. Ebenfalls gute Bahnverbindungen

ÖFFNUNGSZEITEN:
Normalerweise täglich 8 – 16.30 Uhr. Während der Gottesdienste kein Zugang für Touristen

SEHENSWERT:
Die Madonna in einem Meer von Blumen, umgeben von brennenden Kerzen

Sie steht in einem Meer von Blumen, hunderte von Kerzen erhellen ihr Gesicht: Die Statue „Die Süße Liebe Frau von Den Bosch" ist das eindrucksvollste Kunstwerk in der St.-Jan-Kathedrale. Ein Gnadenbild, an dem die Menschen der 120 000 Einwohner zählenden Stadt ihre Sorgen abzuladen scheinen.

Bekleidet mit einem prächtigen Mantel und herrschaftlich gekrönt, ist diese vermutlich von einem maasländischen Künstler zwischen 1280 und 1330 geschnitzte gotische Marienfigur ein Symbol für die Dauerhaftigkeit dieser Kathedrale. Entsprechend wurde die „Zoete Lieve Vrouw" bei den kriegerischen Auseinandersetzungen im Jahr 1629 aus der Stadt geschmuggelt. Erst 1853 kehrte sie nach s'Hertogenbosch zurück und steht seither wieder an ihrem Platz.

Eine Kirche, nein, ein Gebirge ist die St.-Jan-Kathedrale mit ihren prachtvollen Portalen und Kapellenanbauten, deren wahres Ausmaß erst bei einem Rundgang erkennbar wird. 200 Jahre lang wurde an ihr gebaut und gefeilt, ehe sie das berühmteste Beispiel der Brabanter Gotik in den Niederlanden war, vergleichbar der Liebfrauenkathedrale in Antwerpen, vergleichbar aber auch den großen französischen Kathedralen. Denn meisterhaft wurden hier beide Stile zusammengeführt.

Um seine Macht in den nördlich gelegenen Grenzgebieten zu verstärken, gründete Herzog Heinrich I. von Brabant im Jahr 1185 eine Siedlung am Zusammenfluss von Dommel und Aa, der er Stadtrecht verlieh. Der „Wald des Herzogs", wie die Stadt hieß, die im Volksmund nur Den Bosch genannt wird, profitierte schnell von der Lage am Schnittpunkt wichtiger Handelswege, was sich im Bau einer dem Evangelisten Johannes gewidmeten romanischen Kirche niederschlug.

Kaufmännische Bescheidenheit

Als eine der größten Städte der damaligen nördlichen Niederlande entschlossen sich die Bürger zum Bau eines neuen Gotteshauses im Stil der Brabanter Gotik. 1380 fingen die Bauarbeiten nach einem Entwurf Willem von Kessels an, und unter seiner Leitung entstanden Hauptchor,

Gesamtansicht der St.-Jan-Kathedrale (oben links)

Blick in das Hauptschiff mit dem Altar (oben Mitte)

Die gotische Madonna mit dem Jesuskind auf dem Arm, umgeben von Blumen (oben rechts)

Zu den besonderen Schmuckstücken des Kircheninneren gehört das Taufbecken, das aus vorreformatorischer Zeit stammt (unten rechts)

Chorumgang und Kapellenkranz. Gegen Ende des 15. Jahrhunderts wurden die Arbeiten dann am Langhaus fortgesetzt, die ein paar Jahrzehnte später allerdings zu stocken begannen.

Als realistisch denkende Kaufleute sahen die Stadtväter ein, dass der Bau nicht ganz so prachtvoll ausfallen konnte wie geplant. Die Westfassade wurde nicht fertig gestellt. Aus Geldmangel trennte man sich sogar von den Plänen für einen pompösen Turm und versah den alten mit einem neuen Aufsatz.

Im 16. Jahrhundert rollte die Reformation auch über Den Bosch hinweg, die Bilderstürmer wüteten 1566 in dem fünf Jahre zuvor zur Kathedrale erhobenen Gotteshaus und zerstörten wertvolles Kirchengut. 1579 fanden die Konflikte mit dem Sieg der Katholiken über die Reformierten vorerst ein Ende. Aber noch einmal sollte sich das Blatt wenden: 1629 wurde die Stadt von den Truppen der Vereinigten Niederlande erobert und die Kathedrale zur reformierten Kirche umgewidmet. Erst Napoleon gab den mehrheitlich katholischen Bewohnern der Stadt ihre Kirche nach seinem Sieg über die Niederlande im Jahr 1810 zurück, und ein Erlass König Willems I. bestätigte später diesen Akt. 1859 begann die Instandsetzung, und seit 1984 ist sie vollständig restauriert.

Meister des Lichts

Dass die Kirche heute stilistisch weitgehend einheitlich wirkt, liegt nicht zuletzt daran, dass man während der gesamten Bauzeit den Plan für eine Kreuzbasilika mit einschiffigem Querhaus und fünfschiffigem Langhaus beibehalten hat. Wie in der Antwerpener Liebfrauenkathedrale wurden statt runder Säulen gegliederte Bündelpfeiler ohne Kapitele gebaut, ein Kunstgriff, der die 28 Meter hohe Kathedrale noch himmelstrebender erscheinen lässt.

Weite und Höhe sind architektonische Merkmale St. Jan's, während die beinahe puristische Ausstattung den Blick auf die Kunstwerke im Inneren lenkt. Das Taufbecken, die Kanzel, das Chorgestühl und die Orgel stammen aus vorreformatorischer Zeit. Der mittelalterliche Passionsaltar schildert in lebendigen Bildern die Leidensgeschichte Christi und zeigt dabei auch den unendlichen Schmerz der Muttergottes.

Die Marienverehrung hatte immer einen hohen Stellenwert in Den Bosch. Zwischen 1479 und 1494 entstand die Kapelle der Bruderschaft unserer Lieben Frau, die als Sakramentskapelle heute eine Zierde der Kathedrale ist. Neben dem überaus filigranen Steinschmuck und der überschwänglichen Ornamentik beeindruckt ein bewusst schräg eingesetztes Fenster, das die letzten Sonnenstrahlen des Tages in den sakralen Raum eindringen lässt. Ein Beispiel dafür, dass die Niederländer nicht nur in der Malerei, sondern auch in der Architektur wahre Meister des Lichts waren.

Die Ratsherrenkirche

St. Marien in **LÜBECK** gilt als die Vollendung der Backsteingotik und hatte jahrhundertelang die höchsten Türme der Welt

ANREISE:
Gute Bahnverbindung von Hamburg und Skandinavien aus. Über die Autobahn A1 gut erreichbar

ÖFFNUNGSZEITEN:
Bis auf Weiteres täglich 10-18 Uhr. Während der Gottesdienste kein Zutritt für Touristen

SEHENSWERT:
Die Glockenkapelle im Innern der Kirche

Mit neuen Helmen versehen überragen die Türme von St. Marien die Altstadt von Lübeck. Dass die vom Rat finanzierte Kirche unmittelbar neben dem Rathaus steht, zeigt das Selbstbewußtsein der Lübecker Kaufmannschaft gegenüber dem Bischof (rechts)

Achtzig Meter weit erstreckt sich das Längsschiff der Kirche, und 39 Meter sind es bis zur Höhe des Deckengewölbes (unten links)

Im Bombenhagel der Nacht vom 29. März 1942 wurde die Lübecker Altstadt stark zerstört. Auch St. Marien wurde getroffen und schwer beschädigt

Zehn Meter reichten aus, um die Machtverhältnisse im mittelalterlichen Lübeck ein für allemal zu klären. Denn selbstbewusst bauten die Ratsherren ihre Kirche um genau dieses Maß höher als den bischöflichen Dom. 125 Meter ragten die beiden Türme der Marienkirche bei der Einweihung im Jahr 1310 auf und blieben bis zur Fertigstellung des Kölner Doms im 19. Jahrhundert der höchste Doppelkirchturm der Welt.

Bescheidenheit war es wahrlich nicht, was die Ratsherren an der Trave bewog, eine Kirche zu bauen, die sich mit den prachtvollsten Kirchenbauten messen konnte, vor allem mit dem gigantischen Kölner Dom. Als „frommen Wahnsinn" bezeichnet der Kölner Dombaumeister Arnold Wulf später beide Bauten. Doch während man am Rhein jahrhundertelang mit einer unvollendeten Bauruine lebte, schafften die Lübecker ihr „Wahnsinnswerk", weil sie nicht nur träumen, sondern auch rechnen – und was noch wichtiger war – zahlen konnten.

Vorbild für den Ostseeraum

Der Wagemut, der an der Architektur der Marienkirche zutage tritt, war Grundlage für den Reichtum des mittelalterlichen Lübecks. In den gesamten Ostseeraum schickten die Kaufleute vom 12. Jahrhundert an ihre Schiffe, handelten mit Frankreich und Flandern und ließen sich den Umschlag von Salz teuer bezahlen. Nach Gründung der Hanse wurde Lübeck ganz automatisch deren Zentrum und mit seiner siebentürmigen Silhouette Vorbild für den gesamten Ostseeraum. Entscheidenden Anteil hatte dabei nicht zuletzt St. Marien, die Vorbild für 70 Kirchen wurde.

Die Marienkirche war das dritte Gotteshaus an gleicher Stelle. Auf einen hölzernen Bau aus der Stadtgründungszeit war eine romanische Basilika gefolgt. Als diese bei einem Brand schwer beschädigt wurde, entschied man sich – ganz auf der Höhe der Zeit – für eine dreischiffige Kathedrale im gotischen Stil mit Umgangschor, Kapellenkranz und doppeltürmiger Westfront. Die Leistung in St. Marien besteht darin, dass man die Formensprache des für den weichen Haustein gedachten französischen Kathedralstils in den heimischen Backstein übertrug. Vier Millionen Ziegelsteine wurden verbaut.

Das Innere wird beherrscht vom Raumeindruck des 39 Meter hohen Mittelschiffs, von kunstvoll gestalteten Arkadenpfeilern umstellt. Dass die Kirche ausgemalt ist, mag manchen erstaunen, der norddeutsche Kargheit kennt. Jahrhundertelang waren die Malereien verborgen und kamen erst beim großen Kirchenbrand im Jahr 1942 wieder ans Licht.

St. Marien ist heute ohne die Erinnerung an die Nacht vom 28./29. März 1942 nicht denkbar. Bomben der Royal Air Force legten als Rache für die Zerstörung der Stadt Coventry und ihrer berühmten Kathedrale ein Fünftel Lübecks in Schutt und Asche. Die Marienkirche brannte völlig aus. Die Türme stürzten ein, und die Glocken bohrten sich in den Boden der Kirche. Die Kunstschätze, mit denen St. Marien mehr als alle anderen norddeutschen Kirchen ausgestattet war, verbrannten zum größten Teil. Nur wenige Stücke wurden gerettet. Darunter ein Sakramentenhaus, ein Marienaltar von 1518, eine spätgotische Grabplatte des Bildhauers Bernt Notke und eine Bronzetaufe aus dem 14. Jahrhundert.

Berühmte Orgelmusiken

Mit bemerkenswerter Konsequenz gestaltete man nach dem Zweiten Weltkrieg den gesamten Innenraum neu und verzichtete auf den Wiederaufbau des Lettners, so dass man heute einen freien Blick durch das weiträumige Mittelschiff hat.

Unversehrt blieben beim Brand nur die ehemalige Briefkapelle, in der nach der Reformation der Schreiber saß, und die so genannte Herrenkapelle. Ein ergreifendes Mahnmal ist die Glockenkapelle, in der die zerborstenen Bronzeglocken genau an der Stelle liegen, wo sie einst aufschlugen. Ganz Lübeck trug zum Aufbau des Gotteshauses bei, so auch der aus Lübeck stammende Literaturnobelpreisträger Thomas Mann.

Im Schatten der Marienkirche stand das Haus der Großeltern des Dichters, und das Glockenspiel der Kirche drang – wie er schrieb – in seine Träume ein. Wie sein Bruder Heinrich verließ auch Thomas Mann seine Heimatstadt. Mit dem Roman „Buddenbrooks" hat er ihr – und der Marienkirche – ein Denkmal gesetzt.

Als Wunderwelt von großer Klangfülle wird die Orgel beschrieben, die heute wieder aufgebaut ist. Heinrich Buxtehude hat hier 40 Jahre als Musikdirektor gewirkt und mit seinen berühmten Abendmusiken die Menschen von weither angelockt. Auch Johann Sebastian Bach kam und wäre gern des Komponisten Nachfolger als Kantor an der Marienkirche geworden. Hätte er mit dem Amt nicht auch die Hand der Tochter Buxtehudes nehmen müssen.

Kathedrale der Protestanten

Die Michaeliskirche in **HAMBURG** ist in ihrer heutigen barocken Form ein Werk des Baumeisters Ernst Georg Sonnin

ANREISE:
Hamburg hat einen internationalen Flughafen. Gute Bahn- und Autobahnverbindungen aus allen Richtungen

ÖFFNUNGSZEITEN:
Normalerweise täglich 9 - 18 Uhr. In den Wintermonaten 9 - 17 Uhr, So 11.30 - 17 Uhr

SEHENSWERT:
Der Blick vom Turm über den Hafen und die Stadt

Backbords, also zur Linken eines Schiffes, tauchte die Michaeliskirche auf, wenn die Seeleute nach langem Törn wieder in den Hamburger Hafen einliefen, und da wurden selbst die Augen der wortkargen Fahrensleute feucht. Der „Michel", wie das auf einem Geestrücken aufragende Gotteshaus in Hamburg familiär genannt wird, ist das Wahrzeichen der Stadt, ist Symbol für Niederlage und Neubeginn, ist Freund, Beschützer und gute Stube einer eher auf Zurückhaltung bedachten Bürgerschaft. Kein Bauwerk in der Hansestadt hat so viel Renommee wie die jüngste von Hamburgs fünf Hauptkirchen. Weshalb man hier auch die Friedensfeiern nach langen Kriegen abhielt und den deutschen Kaiser als Ehrengast bei der Neueinweihung im Jahr 1906 empfing.

Verglichen mit den vier anderen 700 Jahre alten Hauptkirchen ist die Michaeliskirche jung, denn erst die aufstrebende, außerhalb der Stadtmauern gelegene Neustadt machte in der Mitte des 17. Jahrhunderts den Bau einer repräsentativen Kirche nötig. 1661 wurde die erste Michaeliskirche eingeweiht, eine dreischiffige Basilika, deren klare Konzeption von Anfang an auf Repräsentation angelegt war.

Einem Schloss ähnlich

Als im Jahr 1750 nach einem Blitzschlag die Kirche nahezu vollständig abgebrannt war, machten sensationelle Kollekten einen opulenten Neubau möglich. Zwischen 1751 und 1762 wurde von den Baumeistern Johann Leonhard Prey und Ernst Georg Sonnin ein spätbarocker Bau aufgeführt, der einem Schloss ähnlicher war als einer Kirche und der heute als bedeutendster protestantischer Kirchenbau neben der Dresdner Frauenkirche gilt.

Zwar fehlte der Turm bei der Einweihung noch, und erst, als Ernst Georg Sonnin einen Plan vorlegte, wie der Turm ganz ohne Gerüst zu bauen sei, bekam der Michel sein markantes Aussehen. 132 Meter ragte er schließlich auf. Das Innere der Kirche stattete Cord Möller im Stil des Rokoko als einen festlichen, auf Altar und Kanzel ausgerichteten Versammlungsraum der Gemeinde aus.

Mit süddeutscher Anmutung

1906 wurde die Kirche ein zweites Mal durch einen Brand zerstört und von der Bevölkerung so heftig betrauert, dass man umgehend mit dem originalgetreuen Wiederaufbau begann. Dabei setzte man moderne Materialien wie Stahl und Beton ein und schmückte das Gotteshaus mit einem prachtvollen Portal. Und noch einmal sollte der Michel schwere Blessuren erleiden – im Bombenhagel 1943 wurde die Kirche stark zerstört. Auch diesmal renovierte man den Bau ganz im alten Stil.

Eine beinahe süddeutsche Anmutung strahlt die Kirche heute aus, deren Portal von einer Bronzestatue des Erzengels Michael gekrönt ist. Mit seinen Pfeilerarkaden, zweigeschossigen Einbauten und stuckverzierten Decken spricht der Innenraum eine andere Sprache als die strengen Bauten der norddeutschen Backsteingotik. Die gewaltigen Dimensionen des Raumes mit einer Höhe von 27 Meter, einer Länge von 71 Meter und einer Breite von 51 Meter werden durch eine Empore in Form eines griechischen Kreuzes überspielt, die das Haupt- und Querschiff harmonisch miteinander verbindet.

Musik von Telemann und Bach

3000 Menschen finden in der Kirche Platz. Während der ebenerdige Teil mit schweren Eichenbänken ausgestattet ist, darunter das mit Wappen verzierte Senatsgestühl, wird die Empore vorwiegend für Konzerte genutzt. Gleich drei Orgeln zeigen, welche Bedeutung die Kirchenmusik in St. Michaelis schon früher hatte. Immerhin haben Georg Philipp Telemann und Carl Philipp Emanuel Bach am Michel gewirkt und hier wichtige Kompositionen geschaffen.

Von den Ausstattungsgegenständen aus barocker Zeit ist nur ein Taufbecken erhalten, das Hamburger Kaufleute im Jahr 1763 im italienischen Livorno aus kostbarem Marmor anfertigen ließen. Ein Opferstock als Geschenk des Architekten Sonnin konnte trotz seines enormen Gewichts beim Brand gerettet werden. Der 20 Meter hohe Altar aus dem Jahr 1910 ist wie die Kanzel in neobarocken Formen gestaltet, wobei auch Jugendstileinflüsse zu erkennen sind.

Wie in den anderen Kirchen wurde noch bis ins 18. Jahrhundert hinein im Michel bestattet, so dass man in der Krypta die Gräber von Carl Philipp Emanuel Bach und Baumeister Ernst Georg Sonnin besichtigen kann. Zum Turm kann man sich mit einem Fahrstuhl hinauffahren lassen. Eindrucksvoller ist es jedoch, die 449 Stufen emporzusteigen, bis hinauf auf die Plattform, von der aus man einen überwältigenden Blick auf die Stadt, den Hafen und den breiten Elbstrom hat. Wie seit 300 Jahren bläst noch immer ein Türmer morgens um 10 Uhr und abends um 21 Uhr einen Choral über die Dächer. Denn an Traditionen hält man in Hamburg eisern fest. Ganz besonders in einer Kirche, die zum Symbol der Hansestadt geworden ist.

Der „Michel", wie die Hamburger ihre Kirche nennen, steht unmittelbar über dem Hafen (rechts)

Blick auf die für ihren Klang berühmte große Orgel und die darunter liegende Galerie (links oben)

Besonders zur Weihnachtszeit ist St. Michaelis Schauplatz erstklassiger Kirchenkonzerte (links unten)

Ein Symbol des Westens

Die Gedächtniskirche in **BERLIN** wurde im Zweiten Weltkrieg zerstört – Ein Anbau machte sie zum Wahrzeichen der Stadt

Berlin hat zwei Bischofskirchen, eine katholische und eine evangelische. Beide stehen in der Mitte der Stadt, nahe dem Schlossplatz, und beide sind einigermaßen berühmt. Die katholische St.-Hedwigs-Kathedrale, ein klassizistischer Zentralbau mit Kuppel, ist das Werk von zwei renommierten Berliner Baumeistern, Knobelsdorff und Boumann.

Ein anderer für Berlin wichtiger Architekt heißt Karl Friedrich Schinkel. Er errichtete den protestantischen Dom neben dem Stadtschloss, der dem letzten deutschen Kaiser nicht repräsentativ genug erschien, so dass er ihn abzureißen befahl. An diese Stelle ließ er durch den Gründerzeitarchitekten Julius Raschendorff einen Neubau setzen, wieder eine Zentralkirche; nach Überzeugung vieler gilt sie als hässlich, dabei gehört ihre Hauptkuppel unübersehbar ins Berliner Panorama, wie die Kuppeln der Neuen Synagoge oder die filigrangläserne Kuppel über dem Gebäude des Reichstags.

Die meistbeachtete Kirche der Stadt indessen befindet sich anderswo, im Stadtviertel Charlottenburg, am Anfang des berühmten Kurfürstendamms. Die Kaiser-Wilhelm-Gedächtniskirche ist Ruine und Neubau in einem. Der Entschluss zur Errichtung dieses Gotteshauses teilt sich in seinem Namen mit. Es sollte an einen deutschen Kaiser erinnern, Wilhelm I. aus dem Hause Hohenzollern, der 1888 im Alter von 91 Jahren gestorben war.

Romanik als Vorbild

Charlottenburg, damals noch eine selbständige Stadt, schickte sich gerade an, der alten Reichshauptstadt im Osten neureiche Konkurrenz zu machen. Der Kurfürstendamm und seine Nebenstraßen schmückten sich mit edlen Miethäusern für betuchtes Publikum. Den Anfang der Straße sollte eine repräsentative Architektur bilden; der Platz, auf dem sie entstehen sollte, erhielt später den Namen Auguste Viktorias, der Schwiegertochter Kaiser Wilhelms I. und ältestes Kind der legendären Britenmonarchin Victoria.

Die Kaiser-Wilhelm-Gedächtniskirche war 1895, nach vierjähriger Bauzeit, vollendet. Der Architekt hieß Franz Schwechten. Völlig dem Geist des Historismus verpflichtet, hatte er sich für die Spätromanik entschieden, jenen Stil, den die großen Domkirchen am deutschen Oberrhein aufweisen. Der Ausgang des 19. Jahrhunderts üppig sprießende Nationalismus begriff die Zeit der Salier und Staufer als einen besonders glanzvollen deutschen Geschichtsabschnitt.

Schwechten schuf eine Zentralanlage auf dem Grundriss eines lateinischen Kreuzes. Der Hauptturm an der Westfront hatte die Höhe von 113 Meter. Die Innenausstattung fiel reich und reichlich aus, Christlich-Sakrales verband sich mit Nationalistisch-Monarchistischem, die architektonischen Anspielungen auf den Kaiserdom zu Speyer waren unübersehbar.

Übrig blieb eine Ruine

Als nach dem Ersten Weltkrieg Charlottenburg in Groß-Berlin eingemeindet wurde, mutierte der Kurfürstendamm zu jener populären Geschäfts- und Flaniermeile, die er heute noch ist. Die wichtigsten Uraufführungskinos befanden sich hier, und rund um die Gedächtniskirche verweilte die Bohème.

Dies alles endete mit dem Zweiten Weltkrieg. Er hinterließ die Kaiser-Wilhelm-Gedächtniskirche als eine Ruine mit abgeknickten Türmen. Man begann zu diskutieren, heftig und öffentlich: über einen Abriss der Ruine, über einen Neubau. Die Stadt war mittlerweile politisch geteilt, nur die Mauer stand noch nicht; die Westberliner Verwaltung schrieb 1956 einen Wettbewerb aus, den der Architekt Egon Eiermann gewann.

Er schlug einen Neubau vor, der den Turmrest der alten Gedächtniskirche integrierte. 1959 wurde an dem Platz, der jetzt nach dem Sozialistenführer Rudolf Breitscheid heißt, der Grundstein gelegt, die Arbeiten endeten am 14. Dezember 1963. Zu dieser Zeit stand die von Ostberlin errichtete Mauer eben zwei Jahre. Das altneue Gotteshaus sah sich unversehens zu einem Symbol des Westberliner Selbstbehauptungswillens erhoben.

Eiermanns Kirche umfasst neben der nur mehr 63 Meter hohen Ruine des alten Turmes einen achteckigen Flachbau und einen sechseckigen neuen Turm von 53 Meter Höhe. Beides ist errichtet aus wabenförmigen Betonplatten, deren Öffnungen blau verglast sind. Im neuen Kirchturm befindet sich eine Trauungs- und Taufkapelle, im alten Turm eine Gedächtnishalle, die an den untergegangenen Bau Schwechtens erinnert. Die anfängliche Erregung über das damals als kühn empfundene Bauwerk war groß, „Kraftwerk Jesu" lautete noch die höflichste Schmähung. Inzwischen hat sich die Stadt mit dem Eiermann-Bau abgefunden, er gehört zu den meistfotografierten Objekten Berlins.

ANREISE:
Über den internationalen Flughafen Tegel. Gute Bahn- und Autobahnverbindungen aus allen Richtungen

ÖFFNUNGSZEITEN:
Normalerweise täglich 9-19 Uhr, Gedenkhalle in der Turmruine Mo-Sa 10-16 Uhr

SEHENSWERT:
Das in blaues Licht getauchte Innere der Kirche vermittelt eine einzigartige Stimmung von Ruhe und Harmonie

Neben die Ruine der alten Kirche stellte der Architekt Egon Eiermann einen modernen farbigen Turmbau (links)

Blick in das Innere der neuen Kirche (rechts oben)

Die alte Kaiser-Wilhelm-Gedächtniskirche entstand Ende des 19. Jahrhunderts als neoromanisches Bauwerk und repräsentierte den Geist der preußischen Monarchie (unten rechts)

Vom Mut der Protestanten

In St. Nikolai in **LEIPZIG** begannen die Demonstrationen, die zum Ende der DDR führten

ANREISE:
Flughafen in Stadtnähe. Autobahnverbindungen aus allen Richtungen. Mit der Bahn gut zu erreichen

ÖFFNUNGSZEITEN:
Normalerweise täglich von 10–18 Uhr, Änderungen kurzfristig möglich

SEHENSWERT:
Der klassizistische Bilderschmuck im Altarraum

Der Turm mit seinem Umlauf diente noch im 20. Jh. als Feuerwache (oben links)

Das Hauptschiff ist heute geprägt von den klaren Formen des Klassizismus. Die Innendekoration wurde in den Jahren 1784–97 von Johann Friedrich Carl Dauthe und Adam Friedrich Oeser neu gestaltet (oben rechts)

Die vielen verschiedenen Bauphasen sind auch an der Außenfassade abzulesen (unten rechts)

Leipzig ist eine Kaufmannsstadt. Schon ihre mittelalterliche Gründung erfolgte im Schnitt zweier bedeutender Handelswege, und die erste bezeugte Niederlassung war eine solche von Händlern, die ihre Kirche, wie allgemein üblich, dem Schutzpatron ihres Gewerbes widmeten, dem einstigen Bischof von Myra mit Namen Nikolaus. Auch der weitere Aufstieg von Leipzig ist mit Warenbewegungen, mit An- und Verkauf verknüpft. Zwischen 1156 und 1170, als das Stadtrecht verliehen wurde, gab es regelmäßig jene Märkte, aus denen schließlich die bedeutendste Messe Deutschlands entstand.

Die Pfarrkirche St. Nikolai blieb das zentrale Gotteshaus der Neu-Stadt. Der erste nachweisliche Bau war eine steinerne Basilika, die auf einem aufgelassenen Friedhofsgelände errichtet wurde und als Westwerk die übliche romanische Doppelturmanlage besaß. Stadt und Gemeinde wuchsen. St. Nikolai war bald schon zu klein, dass man zu Erweiterungen schritt; die Ostapsis wurde gebaut, in gotischer Gestalt, und danach die bis heute erhalten gebliebene gotische Nordkapelle. 1452 erhielt die Kirche ihr erstes Geläut, das nicht nur religiösen Zwecken diente: Es läutete auch bei Brandgefahr, und der Turm von St. Nikolai diente als städtische Feuerwache noch bis zum Jahre 1916.

Umbau zur Hallenkirche

1507 entschloss sich die Bürgerschaft zu einem radikalen Umbau. Lediglich das Westwerk und der gotische Ostchor blieben unberührt. Der für Leipzig verantwortliche Bischof von Merseburg weihte 1525 die fertig gestellte und äußerst geräumige spätgotische Hallenkirche.

Es war das Jahr, in dem der Bauernkrieg endete, der seinerseits nicht hätte ausbrechen können ohne die Reformation. Der große Disput Martin Luthers mit dem konservativen Theologen Johannes Eck fand in Leipzig statt. In den religiösen Auseinandersetzungen der Folgezeit bekannte sich ganz Kursachsen zu der neuen Lehre, und ab 1539 erfolgten in der Leipziger Stadtkirche St. Nikolai die Gottesdienste nach evangelischem Ritus. Der große protestantische Kirchenmusiker Johann Sebastian Bach hat nicht nur in der Thomaskirche, sondern auch in St. Nikolai musiziert, und hier wurde er in Leipzig eingeführt.

In jene Zeit fällt auch eine nächste Bauphase. Abermals war das Gebäude baufällig geworden, das alte romanische Portal drohte einzufallen, dass man es abreißen und durch den heutigen Eingang ersetzen musste. Hernach wurde das Innere einem gründlichen Umbau unterzogen, die Arbeiten geschahen in den Jahren 1784 bis 1797. St. Nikolai wandelte sich zu einer protestantischen Predigerkirche im klassizistischen Stil, mit klaren Linien und hellen Farben. Sie wurde zu einem Ort, der ebenso zu Reflexion und klaren Worten einlud wie zu Andacht und Abendmahl.

Es entstand neuer Bildschmuck, für den Altarraum wie für den Eingangsbereich. Sein Schöpfer hieß Friedrich Oeser, eine für die Geschichte der deutschen Klassik maßgebliche Figur. Aus Bratislava gebürtig, hatte er seine Ausbildung in Wien gemacht, ehe er nach Kursachsen ging, um dort kurfürstlicher Hofmaler zu werden. Seine Kunst vollzieht den unmerklichen Übergang vom Spätbarock zum Klassizismus. Der Dichter Johann Wolfgang Goethe, der auch ein begabter Zeichner war und einige Studentenjahre in Leipzig verbrachte, hat bei Oeser gelernt.

Leipziger Friedensandachten

Letzte bauliche Eingriffe erfuhr die Nikolaikirche dann zu Beginn des 20. Jahrhunderts. Die heutige Außenfassade entstand, den spätgotischen Baukörper ließ man dabei unbehelligt, wiewohl sich seine stilgeschichtliche Herkunft erst bei etwas genauerem Hinsehen mitteilt.

Seither gab es ausschließlich Vorkehrungen, die durch die Zeit und Umwelteinflüsse entstandenen Schäden zu beseitigen. Die Farbgebung aus klassizistischer Zeit blieb erhalten. Eine Geste zugunsten des ökologischen Zeitgeistes war die Installation einer Solaranlage, nach der Sanierung des Süddachs, im Jahr 2000.

Das Wort Ökologie besitzt einen politischen Beigeschmack. Dass man die natürliche Umwelt um jeden Preis erhalten und schützen müsse, gehörte zu den Grundüberzeugungen der in der späten DDR sich herausbildenden Opposition. Dass sie sich überhaupt formieren konnte, verdankte sie der evangelischen Kirche im Land, die ihr Obdach und Schutz gewährte. St. Nikolai in Leipzig handelte darin besonders nachdrücklich.

Hier fanden seit 1982 an jedem Montag Friedensandachten statt. Menschen, die ihre Ausreise aus der DDR begehrten, saßen neben solchen, die eine radikale Veränderung der heimischen Zustände erstrebten. Aus den Andachten entwickelten sich Demonstrationen, die immer nachdrücklicher wurden, bis hin zu jener machtvollen, die am 9. Oktober 1989 auf die Leipziger Ringstraße führte. Es begann, für jeden erkennbar, der politische Zusammenbruch des kommunistischen Regimes Ostdeutschlands. „So ist diese Kirche nicht nur einer Gruppe, einer Konfession, einem Teil der Bevölkerung, sondern einem ganzen Land zum Segen geworden," sagt Christian Führer, Pfarrer an St. Nikolai damals und noch jetzt.

Die steinerne Glocke

Die Frauenkirche in **DRESDEN** wurde zu einem Symbol für die Zerstörungen des Zweiten Weltkriegs

Die Frauenkirche in Dresden galt einmal als bedeutendster barocker Kirchenbau des deutschen Protestantismus und als Wahrzeichen der Stadt. Nach dem Bombenangriff vom Februar 1945 diente ihre Ruine über 40 Jahre lang als Sinnbild des Dresdner Untergangs und als Mahnmal gegen den Krieg. Seit es darum geht, das Bauwerk in vertrauter Gestalt wieder zu errichten, sieht man es als Symbol für den kollektiven Willen der Bewohner, ihre Stadt in alter Form zu erhalten, und für das Bestreben der deutschen Nation, ihnen dabei zu helfen.

Vor der barocken Frauenkirche gab es ein Gotteshaus gleichen Namens aus gotischer Zeit. Es wurde bald zu klein, da der Gemeinde zahlreiche Dresdner Vororte zuwuchsen. Außerdem war der Bau marode geworden. Dresdens Ratszimmermeister Georg Bähr, aus dem ostbrandenburgischen Fürstenwalde gebürtig und ausgewiesen durch Kirchenbauten im kursächsischen Raum, erhielt 1722 den Auftrag für einen barocken Neubau. Die alte Frauenkirche sollte während der Bauzeit geöffnet bleiben, um die geistliche Versorgung der Gemeinde zu gewährleisten.

Die Planungen verliefen kompliziert. Bährs erster Entwurf zeigte die Form eines griechischen Kreuzes, dazu achteckige Emporen. Auf eine Fassade verzichtete er mit Rücksicht auf die Nähe der bereits stehenden Gebäude. Der Entwurf stieß bei den Verantwortlichen auf Skepsis.

Grundsteinlegung 1726

Die anschließenden Verhandlungen zogen sich hin bis ins Jahr 1725. Johann Christoph Knöffel, ein Schüler des großen Pöppelmann, wurde ersucht, sich zu Bährs Plänen zu äußern. Knöffel lieferte einen förmlichen Gegenentwurf, der einen kreisförmigen Zentralbau auf rechteckigem Grundriss vorsah. Die Baubehörde fand an der Idee Gefallen und reichte sie weiter an Bähr, der sie in seinen Entwurf integrierte. Der veränderte Plan wurde 1726 gebilligt. Die Grundsteinlegung fand statt.

Bereits Ende 1726 waren die Grundmauern des Chores hochgeführt. Anfang 1727 begann man damit, die alte Kirche abzutragen. Ende 1732 stand der Neubau bis zum Gesims, jetzt ging es darum, die Kuppel aufzubringen. Bähr hatte die kühne Absicht, sie gänzlich aus Sandstein zu verfertigen, wogegen sich zunächst aus Gründen der Statik Bedenken erhoben. In einem quälend langen Entscheidungsprozess räumte man alle Bedenken aus. Inzwischen erfolgte die Weihe des Innenraums, Johann Sebastian Bach spielte auf der von Gottfried Silbermann errichteten Orgel.

Das geschah im Jahre 1738. Kurz zuvor war Bähr verstorben. Johann Georg Schmid, sein Verwandter und Schüler, übernahm die Weiterführung der Arbeiten, die 1743 vollendet waren. Mit ihrer ungewöhnlichen Höhe und der auffällig langgezogenen Form ihrer Kuppel hatte die Kirche fortan im Stadtbild ihren Platz.

Die Kirche der Protestanten

Im Inneren entsprach sie den Erfordernissen des protestantischen Kirchenbaus, wie sie sich seit Beginn der Reformation herausgebildet hatten. Mittelpunkt evangelischer Gottesdienste ist das gesungene und gesprochene Wort, entsprechend werden Altar, Orgel und Kanzel angeordnet und visuell betont. Sitzplätze für die Besucher sind selbstverständlich: Vier Logenringe umzogen den Bau. Der Altar war eine Schöpfung von Johann Christian Feige und Benjamin Thomae, in die Kuppel setzte der venezianische Maler Johann Baptist Grone Abbilder der vier Evangelisten und der vier Kardinaltugenden.

Man war protestantische Kirche in einer überwiegend protestantischen Stadt, deren Königshaus allerdings dem katholischen Glauben anhing und mit der Hofkirche über einen entsprechenden und ziemlich auffälligen Sakralbau gebot. In dessen Nachbarschaft erhob sich nun Bährs Kuppel, die „steinerne Glocke", und signalisierte die Ansprüche ihrer bürgerlichen Erbauer. Die Silhouette vom Neustädter Elbufer aus, der man kulturgeschichtlichen Rang zugebilligt hat, hielt zunächst der große Canaletto fest, ähnlich verfuhren nach ihm viele Vertreter der Dresdner Malerschule.

Die Luftangriffe alliierter Bomber auf die bis dahin intakt gebliebene Stadt an der Elbe erfolgten gegen Ende des von Deutschland ausgelösten Zweiten Weltkriegs, in der Nacht vom 13. zum 14. Februar 1945. In mehreren Wellen wurden erst Spreng- dann Phosphorbomben abgeworfen, was einen so genannten Feuersturm entfachte, der die gesamte Altstadt ergriff und vernichtete. Auch die Frauenkirche brannte. Ihr Turm blieb zunächst noch stehen, erst einen Tag später stürzte die Kuppel ein. 45 Jahre standen die Trümmer als düstere Kulisse, mit der Statue des predigenden Martin Luther davor. Während andere der historischen Architekturen Dresdens restauriert wurden, blieb die Frauenkirche absichtsvoll Ruine, die atheistische DDR hatte an der Wiederherstellung eines Gotteshauses kein vorrangiges Interesse.

Dies änderte sich 1990. Mit Spendengeldern der Bürger und Donationen aus aller Welt wird seither der Wiederaufbau betrieben. Die gesicherten Steine des alten Baus sind sortiert, registriert und werden an ihrer ursprünglichen Stelle eingefügt. Die Unterkirche ist bereits vollendet. Erste Gottesdienste finden statt. Im Jahre 2006 soll das gesamte Bauwerk vollendet sein.

ANREISE: Dresden hat einen internationalen Stadtflughafen. Gute Bahn- und Autobahnverbindungen aus allen Richtungen

ÖFFNUNGSZEITEN: Der Wiederaufbau wird voraussichtlich 2006 beendet sein. Bis dahin nur für Teilnehmer an den Gottesdiensten zugänglich. Führungen möglich

SEHENSWERT: Die Luther-Figur auf dem Vorplatz. Rings um die Kirche das Baulager mit den bereitgestellten alten Steinen

Historische Aufnahme der alten Frauenkirche aus dem Jahr 1893 (links)

Stand der Baumaßnahmen 2003: Außenfassaden und Innenraum sind weitgehend fertig gestellt. An der Kuppel wird gebaut (rechts oben)

Die Ruine mit dem gestürzten Luther-Denkmal im Jahre 1945 (unten rechts)

Der erste Wolkenkratzer

Nach mehr als 600 Jahren Bauzeit wurde der Dom in **KÖLN** vollendet – Ein Wunder der Gotik

ANREISE:
Über den internationalen Flughafen Düsseldorf. Gute Bahn- und Autobahnverbindungen aus allen Richtungen

ÖFFNUNGSZEITEN:
Täglich 9-19 Uhr. Kein Zugang während der Heiligen Messen

SEHENSWERT:
Die Kunstschätze in der Schatzkammer

Immer wieder dieses fassungslose Staunen, wenn man vor der Westfassade des Kölner Domes steht, denn wie magisch angezogen wandert der Blick nach oben und tastet die tausend Türme ab. Auch im Inneren befällt den Besucher der „Schock von Köln". In der imposantesten Kathedrale der Welt scheint nichts den Menschen am Boden zu halten. 20 000 Gläubige fasst die Kirche, und als man ihre Vollendung feierte, waren auch genauso viele darin versammelt. Ein Tedeum für eine Vision. Für eine der wahnwitzigsten Visionen der Menschheit.

Warum gerade Köln, warum gerade hier am Rhein? An der Stelle, wo heute die Kirche mit ihren schleierartigen Türmen aufragt, umbrandet vom Verkehr und bedrängt vom ruhelosen Bahnhof, stand früher ein heidnischer Tempel. Es folgten wechselnde Kirchenbauten, deren letzter eine fünfschiffige romanische Basilika war. Als der frische Wind der Gotik aus dem nahen Frankreich herüberwehte, war diese Kirche den Kölnern nicht genug. Sie rissen den Bau ab, und Erzbischof Konrad von Hochstaden legte 1248 den Grundstein für einen Dom, der – bescheiden können andere sein – der größte Kirchenbau der Welt werden sollte. Weitgehend nach dem Vorbild der Kathedrale in Amiens, von der man auch das perfekte Strebesystem übernahm. Immerhin hatte man einen wahren Schatz in den Mauern: Neben vielen anderen Reliquien besaß das Kölner Erzbistum die Gebeine der Heiligen Drei Könige, die als Kriegsbeute unter Kaiser Barbarossa aus Mailand an den Rhein geschafft worden waren. So erhaben in ihrer Ausstrahlung, dass die Kaiser nach der Krönung in Aachen hierher kamen, um am Schrein der morgenländischen Heiligen zu opfern.

Der Kran blieb stehen

Ein Jahrhundert lang ging es mit dem Bau gut voran. 1322 war die Erweiterung des Chores abgeschlossen, die Arbeiten an der Westfassade begannen. 80 Jahre später war dann der Südturm bis zur Höhe des Glockenstuhls vollendet. Vor allem der Chor mit seinen schlanken Bündelpfeilern wurde als Wunderwerk bestaunt. 41 Meter lang, 45 Meter breit und sagenhafte 43 Meter hoch sorgten die Obergadenfenster mit 17 Meter Höhe für einen Rausch im düsteren Mittelalter. Petrarca nannte die Kirche im Jahr 1333 „die Allerhöchste".

Um 1500 war es dann allerdings mit dem Phönix-Flug vorbei. Durch die Entdeckung Amerikas und neue physikalische Erkenntnisse aufgeschreckt, wandten sich die Menschen vom Himmel der Erde zu und vergaßen den Dom. 1560 wurden die Bauarbeiten offiziell eingestellt. Allerdings blieb der Kran, der mehr als ein Jahrhundert lang das Baumaterial in die schwindelnde Höhe gehievt hatte, wie eine riesige Krake auf den Türmen befestigt – als ständige Mahnung für einen möglichen Neubeginn. Nach Verwüstungen durch Napoleon kam die Rettung dann zu Beginn des 19. Jahrhunderts: Man entdeckte die Gotik neu, und führende Köpfe wie der Kölner Kunstsammler Boisserée, der Dichter Johann Wolfgang von Goethe und der Stararchitekt Karl Friedrich Schinkel setzten sich für die Vollendung der größten Bauruine des Abendlandes ein.

Vor allem aber begeisterte sich Wilhelm IV., der Romantiker auf dem preußischen Königsthron, für das Bauwerk, in dessen Vollendung er auch ein Symbol Deutschlands sah. 1842 legte er den Grundstein für den Weiterbau, 1880 wurde der Dom eingeweiht, nach mehr als 600 Jahren Bauzeit war das Weltwunder am Rhein fertig gestellt und die Kölner feierten – wie sie es nun einmal meisterhaft verstehen – ein gigantisches Fest. Mit 1000 Türmen und höchst kunstvoll ausgearbeitetem Blendwerk wird die Westfront heute als die gewaltigste Fassade des Abendlandes gepriesen.

Der Schrein der Drei Könige

Im Inneren sind es gerade die im Mittelalter vollendeten Teile wie der Chor, die heute den Kunstfreund begeistern. Dazu kommen die zahlreichen Kunstschätze, unter denen der Schrein der Heiligen Drei Könige einen Ehrenplatz einnimmt, eine der schönsten Goldschmiedearbeiten des Mittelalters. Herausragend sind auch das Gero-Kreuz, das Grabmal Konrad von Hochstadens und das Chorgestühl, das mit 104 Stühlen die größte Gruppe mittelalterlicher Chorstühle in Deutschland bildet.

Aber was wäre der Dom ohne sein Umfeld. Als man beim großen Umbau im 19. Jahrhundert die Domplatte schuf, eine Art Terrasse auf hohen Stelzen, räumte man für dieses Vorhaben gnadenlos Barockhäuser und sogar zwei Kirchen fort. Heute ist der Platz vor der Kathedrale ein einzigartiger Schmelztiegel der Kulturen. Maler verzaubern die Pflastersteine, es wird jongliert, parliert und geflirtet. Und immer wieder gestaunt über den „ersten Wolkenkratzer der Welt".

Abendstimmung an einem Jahrtausendbauwerk: der Kölner Dom, im Vordergrund der Rhein mit der historischen eisernen Bahnbrücke (Bild rechts)

Statue des Heiligen Christophorus im Mittelschiff des Doms (links oben)

Der Kölner Dom im Jahre 1824 vor dem Wiederbeginn der Bauarbeiten. Stahlstich von 1857 nach einer Zeichnung des Dombaumeisters Ernst Zwirner (links unten)

Im Lichte des Barock

VIERZEHNHEILIGEN ist ein spätes Meisterwerk des Baumeisters Balthasar Neumann. Im Innern dominiert das Rokoko

Am Beginn steht eine fromme Legende. Im Herbst des Jahres 1445 trieb der fränkische Klosterschäfer Hermann Leicht seine Tiere heim zu der Zisterzienserabtei Langheim links des Mains. Da erblickte er auf einem Acker ein weinendes Kind, das freilich alsbald wieder verschwand. Ein Jahr später sah er es abermals, jetzt trug es auf der Brust ein rotes Kreuz und war umgeben von 14 weiteren Kindern. Die erklärten dem Schäfer, dass sie die 14 Nothelfer seien und eine Kapelle begehrten.

Drei Wochen darauf ereignete sich die Wunderheilung einer Frau. Hier gab die Abtei dem Drängen des Schäfers nach und errichtete ein Kirchlein. Längst hatten auch Wallfahrten eingesetzt, Pilger kamen von nah und fern, aus Thüringen, Sachsen, Franken, prominente Leute waren darunter, so der Kunstmaler Albrecht Dürer aus Nürnberg.

Die Kapelle brannte öfter herunter. Jedes Mal wurde sie größer und prächtiger wieder aufgebaut. Schließlich, um das Jahr 1735, fasste der junge und ehrgeizige Abt Stephan Mösinger den Plan, anstelle des marode und viel zu klein gewordenen Kirchleins ein Gotteshaus zu bauen, das den gewaltigen Strom der Wallfahrer zu fassen in der Lage sei. Er beauftragte den Landbaumeister Gottfried Heinrich Krohne aus Weimar, einen Protestanten. Der Entwurf stieß auf den Widerstand des Bischofs von Bamberg. Mösinger sorgte dafür, dass man nunmehr Balthasar Neumann in die Planung einbezog.

Ständig neue Konflikte

Neumann war einer der genialen Architekten des oberdeutschen Barock. 1687 im Böhmischen geboren, hatte er das Gießerhandwerk erlernt und wurde Artillerieingenieur; die dabei erworbenen mathematischen und statischen Kenntnisse kamen seinen Bauten zugute. 1719 trat er die Leitung des bischöflichen Bauwesens in Würzburg an und betreute die Arbeiten an der dortigen Residenz, einer der grandiosesten Schlossanlagen des europäischen Barock. Zahlreiche andere Aufträge folgten, Vierzehnheiligen wurde eines seiner Spätwerke.

Bei keiner Architektur wird er mehr an Konflikten und Problemen erlebt haben. Im April 1743 erfolgte die Grundsteinlegung, die Handwerker kamen aus dem nahen Staffelstein. Erste Mauern wurden hochgezogen, der dabei verwendete gelbe Sandstein stammte aus der Gegend. Nach einem Dreivierteljahr überprüfte Neumann das Baugeschehen und entdeckte, wie sein Entwurf konsequent hintertrieben wurde. Er führte Beschwerde beim Fürstbischof, der daraufhin anwies, alles Lutherische konsequent zu tilgen und eine gut katholische Kirche herzustellen. Krohne wurde entlassen.

Balthasar Neumann nahm sich des Projekts nun mit allem Nachdruck an und er versuchte, die bereits existierenden Vorgaben Krohnes zu nutzen und in seinem Sinne zu modifizieren. Er blieb dem Baugeschehen verbunden bis zu seinem Tod im Jahre 1753. Die Fertigstellung erfolgte erst sehr viel später, 1772, die Ausstattungsarbeiten dauerten noch bis etwa 1775.

Vierzehnheiligen zeigt eine gelungene Synthese aus Basilika und barockem Wölbungsbau. Das lichtdurchflutete Innere mit seinen Emporen erinnert an einen festlichen Saal. Den Mittelpunkt bildet der frei stehende Gnadenaltar in der Hauptrotunde, flankiert von vier Säulen, die ein Oval markieren. Zwei kleinere Ovale schließen sich an. Dies war Neumanns geniale Lösung, mit den Grundrissen Krohnes zu verfahren.

Erinnerung an die Nothelfer

Von außen erscheint Vierzehnheiligen als eindrucksvolle Barockkirche mit einer weithin sichtbaren monumentalen Doppelturmfront. Das Innere ist reines Rokoko, jener verspielt-elegante Stil aus der Mitte des 18. Jahrhunderts, der dem Klassizismus unmittelbar vorausgeht. Die Ausgestaltung übernahm der kurfürstliche Hofmaler Giuseppe Appiani aus Mainz, von ihm stammen die Fresken und Altarbilder, die Stuckarbeiten versah Johann Michael Feichtmayr, der Schöpfer des Gnadenaltars. Die 14 Nothelfer sind als plastische Figuren in mehreren Etagen rund um den Gnadenaltar gruppiert.

Die Kirche hat nach ihrer Fertigstellung allerlei Schäden erlitten wie Blitzeinschläge und Wassereinbrüche, Kerzenruß verschmutzte den Stuck. Erst Ende des 20. Jahrhunderts geschahen jene umfassenden Restaurierungsarbeiten, die dem Bau seinen authentischen Zustand zurückgaben.

ANREISE:
Von Bamberg aus mit dem Auto über die Autobahn bis Vierzehnheiligen bei Lichtenfels

ÖFFNUNGSZEITEN:
Normalerweise täglich 10 bis 18 Uhr, außer Sonntagvormittag

SEHENSWERT:
Wallfahrten und Prozessionen im Mai und September. Empfehlenswert auch ein Besuch der Veste Coburg, 20 km nördlich gelegen

Der Blick von der Orgelempore geht über den frei stehenden Gnadenaltar in der Hauptrotunde bis zum Hochaltar (links)

Wer vor der barocken Außenfassade steht, ist vor allem von den prachtvollen Doppeltürmen beeindruckt (unten Mitte)

In der den 14 Nothelfern geweihten Wallfahrtskirche ist die Kanzel (rechts) ein besonders wichtiges Element, das ganz im Stil des Rokoko gestaltet wurde

Die deutsche Königs-Romanik

Der Dom zu **SPEYER** wurde als Grablege der salischen Herrscher erbaut

ANREISE:
Über die Autobahn aus allen Richtungen gut erreichbar. Gute Bahnverbindungen

ÖFFNUNGSZEITEN:
Normalerweise in den Sommermonaten täglich 9–19 Uhr geöffnet. Im Winter 9–17 Uhr. Während der Messen keine Besichtigung durch Touristen

SEHENSWERT:
Die Sarkophage der Kaiser

Die deutschen Herrscher des Mittelalters hatten keine Hauptstadt. Sie waren ständig unterwegs, mit einem Tross aus Beratern, Bewachern und Höflingen, um die weit auseinander liegenden Gebiete ihres Reiches zu besuchen. Sie nächtigten und amtierten in Pfalzen, Bischofssitzen und Klöstern, und allein im Tode hatten sie ihren festen und unverrückbaren Platz: eine bestimmte Kirche, in der sie samt anderen Angehörigen ihres Adelsgeschlechtes bestattet wurden.

Die zweite Königsdynastie auf deutschem Boden waren die rheinfränkischen Salier. Sie folgten den sächsischen Ottonen, 1024 wurde der erste König aus ihren Reihen gekürt, Konrad II., zuvor Graf im Worms- und Speyergau. Begräbnisstätte der Salier war lange Zeit der Wormser Dom gewesen; Konrad entschied, offenbar im Selbstbewusstsein seines neuen Ranges, dass eine neue Grablege errichtet werde, in der alten Bischofsstadt Speyer. Die dortige Kirche stand in Größe und Bedeutsamkeit hinter den Domen in den benachbarten Städten Worms, Mainz und Basel weit zurück. Also legte er den Grundstein zu einer neuen Kathedrale.

Pantheon der Reichsherrlichkeit

Als er im Jahre 1039 starb, wurde er in Speyer beigesetzt, wiewohl sich der Dom noch im Bau befand. Auch als man später seine verstorbene Gemahlin Gisela neben ihn legte, geschah dies inmitten einer Baustelle. Konrads sämtliche Nachfolger auf dem deutschen Thron, sofern Salier, dazu einige von deren Frauen fanden hier ihre letzte Ruhe, und selbst ein paar spätere Herrscher aus anderen Geschlechtern wurden hier bestattet, darunter Rudolf, erster deutscher König aus dem Hause Habsburg. Insgesamt befinden sich in der Kaisergruft von Speyer 13 Einzelgräber Regierender, dazu fünf Gräber von Bischöfen, außerdem ein Sammelgrab. Speyer erreicht damit beinahe den Rang von St. Denis bei Paris. Den Deutschen bedeutet die Bischofskirche von Speyer so etwas wie ihr nationales Pantheon hochmittelalterlicher Reichsherrlichkeit.

Speyer ist heute eine kleine, behäbige Stadt. Ihr Ruhm hängt zu beträchtlichen Teilen an ihrer Vergangenheit: Hier fanden einst kaiserliche Reichstage statt, hier steht auf einer Anhöhe über dem Rheinufer der Dom mit den Gräbern der Salier, eine von drei großen alten Kathedralen am Oberrhein. Mit Ausnahme der später angebauten gotischen Sakristei und des Barockdachs auf dem Vierungsturm steht er da als rein romanisches Bauwerk, was sich dem Umstand verdankt, dass er bereits 1106 im Rohbau vollendet war, unter Heinrich IV., dem Enkel des Stifters.

Seine Maße sind beeindruckend: 134 Meter in der Länge, das Mittelschiff ist 30 Meter hoch und 14 Meter breit. Je zwei Türme und ein Vierungsturm stehen im Osten wie im Westen. Es gibt die Kapelle für Taufen und die der heiligen Afra. Ursprünglich flach gedeckt, wurden die Schiffe später eingewölbt, übrigens als erste Basilika auf deutschem Boden.

Sechs Meter dicke Mauern

Die Abgrenzung des Mittelschiffes erfolgt durch Pfeiler, von denen jedem zweiten eine Halbsäule vorgeblendet ist. So entsteht, was im Fachjargon „gebundenes System" heißt: eine rhythmische Abfolge von Raumeinheiten, die den Raum gliedern und den Eindruck von Monotonie verhindern.

Die Ausgestaltung des Inneren kehrt außen wieder: Rund um Apsis, Chor und Langhaus laufen Zwerggalerien, als ein reines Gestaltungselement. Infolge ihrer Aussparungen vermitteln sie einen Eindruck von der Stärke der Mauern. Sie sind bis zu sechs Meter dick.

Bauplastik nach der Art anderer mittelalterlicher Kathedralen besitzt der Dom vergleichsweise wenig. Da gibt es, an einer Halbsäule der Apsis, ein fast naiv anmutendes Relief, das Mensch, Tier, Schlange und Bäume friedlich beieinander zeigt, offenbar ist damit das Paradies gemeint. Es findet sich an der Basis eines Pfeilers die Abbildung eines Weinstocks, als Hinweis auf das populäre Gleichnis Christi aus dem Johannesevangelium.

Farbiger Stein

Sonst beschränkt sich die Ausgestaltung auf Ornamente, die stilisierte Pflanzen- und Tierformen verwenden. Selbst die Pforten, bei anderen Sakralbauten ein bevorzugter Platz bildlicher Darstellung mit Szenen aus dem Neuen Testament, bleiben hier karg. Ihre Rundbögen beeindrucken allein durch den farbigen Schichtwechsel, das ist die regelmäßige Abfolge unterschiedlich gefärbter Steine, wie sie dann auch im Inneren der Kathedrale mehrfach Verwendung gefunden haben.

Die Unterkirche ist äußerst geräumig, sie beansprucht die gesamte Ausdehnung von Chor, Apsis und Querschiff. Die Sarkophage der Kaisergräber stehen noch an ihrem ursprünglichen Ort, freilich wurden die Erdauftragungen, unter denen sie sich vormals befanden, im Jahre 1902 fortgeräumt, um der jetzigen Architektur Platz zu machen.

Es war dies nicht die erste und einzige Veränderung einiger Details. Immer wieder erfolgten Eingriffe, teils zwingende, wie nach dem

Die Westfassade des Doms wurde im 19. Jahrhundert neu aufgebaut und erhielt damals ihre heutige Form (großes Bild)

Samson bezwingt den Löwen. Skulptur an einem Pfeiler in der Ostkapelle (oben rechts)

Das Grabmal Kaiser Ludwigs I. aus dem Jahre 1291 (rechts Mitte)

Blick in das Gewölbe der Krypta, das aus dem 11. Jahrhundert stammt (unten)

schweren Brand im 12. Jahrhundert oder nach 1683, da im pfälzischen Erbfolgekrieg französische Truppen das Gotteshaus verwüsteten. Mitte des 19. Jahrhunderts unterzog man die gesamte Kathedrale einer gründlichen Restauration, damals erhielt die Westfront ihre heutige Form, außerdem (man schrieb das Zeitalter der Nationalromantik) wurde der gesamte Innenraum mit Malereien im historistischen Stil ausgestattet. Inzwischen hat man die Bilder wieder entfernt. Speyers Dom präsentiert sich so, wie er einmal gewesen ist, oder wie man doch meint, dass er vor 900 Jahren aussah.

„Die welschen Hauben"

Die Frauenkirche in **MÜNCHEN** wurde mit ihren eigentümlichen Türmen zum Wahrzeichen der Stadt

ANREISE:
Internationaler Flughafen 30 km von der City entfernt. Mit Bahn und Auto aus allen Richtungen bequem erreichbar

ÖFFNUNGSZEITEN:
Die Domkirche ist normalerweise Mo - Sa von 10 bis 17 Uhr geöffnet. Sonntags geschlossen

SEHENSWERT:
Der Marienplatz in unmittelbarer Nähe der Kirche mit dem Rathaus. In der Nähe liegen mehrere traditionelle bayerische Bierkeller

Eine Sage erzählt, in die Frauenkirche von München habe sich kurz nach deren Fertigstellung der Satan eingeschlichen. Eine große Freude und Genugtuung sei über ihn gekommen, als er entdeckte, dass der Baumeister alle Fenster vergessen hatte, bis er wahrnahm, dass er bloß einer optischen Täuschung erlegen war. Nämlich, was er zunächst für eine fensterlose Außenwand gehalten hatte, waren die sehr massiven Pfeiler, die das Mittelschiff von den Seitenschiffen scheiden, und natürlich verfügen die Außenwände über ordentliche Fenster. Als der Teufel dies begriff, wurde er sehr wütend. Er stampfte schrecklich mit dem Bocksfuß auf und fuhr aus der Kirche hinaus als ein Sturmwind. Der satanische Fußabdruck hat sich erhalten, unterhalb der Empore, als so genannter „Teufelstritt".

Größenwahn? Weitsicht?
Dieses Märchen entstammt dem Barockzeitalter. Damals gab es noch einen riesigen Altar, der den Blick auf das Mittelfenster im Chor verstellte. Die 22 achteckigen Pfeiler, die in zwei Reihen stehen und einst den Irrtum Beelzebubs verursachten, werden tatsächlich als Wand bezeichnet. Die Seitenschiffe dahinter erreichen fast die Höhe des Mittelschiffs. Man stellt die Annäherung an Hallenkirchen fest, wie sie die Spätgotik kannte, auch das Sternengewölbe der auslaufenden Bündelpfeiler im Gewölbe gehört zu den spätgotischen Charakteristika.

Die Kirche „Zu unserer Lieben Frau" ist geräumig. Sie fasst um die 20 000 Menschen. Als sie geplant wurde, hatte München gerade 13 000 Einwohner, so dass der Bau fast als Ausdruck von Größenwahn erscheint. Oder von Weitsicht: Vielleicht hat man das spätere Wachstum der Stadt vorausgesehen und sich entsprechend darauf eingestellt.

Der Vorgängerbau war kleiner. Er entstand um 1230 und war ein spätromanisches Gotteshaus. Den Grundstein für die nunmehrige Kirche, einen Ziegelbau, legte 1468 der bayerische Herzog Sigismund aus dem Hause Wittelsbach, sein Baumeister hieß Jörg von Halsbach. Die herzogliche Schatulle übernahm auch einen Teil der Kosten.

Liebfrauenkirchen sind gemeinhin Bürgerkirchen. In München verhielt es sich nicht anders. Ungeachtet ihres außerordentlichen Volumens fungierte die Liebfrauenkirche bloß als eine von zwei gewöhnlichen Pfarrkirchen am Ort. Die andere hieß nach St. Peter und war sehr viel älter, sogar älter als die Stadt, denn errichtet wurde sie schon im 10. Jahrhundert. Die Peterskirche erlebte etliche Umbauten, ihr 96 Meter hoher Turm mit seiner Barockspitze gilt als das andere Wahrzeichen Münchens neben den Türmen der Frauenkirche.

Die sind noch etwas höher, nämlich 99 Meter. Sie standen bereits, als die Kirche 1494 geweiht wurde; eine Stadtansicht der berühmten Schedelschen Weltchronik zeigt sie mit Flachdächern, die Kuppeln wurden ihnen erst ein Vierteljahrhundert später aufgesetzt. Deren Form ist singulär. In München heißen sie „die welschen Hauben". Aus dem Ausland kamen ihre Vorbilder gewiss, man vermutet Venedig.

Grablege der Wittelsbacher
Die Frauenkirche war ursprünglich auch als Grablege für das Geschlecht der Wittelsbacher gedacht. Es ist nicht so recht dazu gekommen. Ein paar aus der Sippe fanden ihre letzte Ruhe hier: Immerhin darunter der einzige Kaiser aus der Dynastie, Ludwig IV., genannt der Bayer und 1347 verstorben. Auch der letzte Bayernkönig wurde hier beigesetzt, Ludwig III., der 1912 die Regentschaft von seinem Vater Luitpold übernahm, bis er nach der Revolution 1918 ins Exil gehen musste. Er starb 1921 im ungarischen Sávár.

Außer Wittelsbachern wurden in der Frauenkirche Bischöfe beigesetzt. 1818 wechselte deren Sitz aus Freising in die bayerische Hauptstadt, und die Frauenkirche wurde ihr Dom. Wie die gesamte Innenstadt Münchens erlitt während der Luftbombardements im Zweiten Weltkrieg auch die Frauenkirche schwere Schäden, die nach Kriegsende beseitigt wurden. Das Resultat war zunächst ein fast kahler Innenraum. Bei der 1993 beendeten Restaurierung fanden viele erhalten gebliebene und zunächst archivierte Einzelstücke aus gotischer und barocker Zeit wieder Aufstellung, so die 48 geschnitzten Büsten von Propheten und Aposteln und das Chorgestühl von Erasmus Grasser aus dem Jahre 1502.

Wer hinaustritt, hat es nur ein paar Schritte bis zum Marienplatz vor dem Rathaus. Dort drängen sich die Gaffer, die Schnorrer und die Biertrinker. München sei ein Himmelreich, hat der amerikanische Romancier Thomas Wolfe gesagt. Zu einem ordentlichen Christenhimmel gehört ein Gotteshaus. Hier heißt es Liebfrauenkirche.

Mit ihren kupfernen Kuppelhauben bestimmen die beiden Türme der Frauenkirche heute noch die Silhouette Münchens (rechts)

Beim Betreten des Kircheninneren ist man überwältigt von der Schlichtheit des Hauptschiffs. Durch die Bombenschäden im Zweiten Weltkrieg ging fast der gesamte Innenschmuck verloren (unten links)

Gipfel der Gotik

Das Münster in **FREIBURG IM BREISGAU** hat den schönsten Kirchturm von Deutschland

Freiburg im Breisgau hatte ein wechselhaftes Schicksal. Gelegen im Dreiländereck von Frankreich, Deutschland und der Schweiz, war die Stadt allen diesen Regionen irgendwann zugehörig, auch mit kulturellen Folgen, wobei Schweiz in diesem Falle noch das Österreich der Habsburger meint.

Geographisch liegt die Stadt zwischen dem südlichen Schwarzwald und dem Kaiserstuhl, ökonomisch hat sie an beiden Regionen Anteil, was ihren Wohlstand und ihre stadtarchitektonische Anmut begründete.

Freiburg ist die Gründung des längst ausgestorbenen Adelsgeschlechtes der Zähringer. Diese haben um 1200 auch den Bau des Münsters begonnen, das ihnen als Grablege dienen sollte. Aus jenem romanischen Gründungsbau sind noch Teile erhalten: Vierung, Querhausflügel und die unteren Geschosse der so genannten Hahnentürme. Als architektonisches Vorbild diente erkennbar das Münster der Nachbarstadt Basel.

In die Bauarbeiten fiel der Ausklang der Romanik. Die nunmehr beginnende Gotik setzte sich in Freiburg schon wegen der räumlichen Nähe zu Frankreich, Ursprungsland des neuen Stils, sehr bald durch. Ein neuer Baumeister, dessen Namen wir nicht kennen, verfuhr beim Weiterbau des Langhauses nach dieser Manier, seine persönliche Handschrift lässt sich ablesen am Maßwerk der Fenster und an den Kapitellen, und nunmehr wird auch ein weiteres Vorbild sichtbar: das Münster der anderen Nachbarstadt Straßburg, woher der Baumeister kam.

300 Jahre Bauzeit

Seine wichtigste Leistung wurde der Turm. Er entwarf nicht eine Doppelturmfassade, sondern er entschloss sich zu einem einzigen Turm, wie er sie bei romanischen Kirchen kleineren Zuschnitts in dieser Region vorfinden konnte. Derart entstand der unbestritten schönste gotische Kirchturm in Deutschland, mit einem kunstvollen Helm, bestehend aus acht Rippen, zwischen die das steinerne Maßwerk gespannt ist. Massives

Mauerwerk fehlt, die Turmspitze wirkt ganz filigran und unerschütterlich, sich allmählich verlierend in Höhe und Transzendenz, eine vollkommene Schöpfung aus gotischem Geist.

Der nächste Baumeister ist namentlich bekannt und heißt Johannes von Gmünd. Er kommt aus der Werkstatt der großen Architektenfamilie Parler, die sowohl in Köln wie in Prag unübersehbare Zeichen setzte. Johannes begann die Arbeiten am Chor. Das war 1354. Siebzehn Jahre später trat noch ein anderer Baumeister auf den Plan, Hans Niesenberger aus Graz. Der Chor wurde 1513 fertig gestellt im nunmehr vorherrschenden Stil der späten Gotik, er wurde geweiht, und nach 300 Jahren Bauzeit war das Münster vollendet.

Es ist ein Gotteshaus der außerordentlichen Dimensionen: 125 Meter in der Länge, 30 Meter in der Breite, die Höhe im Langhaus beträgt 27 Meter: Maße, wie sie auch die Schwesterkirchen in Basel und Straßburg aufweisen, aber die sind Kathedralen, Bischofskirchen, wogegen Freiburgs Münster bis zum Jahre 1821 bloß städtische Pfarrkirche war, erst dann amtierte hier ein Erzbischof.

Altar von Hans Baldung

Der verwendete Stein zeigt den gleichen rötlichen Ton wie beim Straßburger Münster. Das Gotteshaus ist überreich an bedeutenden Bildwerken, innen wie außen, beginnend mit dem reichen Skulpturenschmuck des Westportals, wo das Tympanon die Geschichte Jesu erzählt von der Jugend bis zu Passion und Weltgericht. Berühmt sind die zu beiden Seiten der Vorhalle angebrachten Plastiken der klugen und der törichten Jungfrauen.

Diese gehen zurück auf ein Gleichnis im Matthäusevangelium: Die fünf törichten Jungfrauen halten ihre Lampen entleert nach unten, die klugen halten die ihren nach oben; unter den törichten Jungfrauen steht, ausgestattet mit den entsprechenden Insignien, die Figur der Synagoge, Hinweis auf die ab dem Hochmittelalter in Europa grassierende Feindseligkeit gegenüber den Juden.

Von der Innenausstattung sind hervorzuheben die farbigen Fenster, vor allem aber der Kapellenkranz des Chores und der Hochaltar, eine Arbeit des 1484 geborenen Hans Baldung, genannt Grien. Er stammte aus der Gegend am Oberrhein, war ein Schüler Albrecht Dürers und erwarb das Straßburger Bürgerrecht. Der Altar in Freiburg, darstellend die Krönung der Jungfrau Maria, der das Münster geweiht ist, gilt als eine seiner wichtigsten Arbeiten. Seine auch hier erkennbare Vorliebe für grüne Farbtöne trug ihm seinen Beinamen ein.

ANREISE:
Über den internationalen Flughafen Basel (ca. 60 km). Leicht erreichbar über die Autobahn im Rheintal. Gute Bahnverbindungen

ÖFFNUNGSZEITEN:
Bis auf weiteres täglich 9 - 18 Uhr. Während der Messen kein Zutritt für Touristen

SEHENSWERT:
Der Wochenmarkt auf dem großen Platz rund um das Münster

Eine vollkommene Schöpfung aus dem Geist der Gotik ist die Turmspitze des Münsters (links)

Eine Statue des Hl. Andreas schmückt einen Pfeiler im Längsschiff (rechts oben)

Der von Hans Baldung Grien ausgemalte Hochaltar ist das berühmteste Kunstwerk der Innenausstattung (rechts Mitte)

Das Münster von der Chorseite aus, Blick auf das Langschiff und den Turm. Der Platz vor der Kirche ist ein beliebter Treffpunkt der Bevölkerung (unten rechts)

Eidgenössische Dombaukultur

Das Münster in **BASEL** hat einen legendären Skulpturenschmuck aus der spätromanischen Zeit

ANREISE:
Basel hat einen internationalen Flughafen. Gute Bahn- und Autobahnverbindungen aus allen Richtungen

ÖFFNUNGSZEITEN:
Normalerweise Mo - Fr 9 - 17 Uhr, Sa 11 - 16 Uhr, So 11 - 17 Uhr. Während der Gottesdienste und Andachten kein Zugang für Touristen

SEHENSWERT:
Die Galluspforte

Im Basler Münster befindet sich ein Epitaph für den hier beigesetzten Erasmus von Rotterdam. Der berühmte Gelehrte des Reformationszeitalters hat lange Jahre in Basel zugebracht, seine griechische Ausgabe des Neuen Testaments wurde hier gedruckt, in der Werkstatt von Johann Froben, und dass sich dies verwirklichen ließ, gründete auf der hohen Buchdruckkunst im damaligen Basel. Die Stadt war ein Zentrum des europäischen Humanismus, offen für die kulturellen Anregungen der Zeit, und dies auch infolge ihres beträchtlichen kommerziellen Wohlstands.

Sie liegt in einem altem Siedlungsgebiet von Kelten, Römern und Alemannen. Der Hügel über dem Rhein, der heute das Münster trägt, bot einen günstigen Platz für die römische Fortifikation Basilia, die später ersetzt wurde durch ein christliches Gotteshaus, das, wegen seiner natürlichen Erhöhung, unübersehbar von der Erhabenheit des Herrn kündete. Vermutlich im 8. Jahrhundert wurde Basel Bischofssitz. Die frühesten schriftlichen Bauzeugnisse datieren auf die Zeit um 820.

Die heutige Basilika wurde in spätromanischer Zeit vollendet und erlitt bei einem Erdbeben im Jahre 1356 Schäden, deren Beseitigung unter gotischem Vorzeichen geschah. Hergestellt aus dem rötlichen Material der nahen Sandsteinbrüche Wiesental und Degerfelden, hatte das Gebäude eine Entstehungszeit von fünf Jahrhunderten und kann mit bedeutenden Zeugnissen aus diesen Perioden aufwarten.

An der Hauptfassade mit dem Eingangsportal ist es abzulesen, unter anderem. Die hellen Schichten im unteren Abschnitt des Georgsturms sind allerälteste Bausubstanz, die Kreuzblume auf dem zweiten, dem Martinsturm, wurde exakt im Jahre 1500 aufgebracht. Die Namen der Türme verdanken sich den beiden Heiligen, deren Statuen an ihren Sockeln stehen. Die Kirche insgesamt ist der Jungfrau Maria geweiht, sie steht als Plastik zwischen den Türmen, zusammen mit Heinrich II., dem letzten Kaiser aus sächsischem Haus, und dessen Gemahlin Kunigunde. Heinrich war ein überaus gläubiger Mensch, den man später heilig sprach; er hat das Münster gemeinsam mit seiner Frau gestiftet. Andere Figuren am Eingang sind eine törichte Jungfrau und ihr teuflischer Verführer: Während sie ihm lächelnd ihr Kleid öffnet, kriechen in seinem Rücken, Zeichen seiner abgrundtiefen Verderbtheit, allerlei Kröten und Schlangen hinan.

Berühmte Galluspforte
Diese Figuren entstanden ausgangs der Romanik, um 1280. Runde hundert Jahre älter sind die Plastiken eines anderen Eingangs, der Galluspforte am nördlichen Ende des Querschiffs. Ihr Name erinnert an den irischen Missionar, der Ende des 6. Jahrhunderts in der Region um den nördlichen Bodensee missionierte.

Die nach ihm benannte Pforte zeigt den Weltenrichter Christus mit den Aposteln Peter und Paul, mit den törichten und klugen Jungfrauen, mit den vier Evangelisten und mit Johannes dem Täufer. Zwei Engel blasen zum Jüngsten Gericht. Die Toten steigen auf aus ihren Gräbern und rüsten sich für die Verhandlung. Die Galluspforte ist das bedeutendste romanische Skulpturenwerk in der Schweiz und eines der ältesten Figurenportale auf dem gesamten deutschsprachigen Territorium.

Das Fenster über der Galluspforte zeigt eine monumentale Darstellung des Glücksrads, jenes während des Mittelalters beliebten Schicksalsmotivs, das eigentlich aus der römischen Antike stammt und ursprünglich das Schiffssteuerrad der Glücksgöttin Fortuna war. Hier wird die Wechselhaftigkeit der menschlichen Zustände dargestellt durch viele kleine Figuren, die sich an die gekrümmten Speichen des Rades klammern. Die Speichen bestanden ursprünglich aus Eichenholz, erst im 19. Jahrhundert wurden sie durch Sandstein ersetzt.

Ebenso wie die Eingänge trägt die Chorfassade reichen Skulpturenschmuck. Man erkennt allerlei Mischwesen, Löwen und ein Elefantenpaar, dem deutlich anzusehen ist, dass ihr Schöpfer einem realen Elefanten niemals begegnet ist. Skulpturales auch im Inneren, so die um 1100 geschaffene Vincentius- und Aposteltafel. Die eingewölbte dreischiffige Basilika mit Querschiff hat ihre Grabkapellen links und rechts derart miteinander verbunden, dass der Eindruck eines fünfschiffigen Raumes entsteht.

Putz aus der Spätromanik
Das Langhaus trägt noch alle Kennzeichen seiner spätromanischen Entstehungszeit, bis hin zu dem originalen Verputz. Aus gotischer Zeit stammen der Taufstein, die Kanzel, die Malereien in den Gewölben und der Chor samt seinem Gestühl. Den nachhaltigsten Schaden beim Erdbeben von 1356 trugen die Türme davon, das Münster hatte ursprünglich deren fünf, nunmehr wurden lediglich die beiden Fassadentürme neu errichtet, 65 und 62 Meter hoch.

An das Münster schließt ein Kreuzgang an, in spätgotischer Zeit errichtet auf romanischen Fundamenten. In ihm promenierten vormals die Bischöfe und Domkapitulare, später wurden Angehörige von namhaften Basler Bürgerfamilien hier beigesetzt. In der Krypta des Münsters ist der älteste noch erhaltene Sarkophag der eines Bischofs Rudolf. Er kam um während des Ungarneinfalls von 917.

Seit 1529 dient das Münster als reformiertes Gotteshaus. Der Bekenntniswechsel hinterließ einiges an Verwüstung, doch der Radikalismus ging nicht so weit, dass man dem großen Erasmus, der ein katholischer Priester war bis zuletzt, die Beisetzung verweigert hätte.

Blick in das Hauptschiff (oben links)

Blick vom Rhein auf das Querschiff des Münsters (oben Mitte)

Aposteltafel mit disputierenden Aposteln, Relief auf Sandstein aus der Zeit um 1100 (oben rechts)

Der an das Münster angebaute spätgotische Kreuzgang (unten)

Vom oberdeutschen Barock

Die Stiftskirche in **ST. GALLEN** war der Mittelpunkt einer Klosteranlage, die bis ins 8. Jahrhundert zurückreicht

Der um 550 geborene Mönch Gallus wuchs auf in dem nordirischen Kloster Bangor nahe Belfast. Irland war zu jener Zeit eine Hochburg von Bildung und Frömmigkeit und entsandte zahlreiche Missionare ins übrige Europa. Gallus trat seine Reise gemeinsam mit einem anderen Prediger namens Kolumban an. Er missionierte im merowingischen Frankenreich, in Burgund, am Bodensee, wo er sich, im Tal der Steinach, eine Klause errichtete und Schüler um sich versammelte. Er starb im Alter von über 90 Jahren.

Seine Klause wurde durch den Mönch Otmar in ein Benediktinerkloster umgewandelt, das Gallus' Namen erhielt. Es vergrößerte sich rasch und war bald reich und mächtig. Auch die Stadt, die außerhalb der Klostermauern wuchs, und der Kanton, in dem sie liegt, heißen nach dem Heiligen. Das Kloster St. Gallen blickt also auf eine große Geschichte zurück. Im Hochmittelalter entstanden hier bedeutende Dichtungen, und es wurden gregorianische Gesänge notiert, in Neumen, einer Vorform der Notenschrift.

Kloster bis 1805

Das Stift erlangte die Reichsfreiheit und wurde von Bischöfen regiert; während der Reformationszeit war es für acht Jahre evangelisch, ehe es zum Katholizismus zurückkehrte. Die Stiftsherrschaft endete 1797 im Gefolge der Französischen Revolution, zeitweilig kampierten in der Kathedrale napoleonische Truppen. 1805 wurde das Kloster dann aufgehoben. Seine Kirche diente fortan dem neu gegründeten Doppelbistum Chur/St. Gallen als Dom.

Wer vor das Kirchgebäude tritt, sieht sich einer prächtigen Barockkathedrale gegenüber. Dass deren Ursprünge weit zurückreichen, bis ins achte Jahrhundert, ist ihr nicht anzusehen. Man muss den ehemaligen Weinkeller des Klosters aufsuchen, der inzwischen als Lapidarium dient; dort werden Relikte aus jener Frühzeit aufbewahrt. In der Kathedrale hat sich von dem alten romanischen Bau lediglich die Krypta erhalten.

Die Grundfläche des Doms von St. Gallen deckt sich in etwa mit jener der gotischen Klosterkirche. Ganz am Anfang stand hier ein karolingisches Münster, 837/839 vollendet. Es erfuhr ständige Erweiterungen und Umbauten, den letzten Mitte des 15. Jahrhunderts. Die Chronik weiß von mehreren verheerenden Bränden. Der Bau der barocken Kirche wurde 1623 von Meistern aus Vorarlberg begonnen. Die heutige Gestalt, zumal im Inneren, entstand ab 1755.

Stuck als Stilelement

Die Kathedrale St. Gallus und Otmar, wie sie inzwischen heißt, nach ihren beiden Gründern, ist eine Wandpfeilerkirche mit Rotunde und Doppelchor. Sie stellt einen Höhepunkt des oberdeutschen Barocks dar, zumal hinsichtlich ihrer Innenausstattung, hinter der die äußere Gestalt ein wenig zurücksteht. An den Plänen und Arbeiten beteiligt waren die Architekten Peter Thumb, Johann Caspar Bagnato und Johann Michael Beer. Auch der Klosterbruder Gabriel Loser engagierte sich.

Entstanden ist ein Sakralbau, der, vergleichbar der fränkischen Kirche Vierzehnheiligen, den Übergang vom Spätbarock ins Rokoko vollzieht. Einer der in Vierzehnheiligen tätigen Künstler hieß Feuchtmayer. Ein anderer Angehöriger dieser Familie, Joseph Anton mit Vornamen, hat in St. Gallus und Otmar das Chorgestühl geschaffen. Wie bei Innenarchitekturen jener Zeit üblich, finden sich reichlich Stuckarbeiten. Stuck ist auch das Material der vier Altäre in der Rotunde, hergestellt von Fidel Sporer.

Es ist die Rotunde, die in ihrer Kombination mit einer Basilika die Kathedrale von St. Gallen außergewöhnlich macht. Sie ist nicht ausladend genug, um den Bau völlig zu beherrschen, und steht über keiner Vierung, da die Kirche kein Querschiff besitzt. Sie teilt den Längsraum in zwei gleich große Hälften, von denen jede über einen Chor verfügt. Trotz des Hochaltars mit seinem riesigen Barockbildnis von der Himmelfahrt Mariens zieht die Rotunde alle Aufmerksamkeit auf sich. Auch hier gibt es Malerei. Zu sehen ist die Ankunft des Weltenrichters.

Die Deckenfresken zeigen auffällig düstere Farben, was effektvoll kontrastiert zu dem blendenden Weiß an Pfeilern und Wänden. Es gibt eine zweiteilige Orgel. An den Chorgestühlen finden sich überreichlich reliefartige Darstellungen, vergoldete Figuren vor hellem Hintergrund, eingefasst von einer Rocaille.

Berühmter Bibliothekssaal

An die Kathedrale schließt der ehemalige Klosterhof an. Berühmt ist die gleichfalls einst dem Kloster zugehörige Stiftsbibliothek, eine der ältesten und berühmtesten Sammlungen im gesamten deutschsprachigen Raum. Der Lesesaal zeigt reines Rokoko, wie das Kircheninnere. Zu den Kostbarkeiten des Archivs gehört ein Plan des Klosters von 820. Manchmal wird er gezeigt. Seine Authentizität galt lange Zeit als sicher. Heute weiß man, dass er einen Idealentwurf darstellt.

ANREISE:
Von Zürich aus mit der Bahn oder über die Autobahn

ÖFFNUNGSZEITEN:
Die Kirche ist normalerweise durchgehend von 9 bis 18 Uhr geöffnet, sonntags während der Messen und der Beichtzeiten nur für die Gläubigen zugänglich

SEHENSWERT:
Der große Saal der Stiftsbibliothek mit seinen einzigartigen Interieurs

Mit der Pracht von zwei barocken Türmen schmückte das Kloster St. Gallen seine in den Jahren 1755–66 erbaute Stiftskirche (links)

Im Innern dominiert beim Blick durch das Hauptschiff und die Rotunde das Weiß der Pfeiler (rechts unten)

Weltberühmt ist der Manuskriptsaal der Stiftsbibliothek mit seinem Rokoko-Interieur (unten Mitte). Der Saal wurde nach Entwürfen des Architekten Peter Thumb gebaut

Sankt Florian sei Dank

An der Klosterkirche im Donautal bei **LINZ** wirkte einst Anton Bruckner als Organist

ANREISE:
Mit der Bahn von Wien und Salzburg aus, mit dem Auto über die Autobahn München-Wien. Linz hat einen stadtnahen Flughafen

ÖFFNUNGSZEITEN:
Normalerweise täglich 10–18 Uhr. Ausgenommen während der Messen und Andachten

BESONDERHEITEN:
Kirchenkonzerte auf der barocken Bruckner-Orgel

Gesamtansicht von Stiftskirche und Stift St. Florian (Bild oben)

Im Innern der Kirche gelten die Bruckner-Orgel (unten rechts) und der Passionsaltar von Albrecht Altdorfer (unten links) als besondere Sehenswürdigkeiten. Das in den Jahren 1510 – 1512 entstandene Altargemälde zeigt die „Bergung des heiligen Sebastian aus der Kloake durch die Witwe Lucine"

Die Republik Österreich hat etliche Klosterstiftsanlagen von Rang: Melk, Seitenstetten, Heiligenkreuz, Zwettl, Göttweig. In der Regel besitzen sie ausgedehnte Ländereien, manche betreiben Weinbau und unterhalten am Ort wie in Wien einen eigenen Ausschank. Tradition und Kunstbesitz sind durchweg erheblich. Als von allen diesen Einrichtungen bedeutendste gilt das Chorherrenstift im oberösterreichischen St. Florian, nahe Linz.

Der Ort ist klein. Er hat kaum 4000 Einwohner. Der populäre Heilige, nach dem er heißt, ist Patron gegen Feuer und Hochwasser, für die Bierbrauer, die Schmiede, die Seifensieder und die Schornsteinfeger. Er war ein römischer Offizier, der auf dem Territorium des heutigen Oberösterreich lebte und um das Jahr 304 ein Opfer der Christenverfolgungen wurde. Sein Grab befand sich dort, wo heute das Stift steht. Dieses ging hervor aus einer Wallfahrtsstätte, die ältesten noch auffindbaren Mauerreste datieren aus dem 4. Jahrhundert.

Ein Kloster wird erstmals im 8. Jahrhundert erwähnt, 1071 ließ Bischof Altmann von Passau Kirche und Nebengebäude erneuern, nach einem Brand begann die Ausgestaltung im gotischen Stil. Die Augustinerchorherren, denen das Stift heute gehört, sind eine im 12. Jahrhundert gegründete Ordensgemeinschaft, deren Regeln den Anweisungen des heiligen Augustinus von Hippo folgen.

Ihr barockes Gesicht erhielten Stift und Stiftskirche im 17. Jahrhundert. Propst Leopold Zehetner ließ die Basilika im Inneren erneuern, Propst David Fuhrmann veranlasste den Umbau des gesamten Stifts. Das auslösende Moment hierfür war Österreichs Sieg über die Türken bei Wien im Jahre 1683 gewesen, zum Dank dafür hatte der Kaiser eine Wallfahrt zum Grab des heiligen Florian unternommen. Baumeister wurde einer der vielen italienischen Wanderarchitekten jener Zeit, Carlo Antonio Carlone aus Mailand. 1686 erfolgte die Grundsteinlegung für die neue Stiftskirche.

Vollständige Deckenbemalung

Das Ergebnis der Bauarbeiten ist überwältigend. Den riesigen Innenraum strukturieren Seitenkapellen, Emporen, Presbyterium und Apsis. Die Kuppel hat eine Höhe von 36 Metern. Alle Raumteile sind eingewölbt. Die Stuckdekoration an den Wänden stammt vom Bruder des Baumeisters, Giovanni Battista Carlone. Die Fresken der Innsbrucker Maler Johann Anton Gumpp und Melchior Steidl zeigen in leuchtenden Farben die Himmelfahrt der Gottesmutter Maria und das Martyrium des heiligen Florian, sie bedecken eine Fläche von 4921 Quadratmetern. Es ist dies die erste vollständige Deckenbemalung solchen Umfangs nördlich der Alpen.

Carlone, der Baumeister, hat noch mit dem Umbau der übrigen Stiftsgebäude begonnen, in denen sich, unter anderem, die repräsentativen Prälaten- und Kaiserräume befinden. Einheimische Baumeister wie Prandtauer und Steinhuber setzten Carlones Arbeiten fort. 1751, 65 Jahre nach dem Beginn, war das ehrgeizige Projekt vollendet. St. Florian zählt zu den eindrucksvollsten Barockanlagen im gesamten Österreich, und trotz der unterschiedlichen Handschriften seiner Architekten erreichte es ein beeindruckendes Maß an ästhetischer Geschlossenheit und Harmonie.

Das Stift verfügt über eine große Gemäldesammlung, untergebracht in einer eigenen Galerie. Manche der dort versammelten Stücke waren ursprünglich für die Basilika gedacht, voran der Sebastianaltar des Regensburger Malers Albrecht Altdorfer,

Hauptmeister der so genannten Donauschule. Seine Bedeutung besteht unter anderem darin, dass er als einer der Ersten dem Landschaftsbild eine neue Bedeutung einräumte. Sein für die Stiftskirche bestimmter Flügelaltar gilt als eines seiner Hauptwerke, zwölf Tafeln und zwei Predellenflügel befinden sich noch in St. Florian, anderes ging verloren, einige Teile besitzt das Kunsthistorische Museum in Wien.

Privileg für Prälaten

Das Chorgestühl zeigt Figuren der lateinischen Kirchenväter, der Gottesmutter Maria und des Verkündigungsengels; geschnitzt von Adam Franz und Jakob Auer. Die Kanzel besteht aus schwarzem Marmor und zeigt den Ordensgründer Augustinus, der sein brennendes Herz der heiligen Dreifaltigkeit entgegen hält.

In der Stiftsbasilika gibt es insgesamt acht Seitenkapellen, gewidmet verschiedenen Heiligen. Jede besitzt ihren marmornen Altar. Unter der Basilika befindet sich die Gruft, in der bis 1780 sämtliche Chorherren beigesetzt wurden. Die Prälaten halten dieses Privileg bis heute, die anderen finden ihre letzte Ruhe auf dem Priesterfriedhof neben dem Hauptportal der Basilika. Direkt unter dem Hochaltar liegt die Krypta, ältester erhaltener Teil des Stifts, eine frühgotische Architektur. Hier steht der Sarkophag von Wilbrig, einer frommen Klausnerin, die lange in der Nachbarschaft des Klosters gelebt hatte und 1289 starb. Sie wird als Schutzpatronin des Stiftes verehrt.

Die Klosteranlage ist auch berühmt für ihre Bibliothek und für ihre musikalischen Aktivitäten. Es gibt einen Knabenchor, dessen bekanntestes Mitglied der spätere Komponist Anton Bruckner war. Seine Karriere als Berufsmusiker begann er als Organist in St. Florian, ehe er dann in gleicher Funktion nach Linz ging. Seine Verbundenheit mit St. Florian ist ihm geblieben. Als er 1896 gestorben war, wurde er, seinem Wunsche gemäß, in der Stiftskirche beigesetzt, direkt unter der großen Orgel, die er mal gespielt hatte und die nunmehr seinen Namen trägt.

Der Dom des Jedermann

Die Bischofskirche St. Rupert in **SALZBURG** ist ein berühmtes Beispiel für die Barockkunst nördlich der Alpen

ANREISE:
Sehr gute Bahn- und Autobahnverbindungen aus allen Richtungen

ÖFFNUNGSZEITEN:
Normalerweise ganztägig geöffnet

SEHENSWERT:
Eine Aufführung des „Jedermann" auf dem Platz vor dem Dom

Blick in das Gewölbe der großen Kuppel mit der Orgel (oben)

Die Domanlage mit dem Innenhof, der großen Kuppel und den beiden Türmen an der Hauptfassade (rechts unten)

Während der Salzburger Festspiele: Aufführung des „Jedermann" im Innenhof vor der Hauptfassade des Doms

Der wahrscheinlich bekannteste Abschnitt des Salzburger Doms befindet sich außerhalb der eigentlichen Kirchenmauern. Es ist die Treppe. Hier und auf dem anschließenden Domplatz ertönt alljährlich im Sommer der schauerliche Ruf des Todes nach Jedermann, Titelfigur jenes altenglischen Spieles, das der österreichische Dichter Hugo von Hofmannsthal adaptierte und mit dessen Aufführung seit mehr als acht Jahrzehnten die Salzburger Festspiele eröffnen. „Jedermann" ist ein Spiel aus dem Geiste frühneuzeitlichchristlicher Transzendenz.

Der Dom von St. Rupert und Virgil bietet dafür die angemessene Kulisse: eine von mehreren kostbaren Kirchen der schönen Stadt an der Salzach, deren Bestand an barocken Architekturen außerordentlich ist und deren Schönheit zu Recht Weltruhm erlangte. Ihre wirtschaftliche Bedeutung verdankte sie unter anderem dem ihren Namen stiftenden Mineral.

Am Anfang standen Klöster

Auf die Siedlungen von Kelten und Römern folgte eine bairische Einwanderung; Ende des 7. Jahrhunderts kam es zur Gründung zweier Klöster durch den später heilig gesprochenen Rupert, einen Adelsspross vom Oberrhein.

Kulturelle Blütezeit war das Barock, als sich die hier amtierenden Fürstbischöfe als Kunstförderer erwiesen, als Leopold Mozart und sein Sohn Wolfgang Amadé in höfischem Dienst tätig waren und die Salzburger Fürstenstadt mitsamt dem Dom ihre heutige Gestalt annahm.

Die Anfänge der Bischofskirche liegen weit zurück. Bereits seit 774 gab es einen ersten Vorläufer, geweiht dem heiligen Virgil, einem aus Irland stammenden Geistlichen, der Nachfolger des heiligen Bonifatius und Missionar der umliegenden Alpenregion war.

Der Dom erfuhr ständige Umbauten, auch infolge von insgesamt sieben Bränden; der achte, im Jahr 1598, wirkte besonders verheerend. Erzbischof Wolf Dietrich von Raitenau, einer der großen Kirchenfürsten von Salzburg und ein besessener Bauherr, ließ die Brandstätte vollständig abtragen.

Bei Grabungsarbeiten zwischen 1956 und 1958 konnten immerhin Teile der spätromanischen Krypta freigelegt werden: eine Säulenhalle, dreischiffig, mit je drei Jochen, im Osten schließt sich die halbrunde Apsis an.

Auch einiges an Bauplastik hat sich erhalten, so ein Kapitell mit schönem Akanthusdekor, jenem schon in der griechisch-römischen Antike beliebten Schmuckelement für den Säulenabschluss. Ansonsten ist aus jenen früheren Epochen des Baus einzig das hochgotische Taufbecken überkommen.

Wolf Dietrich von Raitenau beauftragte mit den Plänen zu einem umfassenden Neubau Vincenzo Scamozzi, einen von zahlreichen italienischen Wanderarchitekten jenes Zeitalters.

Nur 14 Jahre Bauzeit

Den Grundstein legte dann erst Wolf Dietrichs Nachfolger, Markus Sittikus Graf Hohenems, im Jahre 1614. Die Bauausführung lag in den Händen eines anderen Italieners, Santino Solari. Der unterzog Scamozzis Pläne einer gründlichen Revision und orientierte sich dabei nachhaltig an Vorbildern aus seiner Heimat, voran den Kirchenbauten von St. Peter und Il Gesù in Rom sowie dem Dom im oberitalienischen Como. Die Bauzeit in Salzburg betrug insgesamt nur 14 Jahre.

St. Rupert ist eine Kuppelkirche mit doppelgeschossiger, durch Balustraden und Statuen gegliederter Zweiturmfassade. Die Gesamtlänge beträgt 78 Meter, die Breite 71 Meter, die Höhe des Hauptschiffes 31 Meter. Die Kuppel ist 71 Meter, die beiden Türme sind 78 Meter hoch. Das Aufnahmevermögen des Domes beträgt um die 10 000 Menschen.

St. Rupert gilt als erstes Beispiel für die Adaption italienischen Barocks bei Sakralbauten nördlich der Alpen und wurde darin beispielgebend für die architektonische Zukunft und den Kirchenbau im gesamten oberdeutschen Raum.

Solari hat die einzelnen Teile seines Bauwerks in einen bewussten, höchst auffälligen Kontrast zueinander gesetzt, so durch die Gestaltung der Fassade, die sich, mit ihrer Ausstattung aus weißem Untersberger Marmor, gegen die Außenwände und gegen den Bereich des Chors deutlich absetzt.

Das Langhaus ist ein einschiffiger Baukörper mit Tonnengewölbe und hochgezogenen seitlichen Emporen. Zu beiden Seiten befinden sich zwischen den massigen Doppelpilastern die einzelnen, untereinander verbundenen Kapellen.

Strahlendes Licht aus der Höhe

Die Ostpartie des Doms ist ein Trikonchos, das sind drei in der Art eines Kleeblattes zueinander geordnete halbrunde Apsiden. Darüber erhebt sich die oktogonale Kuppel. Das strahlende Licht, das von oben einfällt, setzt diesen Bereich erkennbar ab von dem Langhaus mit seinem Halbdunkel. Das gesamte Dominnere wurde aufwändig mit feinteiligen Stuckaturen versehen, die auf Entwürfe von Santino Solari zurückgehen. Im Dom befinden sich insgesamt elf Altäre.

Während des letzten Krieges wurde St. Rupert durch einen US-amerikanischen Luftangriff schwer beschädigt. Die Kuppel stürzte ein. Die Wiederaufbauarbeiten dauerten bis zum Jahre 1959.

In den Dom führen drei Portale, vor denen vier Heiligenfiguren stehen. Es handelt sich um die beiden Apostel Peter und Paul sowie um die beiden Stadtpatrone und Namensgeber Virgil und Rupert. Die Plastiken entstanden in der zweiten Hälfte des 17. Jahrhunderts, ihre Ausmaße sind riesig.

Gelassen blicken sie über die kostümierten Schauspieler hinweg, die zu ihren Füßen die Verse des Hofmannsthalschen „Jedermann" skandieren; sie scheinen den gesamten Domplatz mit seinen kostbaren Kulissen zu beherrschen.

Auch jenseits des sommerlichen Festivals.

Der „Steffl" als Wahrzeichen

Der **WIENER** Stephansdom hat den weihevollsten Kirchenraum der Welt, behaupten seine Bewunderer

Wien ist ein barockes Gemeinwesen. Alle noch vorhandenen Stadtpaläste und fast alle Sakralbauten zeigen das ästhetische Gewand der Gegenreformation. Die in anderen Städten Mittel- und Westeuropas reichlich anzutreffenden gotischen Architekturen fehlen weitgehend, bis auf zwei erhebliche Ausnahmen: Maria am Gestade, das Gotteshaus der mittelalterlichen Donauschiffer, und der Dom von St. Stephan.

Der freilich, Wiens größter Sakralbau, ist unübersehbar. Er begleitete die geschichtliche Entwicklung der Stadt vom Hochmittelalter bis in die Neuzeit und ist deren getreulicher Spiegel; sein Turm, von den Einheimischen Steffl genannt, wurde zum urbanen Wahrzeichen.

St. Stephan steht am Ort eines heidnischen Heiligtums, das nach der Christianisierung ersetzt wurde durch eine Kapelle. Der Baubeginn des Doms erfolgte 1137 durch Bischof Reginmar von Passau. Geplant war lediglich eine Pfarrkirche, doch die Dimensionen zeigen, dass der Ehrgeiz insgeheim viel weiter reichte. Die Weihe erfolgte 1147, seinen Namen erhielt der Bau nach einem frühen Papst.

Ernennung zum Bistum

Die dreischiffige Basilika mit Querschiff entsprach in den Abmessungen anderen romanischen Domkirchen. Nach einem großen Brand begann 1230–1240 der gotische Neubau. Zunächst wurden die Außenmauern der Halle errichtet, die das gesamte romanische Querschiff umschlossen, die neue Kirche geriet dadurch sehr viel breiter als ihre Vorgängerin. Die Westfassade verbreitete sich. An das zu schmal gewordene Westwerk wurden zwei Kapellen angefügt.

Um 1430 standen die Wände des Langhauses, nach 1440 wurde das Dach aufgebracht. Der Bau des Südturms hatte um 1360 begonnen, vollendet wurde er 1433 durch den böhmischen Baumeister Hans von Prachatitz. Die Arbeiten am Nordturm begannen Mitte des 15. Jahrhundert, er würde Fragment bleiben. Kapellen entstanden, Altäre wurden aufgestellt. Der Bau war Ende des 15. Jahrhunderts vollendet. Gleichzeitig erfüllten sich die durch die außerordentlichen Dimensionen vorgegebenen Erwartungen: Wien wurde 1469 Bistum.

Gerichtstag vor den Domtüren

St. Stephan gehört zu den eindrucksvollsten gotischen Domkirchen überhaupt. Das Riesentor am nordwestlichen Ende des Langhauses – es erhielt seinen Namen von dem alten Wort „Riestür", das Fallgitter bedeutet – ist ein spätromanisches Trichtertor; wie das übrige Westwerk wurde es aus dem romanischen Vorgängerbau übernommen. In den Nischen der äußeren Portalwand stehen Statuen des heiligen Stephanus, des alttestamentarischen Samson sowie eines sitzenden Richters, was besagt: Unmittelbar vor dem Tor wurde einst Gericht abgehalten.

Im Inneren zeigt das Mittelschiff das feine Netzgewölbe der Spätgotik. Die reich profilierten Pfeiler tragen Baldachinfiguren. Der Hallenchor ist dreischiffig. Ständig herrscht ein feines Dämmerlicht; Adolf Loos, Wiens avantgardistischer Reformarchitekt um 1900, nannte dies den „weihevollsten Kirchenraum der Welt".

Berühmte Grabstätten

Er enthält etliche Meisterwerke gotischer Steinmetzkunst: die Kanzel, mit den Abbildern der vier Kirchenväter; unter der Steintreppe findet sich das Selbstporträt des Brünner Schöpfers Anton Pilgrim. Von ihm stammt auch der Orgelfuß von 1513, und auch hier hat er sich wieder selbst dargestellt. Nah der Kanzel steht die so genannte Dienstbotenmadonna, eine Plastik von 1325, die ihren Namen erhielt, da sie einer zu Unrecht des Diebstahls bezichtigten Magd erfolgreich geholfen haben soll.

Den Christopherus des Chores schuf der Niederländer Niclas Gerhaert von Leyden; Christopher war der Lieblingsheilige von Kaiser Friedrich III., der dem Dom einen üppigen Altar stiftete; auch sein Hochgrab befindet sich in der Kathedrale. Es gibt noch eine Vielzahl von anderen Grabstätten, darunter die des Prinzen Eugen von Savoyen. Im Messnerhaus beginnt die Turmtreppe, die mit 418 Stufen auf 72 Meter Höhe führt. Der Blick dort oben geht, gutes Wetter vorausgesetzt, bis zu den Karpatenausläufern im Osten und bis hin nach Mähren im Norden.

Insgesamt misst der Turm eine Höhe von 137 Meter, sein Pendant im Norden bringt es nur auf 60 Meter. Unter dem Nordturm beginnt der Eingang zu den Katakomben, einer weitläufigen Gruftanlage, die 15 Sarkophage mit Angehörigen des Hauses Habsburg birgt. Seit 1953 werden hier auch die Wiener Erzbischöfe beigesetzt.

ANREISE:
Über den internationalen Flughafen Schwechat. Gute Eisenbahn- und Autobahnverbindungen aus allen Richtungen

ÖFFNUNGSZEITEN:
Normalerweise ganztägig geöffnet, während der Messen keine Besichtigung

SEHENSWERT:
Der „Zahnwehherrgott", eine nach 1410 entstandene Halbfigur des leidenden Christus. Nach der Legende vermochte diese Figur Spötter mit heftigem Zahnweh zu bestrafen. Taten die Übeltäter Abbitte, wurden sie von den Schmerzen wieder befreit

Wiens gotische Domkirche steht mitten in der Innenstadt und ist auf allen Seiten von belebten Plätzen umgeben (Bild links)

Die Muster auf dem Ziegeldach gehören zum traditionsreichen Schmuck der Kirche. Das Staatswappen auf dem Dach und die Inschrift „1950" erinnern an den Wiederaufbau des Doms nach schweren Zerstörungen im Zweiten Weltkrieg (rechts oben)

Blick in das Hauptschiff mit dem Hochaltar (rechts unten)

Die Karlskirche in Wien

Kaiser Karl VI. stiftete das Gotteshaus nach dem Sieg über die Türken und zum Dank für das Ende der Pest

ANREISE:
Über den internationalen Flughafen Wien-Schwechat. Mit der Stadtbahn bis zur Station Karlsplatz

ÖFFNUNGSZEITEN:
Normalerweise täglich durchgehend geöffnet, am Sonntagvormittag den Gläubigen für den Gottesdienst vorbehalten

SEHENSWERT:
Der Karlsplatz mit seiner architektonischen Gesamtstruktur ergänzt den Sakralbau in seltener Harmonie

Die Fresken an der Decke der Kuppel entstanden zwischen 1725 und 1730 und stammen von Johann Michael Rottmayr. Die Gemälde zeigen den heiligen Borromäus bei der Fürbitte um Beendigung der Pest

Zweimal geschah es, dass die Truppen der osmanischen Türkei bei ihren Kriegszügen auf dem Balkan bis nach Wien gelangten, zuletzt im Jahre 1683. Der Angriff wurde abgewehrt; dies war der eine Anlass, die Kirche am Wiener Karlsplatz zu errichten.

Der andere war die große Pestepidemie, die 1713 in Österreichs Hauptstadt gewütet und 8000 Opfer gekostet hatte. Der Kaiser, Karl VI. aus dem Hause Habsburg, hatte den Schwur getan, für das Ende der Seuche ein Gotteshaus zu stiften. Also legte er nun außerhalb der Stadtbefestigung, auf einer öden, teilweise mit Reben bepflanzten Anhöhe jenseits des Wienflusses, dafür den Grundstein.

Der Entwurf stammte von Johann Bernhard Fischer von Erlach, einem der großen Barockarchitekten Österreichs, von dem es noch zahlreiche andere Arbeiten in Wien gibt; er und sein nicht minder bedeutender Sohn Joseph Emanuel begleiteten den Bau der Kirche; 1739 war sie vollendet. Die Baukosten betrugen 304 000 Gulden, aufzubringen von sämtlichen Kronländern der Monarchie, auch von der Stadt Hamburg zu zahlende Strafgelder flossen in die Summe ein.

Säulen wie Minarette

Man hat von einer Hagia Sophia für Wien gesprochen, und in der Tat ist die Vermutung einer absichtsvollen christlich-muslimischen Symbiose nahe liegend. Sie verdankt sich vornehmlich den beiden schlanken Säulen neben dem Portal, die an Minarette erinnern, wohl auch erinnern sollen, obschon ihr ästhetisches Vorbild vor allem die Trajanssäule zu Rom war. Gemeinsam mit den Säulen erweckt die Rotunde samt ihrer Kuppel Assoziationen an eine Moschee, dabei sind Kuppelkirchen ein altes christliches Kirchenbaumodell, verbindlich bei den Orthodoxen, vorgegeben ebenso durch den wichtigsten Sakralbau der katholischen Christenheit, den römischen Petersdom. Auch die Hagia Sophia in Istanbul wurde ursprünglich als Christenkirche errichtet.

Borromäus als Patron

„Ich will mein Gelöbnis erfüllen vor denen, die Gott fürchten", lautet die Widmungsinschrift des Kaisers. Die Kirche ist Karl Borromäus gewidmet, dem 1584 verstorbenen Kardinalerzbischof von Mailand, aus einer Nebenlinie der Medici und eifriger Kämpfer wider die Reformation; bei den Pestepidemien der Jahre 1570 und 1576 hatte er sich ausgezeichnet durch eine besondere Fürsorglichkeit, weshalb er bald heilig gesprochen wurde und seither als Schutzpatron der Pestkranken gilt. Die nach ihm benannte Wiener Karlskirche ist außerhalb Italiens das bedeutendste Denkmal zu seiner Erinnerung.

Der zentralen Kuppelrotunde ist eine Säulenarchitektur in der Form eines griechischen Tempels vorgebaut. Die beiden Säulen möchten die Herkulessäulen des Weltreiches darstellen, entsprechend dem Wahlspruch des kaiserlichen Bauherrn, „Beharrlichkeit und Tapferkeit". Jedem der beiden Begriffe ist eine Säule zugeordnet. Bestückt sind sie mit Adler und Krone als den Insignien irdischer Herrschaft. Die Spiralreliefs auf den Säulen zeigen den heiligen Karl Borromäus als Pestpatron, sie illustrieren Herrschertugenden von Kaiser Karl dem Großen bis zu Kaiser Karl VI.

Die Kuppel beherrscht alles

Der ovale Innenraum der Kirche ist streng in seiner konsequenten Formengebung und kühl in seiner Wirkung. Er wird beherrscht von dem Kuppelfresko, einer zwischen 1725 und 1730 entstandenen Arbeit des Malers Johann Michael Rottmayr; zu sehen ist die Fürbitte um Erlösung von der Pest, die der heilige Karl Borromäus an die heilige Dreifaltigkeit richtet, umgeben wird er dabei von allerlei Figuren allegorischen Inhalts. Die Fresken im Chorbogen, in den Seitenkapellen und in der Orgelempore stammen ebenfalls von Rottmayr. Den Pestheiligen gibt es nochmals über dem Hochaltar, wo er zum Lichte Gottes emporschwebt; diesen Entwurf des älteren Fischer von Erlach realisierte der Stuckateur Camesina.

Die Umgebung der Karlskirche war früher bebaut. Zu ihren Stufen lag ein Friedhof, der Bürgerspitalsgottesacker, daneben stand die barocke Rochuskapelle, die 1790 abgerissen wurde. Der Karlsplatz, an dessen Rand die Kirche nunmehr steht, entstand erst Ende des 19. Jahrhunderts, als Einwölbung des Wienflusses. Hauptanlass war der Bau der Stadtbahntrasse. Deren Stationspavillon, eine Schöpfung des Jugendstilarchitekten Otto Wagner, korrespondiert heute mit der Karlskirche, ebenso wie der an einem anderen Ende des Platzes befindliche Bau der Secession von Josef Maria Olbrich, dessen eindeutig am Islam orientierte Kuppel die Karlskirche zu spiegeln scheint.

Mitten auf dem Platz steht in einem Wasserbassin eine große Plastik des Briten Henry Moore, „Hill Arches". Ihre barocken Formen wirken wie eine Hommage an den Geist des Platzes und die gesamte Stadt.

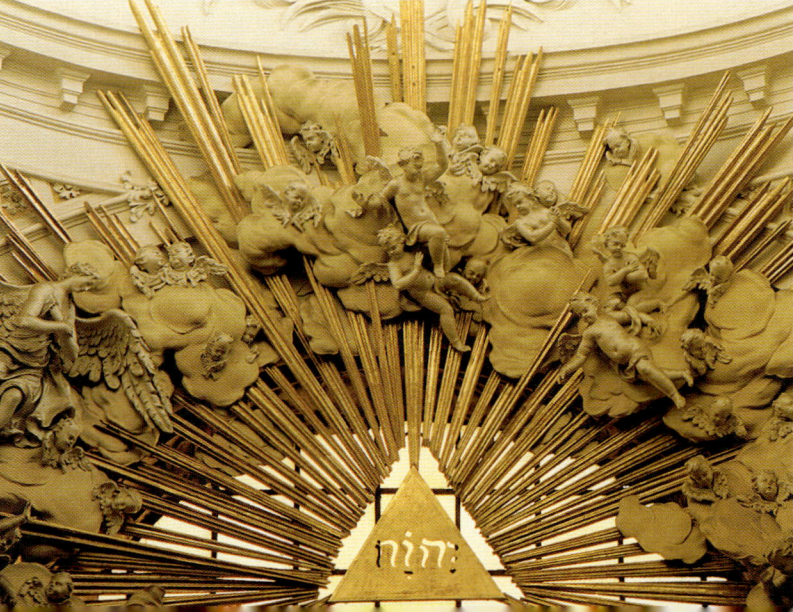

Wiener Barock in Vollendung. Dennoch scheinen die Kuppel der Karlskirche und die Säulen neben dem Haupteingang – sie könnten auch als Minarette interpretiert werden – Elemente der islamischen Moscheen-Architektur aufzugreifen (oben)

Prächtig der prunkvolle Goldschmuck über dem Hauptaltar (unten rechts)

Hoch über der Moldau

Der Veitsdom in **PRAG** ist das Meisterwerk des Baumeisters Peter Parler und das Wahrzeichen der Stadt

ANREISE:
Internationaler Flughafen am Stadtrand von Prag. Bahnverbindungen aus allen benachbarten Ländern

ÖFFNUNGSZEITEN:
Normalerweise 9–19 Uhr, Nov.–März nur bis 16 Uhr. Während der Messen kein Zutritt für Besucher

SEHENSWERT:
Das Goldene Gässchen auf dem Hradschin neben dem Dom, die alte Handwerker-Meile

Die ganze Kunst filigraner Steinmetzarbeit zeigt der Blick auf die Ostfassade des Doms (rechts oben)

In der Wenzelskapelle steht die Statue des Hl. Wenzel. Fresken mit Darstellungen zur Wenzelslegende umrahmen die Figur (unten Mitte)

Das Hauptschiff wirkt trotz seiner gewaltigen Höhe keineswegs bedrückend – das einfallende Licht gibt den Säulen eine scheinbare Leichtigkeit (unten rechts)

Baumeister der Kirche ist Peter Parler, dessen Büste auf der Galerie zu sehen ist (unten)

Im Hochmittelalter war Prag, was kaum noch jemand weiß, die nach Paris größte Stadt in Europa. Hervorgegangen aus einer unbedeutenden Kleinsiedlung, entwickelte sie sich mit dem ständigen Zuzug von Slawen, Deutschen und Juden zu einem Machtzentrum außerordentlichen Zuschnitts, wovon der Hradschin zeugt, das repräsentative Ensemble über der Moldau mit der Bischofskirche von St. Veit.

Es brauchte 600 Jahre, ehe sie ihre heutige Gestalt erhielt. Es gab Vorgängerbauten. Auf eine romanische Basilika, die 1096 ihre Weihe erfuhr, folgte ab der Mitte des 14. Jahrhunderts, da Prag Erzbistum geworden war, ein Neubau. Betrieben hat ihn Kaiser Karl IV. aus dem Hause Luxemburg, der Prag zu seiner Residenz erkor und der unter anderem die Prager Universität gründete. Erster Baumeister wurde der zuvor in Avignon beschäftigte Mathias von Arras. Er und sein Nachfolger Peter Parler gaben dem Bauwerk seine Prägung.

Parler stammte aus einer der bedeutendsten europäischen Künstlerfamilien des späten Mittelalters. Sein Vater arbeitete als Dombaumeister in Köln, seine Söhne Wenzel und Johann führten nach seinem Tode sein Werk in Prag fort.

Herkunft vom Rhein

Architektonische Vorbilder für St. Veit waren zunächst die hochgotischen Kathedralen Südfrankreichs; ihre etwas normierte, auch „Doktrinärgotik" genannte Formensprache brach Peter Parler auf, um sie zu modifizieren, was gelegentlich zu fast „barock" anmutenden Lösungen führen konnte. Gleichermaßen dienten Gestaltungselemente der englischen Gotik als Muster, so das Fischblasendekor im Maßwerk. Peter Parler löste den Standard des Kreuzrippengewölbes auf, indem er scherenartige Figuren aus einander schneidenden Dreiecken anwendete.

Der Außenaufbau zeigt deutlich Parlers Herkunft vom Rhein: Die Chorstreben sind an denen des Kölner Doms orientiert. Überaus bedeutsam ist die 1367 geweihte Wenzelskapelle; ihr Namensgeber, tschechisch Václav, war ein mittelalterlicher Herrscher, der Böhmen christianisierte und bei einem Mordanschlag seines Bruders tragisch ums Leben kam; er wurde in St. Veit beigesetzt, in der Kapelle befindet sich nunmehr sein Hochgrab.

Peter Parler hat den Raum mit einem engmaschigen Netzgewölbe und sorgsam gearbeiteten Portalen versehen. Für die Sakristei führte er, erstmals in der europäischen Architektur, ein Hängegewölbe ein. Parlers Erfindung ist auch der Südturm. Der bis dahin bei gotischen Kathedralen übliche Brauch, nach Westen hin eine Doppelturmfassade zu errichten, wird damit aufgegeben. Die Schauseite von St. Veit wendet sich der Stadt zu, nach Süden.

Galerie der Köpfe

Kunstgeschichtlich bedeutsam ist die Galerie mit ihren 21 Büsten von Zeitgenossen Kaiser Karls IV. im Triforium, dem Laufgang unter den Fenstern. Sie zeigen Angehörige des Hauses Luxemburg, Erzbischöfe und Baudirektoren, auch die beiden Baumeister Peter Parler und Mathias von Arras. Es handelt sich nicht mehr um die stilisierten oder idealisierten Abbilder, wie sie das hohe Mittelalter kannte, es handelt sich um veristische Porträts. Das von Peter Parler zeigt einen Mann mit gestutztem Vollbart, hoher Stirn und zurückgekämmtem Haar. Der Blick erscheint so entschlossen wie melancholisch.

Peter Parler starb 1399. Hernach gingen die Arbeiten am Veitsdom zusehends langsamer vonstatten. Das zweite und dritte Geschoss wurden aufgebracht und bedienen sich deutlich noch aus dem spätgotischen Formenfundus, danach, unter den Baumeistern Bonifaz Wolmut und Hans von Tirol, setzten sich Renaissanceelemente durch. Der Südturm wurde fertig gestellt. Damit endet vorerst alle Bautätigkeit.

Abgesehen von einigen nicht sonderlich nachhaltigen Bemühungen im 18. Jahrhundert begannen die Arbeiten erst wieder im Jahre 1842. Vorbild war hier ganz offensichtlich der Dom zu Köln, Herkunftsort des großen Peter Parler, und wie das Unternehmen am Rheinufer ist auch die Weiterführung von St. Veit im Zusammenhang der europäischen Nationalromantik zu sehen.

Einweihung im Jahre 1929

In Prag ging es darum, die politische Identitätsfindung der unter deutschösterreichischer Vorherrschaft seufzenden tschechischen Ethnie zu befördern. Dass die nunmehr verantwortlichen Baumeister von St. Veit die deutschen Namen Andreas Kranner und Joseph Mocker trugen, ist nicht ohne Pikanterie. Unter ihnen erhielt das Langhaus seine heutige Gestalt. Im September des Jahres 1929 wurde der vollendete Dom geweiht.

Zu seinen bedeutenden Momenten gehören neben der Wenzelskapelle das 1493 vollendete Wladislaw-

Oratorium, geschaffen von Benedikt Ried, und die Orgelempore des Renaissance-Künstlers Sebastiano Serlio. Es gibt Wandmalereien, Statuen und Altäre von Künstlern aus ganz Europa, sowie ein Habsburger-Mausoleum und das Grab eines barocken Feldmarschalls. Joseph Emmanuel Fischer von Erlach schuf das Grab des heiligen Johannes von Nepomuk, des Prager Märtyrers und populären Heiligen, eines auf königlichen Befehl in der Moldau ertränkten Klerikers, der im Veitsdom beigesetzt und 1729 heilig gesprochen wurde.

St. Veit ist heute ein ständig von den Touristen bedrängtes Denkmal. Doch wenn die Besucher das Portal durchschritten haben, verlieren sie sich zwischen Pfeilern und Schranken, in den Seitenschiffen, vor den Altären und im flirrenden Halbdunkel dieses majestätischen Raums – der noch über jeden triumphiert hat.

Unter der Stephanskrone

Der Dom St. Martin in **BRATISLAVA** war mehr als zwei Jahrhunderte lang die Krönungskirche der Ungarn

ANREISE:
Die Stadt hat einen internationalen Flughafen. Von Wien aus mit dem Auto ca. 65 km über die A 1 und E 58

ÖFFNUNGSZEITEN:
Besichtigung am besten im Rahmen einer Stadtführung. Termine über das städtische Verkehrsamt

SEHENSWERT:
Die Johannes-Kapelle mit dem Sarkophag des Patriarchen Johannes

Die Domkirche St. Martin mit ihrem hellen Sandstein (Bild rechts)

Am 25. September 1825 wurde Karoline Augusta im Dom zu Pressburg zur Königin von Ungarn gekrönt (unten links). Unter dem Baldachin sitzend Kaiser Franz I. (kolorierte Radierung von J. A. Schlosser)

Bratislava. Stadtansicht von Osten mit der Burg und dem Dom St. Martin. Kupferstich von 1740 mit späterer Kolorierung (unten Mitte)

Der später heilig gesprochene Martin von Tours, Sohn eines Militärtribunen, durchlief im römisch besetzten Gallien eine glänzende soldatische Karriere. Als er an einem eisigen Winterabend ausritt, begegnete er einem zerlumpten Greis, der ihn um ein Almosen anbettelte. Martin trug weder Münzen noch Nahrung bei sich, also nahm er sein Schwert und zerteilte damit seinen Mantel, dessen eine Hälfte er dem Frierenden zuwarf. In der folgenden Nacht träumte er, jener Bettler sei Jesus gewesen. Martin ließ sich taufen, quittierte den Militärdienst und zog sich zurück in eine Einsiedelei, aus der später eines der ersten europäischen Klöster entstand. Im Jahre 371 wählte ihn das Volk zum Bischof von Tours. Achtzigjährig starb er während einer Visitationsreise.

Er war einer der ersten Heiligen ohne Märtyrertod. Seine Popularität unter dem Kirchenvolk wurde bald außerordentlich, infolge jenes so genannten Mantelwunders, das eine vielfache bildliche Wiedergabe erfuhr und als Beispiel tätiger Nächstenliebe begriffen wurde. St. Martin ist unter anderem Patron des österreichischen Burgenlandes mit seinen vielen ungarischen Bewohnern, denn geboren wurde er in Pannonien. Auch seine ersten Missionsversuche unternahm er dort.

Gleichnis vom geteilten Mantel

Die von ihm vorgenommene Teilung des Mantels lässt sich ebenso als politisches Gleichnis lesen, als die Separation von eigentlich Zusammengehörigem. Das ungarische Volk kann dafür Beispiele aus seiner nationalen Geschichte beibringen. Ebenso kann dies die Slowakei, wo bis heute die Ungarn eine starke ethnische Minorität stellen. Die Hauptstadt der Slowakei heißt Bratislava. Früher hieß sie Pressburg, und ihr ungarischer Name lautet Poszony. Bratislava nämlich war für mehr als zweihundert Jahre auch Hauptstadt des Königreichs Ungarn, und Krönungskirche in Pressburg oder Poszony ist der Dom von St. Martin.

Mit dem Schmuck des Barock

Hier also wurde zwischen 1541 und 1784 den Herrschern aus dem Hause Habsburg die magyarische Stephanskrone aufs Haupt gedrückt. Kennzeichen der Stephanskrone ist ein etwas schief stehendes Kreuz. Ein vergoldetes Abbild der Krone, einen Meter hoch und sechs Zentner schwer, ziert seit den vierziger Jahren des 19. Jahrhunderts die Turmspitze des Doms von St. Martin. Die Erneuerung des Turmes war notwendig geworden, nachdem ihn ein Blitz getroffen hatte. Sehr viel früher war er der Turm einer Wehranlage gewesen und ein Teil der mittelalterlichen Stadtbefestigung.

Der Dom blickt auf eine lange, bei alten Kathedralkirchen nicht ungewöhnliche Geschichte zurück. Zunächst stand dort bloß eine kleine romanische Basilika aus dem Jahre 1221. Im 14. Jahrhundert begann ihr Umbau, eine Erweiterung, mit der Ausgestaltung eines dreischiffigen Kirchenraums. Im 15. Jahrhundert wurde das alte Presbyterium ersetzt durch ein spätgotisches mit einem Sterngewölbe. Baumeister war vermutlich jener Hanns Puchsbaum, der sowohl am Ulmer Münster wie am Wiener Stephansdom erhebliche Spuren hinterließ. Aus jener Zeit blieb das nördliche Portal mit dem Relief der heiligen Dreifaltigkeit erhalten.

Anfang des 18. Jahrhunderts amtierte in Pressburg als Erzbischof Emmerich Eszterházy aus der berühmten ungarischen Adelsfamilie. Er unterzog die Domkirche St. Martin einer ausführlichen barocken Umgestaltung, sein wichtigster Helfer dabei war der aus Wien hergekommene spätbarocke Bildhauer Georg Raphael Donner, von dem unter anderem Arbeiten im Salzburger Schloss Mirabell stammen und der nach ihm benannte Brunnen auf dem Neuen Markt in Wien. Seine Spezialität war der Bleiguss, und aus Blei gegossen hat er die riesige Statue des heiligen Martin für den Dom zu Bratislava.

Eigentlich war sie für den Hochaltar bestimmt. Dort darf sie längst nicht mehr stehen, denn das 19. Jahrhundert ging daran, die barocke Überbauung zu beseitigen und die alten gotischen Bauelemente freizulegen. Donners riesige Martinstatue wanderte in das südöstliche Seitenschiff. Sie zeigt den Heiligen auf einem sich aufbäumenden Pferd, während er gerade den Mantel zerschneidet. Dargestellt wird er als zeitgenössischer Edelmann, und seine Gesichtszüge sind identisch mit denen des Auftraggebers Eszterházy.

Zuletzt kam Maria Theresia

Von Donner stammt außerdem die Ausgestaltung der Johannes-Kapelle. Geweiht ist sie Johannes dem Almosengeber, Patriarch in Alexandria, und sie bewahrt auch dessen Gebeine auf, in einem Sarkophag unter einem Baldachin, flankiert von sechs Engeln. Außerdem ließ sich hier der Bauherr und Erzbischof Imre Eszterházy bestatten.

Der Martinsdom von Bratislava ist als historischer Ort fast bedeutender als seine Architektur. Der Bau aus hellem Sandstein duckt sich in den Schatten der Burg, jenes imposanten Bauwerks auf einem Felsen über dem Donauufer. Der letzte Herrscher, der hier residierte, war die Kaiserin Maria Theresia. Auch sie steht, da in Pressburg gekrönt, auf einer Gedenktafel an der Nordseite des Presbyteriums, als vorletzter Name. Später wurden hier keine ungarischen Könige mehr gekrönt. Noch später gab es keine ungarischen Könige mehr.

Ungarns Krönungsdom

Die Matthiaskirche in **BUDAPEST** wird erstmals 1247 erwähnt – Der Turm ist eine Besonderheit

ANREISE:
Über den internationalen Flughafen von Budapest. Gute Bahnverbindungen von Wien, Berlin und Osteuropa, Autobahn von Wien

ÖFFNUNGSZEITEN:
Bis auf weiteres täglich 8 – 20 Uhr. Während der Messen keine Besichtigung

SEHENSWERT:
Die Schwarze Madonna in der Loretto-Kapelle

Die Matthiaskirche auf dem Burgberg mit ihrer farbigen Dachdeckung (Mitte)

Die Dächer der Matthiaskirche tragen bunte Majolika-Ziegel, die zu geometrischen Mustern geordnet wurden (unten links)

Blick in das Kircheninnere (rechts unten)

Die Hauptstadt von Ungarn heißt Budapest. Sie hat zwei Millionen Einwohner und liegt zu beiden Seiten der hier exakt nach Süden fließenden Donau; zuvor, etwas weiter nördlich, bei der Stadt Vécs, setzte der Strom zu seinem berühmten, auch Knie geheißenen Knick an. Das linke Donauufer ist hügelig. Hier läuft das Gebirge von Buda aus. Das rechte Ufer bleibt einigermaßen flach, denn hier hebt das kleine ungarische Tiefland oder Kisalföld an.

Buda und Pest wurden erst im Jahre 1872 zu einer gemeinsamen Stadt. Bis dahin gab es zwei getrennte Administrationen und zwei unterschiedliche urbane Kulturen. In Pest lebten vornehmlich Bürger, Industrielle, Produzenten, Händler, kleine Leute, wogegen Buda Sitz des Hofes, des Adels und der höfischen Ämter war.

Buda ist von beiden Städten die ältere, bereits Kelten siedelten hier, ehe um 10 v. Chr. die Römer eintrafen. Sie nannten ihre Niederlassung Aquincum, worin sich das lateinische Wort für Wasser verbirgt, aqua, denn am Fuße des Burgbergs fließen warme Quellen.

Aus jener Epoche ist kaum noch etwas überkommen. Es gibt kein antikes Theater, keinen Triumphbogen, kein altes Mosaik. Spätere Eindringlinge haben alles stark zerstört: Wandalen, Awaren, Slawen und schließlich die neu zugewanderten Magyaren. Sie wurden hier sesshaft und mussten sich anschließend mit Mongolen und Türken herumschlagen. Das moderne Budapest besitzt außer Relikten aus den Jahren der Türkenbesatzung wesentliche Baudenkmäler lediglich ab dem Zeitalter von Feudalabsolutismus und Barock.

Auf dem Dreifaltigkeitsplatz

Auch die Matthiaskirche auf der Burg und die Burg selber gehören dazu. Die lustige und von Touristen gern fotografierte Fischerbastei mit ihren Wehrgängen und Zinnen, die ein Stück weit die Bergkuppe entlangläuft und wie eine Befestigungsanlage wirken möchte, ist ein Produkt der Nationalromantik des 19. Jahrhunderts.

Auf ungarisch heißt sie Halászbástya und wurde errichtet von Frigyek Schulek, dem wichtigsten Historisten von Budapest. Die übrigen Bollwerke sind nicht so auffällig, dafür älter, die Siebenbürger Bastei etwa stammt von einem italienischen Festungsbaumeister aus dem Barock.

Hinter der Fischerbastei liegt der Dreifaltigkeitsplatz oder Szentháromság tér. Er wird an einer Seite durch das alte Rathaus von Buda begrenzt, das eine hübsche Barockfassade vorzeigt. Die Dreifaltigkeitssäule wurde zur Erinnerung an eine Pestepidemie errichtet und ist also das, was im österreichischen Barock die Pestsäulen darstellen. Beherrscht wird der Platz durch die gotische Matthiaskirche oder Mátyás templom.

Eigentlich müsste sie Liebfrauenkirche heißen, oder, korrekter, Muttergotteskirche in den Budaer Bergen. So jedenfalls war einmal ihr Name. Auch ihre architektonische Gotik wurde nachgereicht und ist ein Produkt des bereits erwähnten Frigyek

1526 erschienen die Türken und steckten die Kirche in Brand. Es blieb noch genügend Mauerwerk, dass der siegreiche Sultan Suleiman einen Dankgottesdienst abhalten konnte. Damit wurde alles zur Moschee. Als Buda wieder christlich war, wurde die Moschee erneut zur Kirche. Erst geriet sie in die Obhut des Franziskanerordens, dann in die der Jesuiten.

Letzte Krönung 1916
Das Gotteshaus war Krönungskirche der ungarischen Monarchen noch zu Zeiten, als diese aus dem Haus Habsburg kamen, hauptsächlich in Wien saßen und nebenher österreichische Kaiser waren. So geschah es etwa bei Franz Joseph und seiner Frau, der magersüchtigen Elisabeth, genannt Sissi; ihr Krönungsjahr war 1867, Franz Liszt komponierte eigens dafür eine Messe. Frigyek Schulek nahm sich danach seinen gründlichen Umbau vor. Der letzte hier gekrönte König war 1916 Karl IV., letzter Habsburger auch auf dem Wiener Thron; zwei Jahre später hatten die Mittelmächte den Ersten Weltkrieg verloren, Ungarn wurde selbstständig und Österreich Republik.

Die Kirche hat zwei Türme. Der kleinere heißt nach König Bela IV., der das Land regierte, als der Mongolensturm vorbei war; er ist mit bunten Majolikaziegeln gedeckt, die aus der berühmten Manufaktur Zsolnay in Pécs kamen. Der größere Turm misst 80 Meter, heißt nach Matthias Corvinus und hat vom ersten Stock an eine achteckige Gestalt. Der Eingang erfolgt durch das Marientor, eine bis heute noch erhaltene mittelalterliche Arbeit.

In der Loretto-Kapelle befindet sich die von Kerzenruß verdunkelte „Schwarze Madonna", in der Dreifaltigkeitskapelle liegen die Gebeine von König Bela III. Im Kircheninneren gibt es Fresken. Sie zeigen Szenen aus Ungarns Geschichte. Müssen wir noch sagen, wer sie schuf? Vermutlich stammen auch sie von Frigyek Schulek.

Schulek. Dabei ist ihre Vorgeschichte lang. Eine erste urkundliche Erwähnung stammt schon von 1247.

Der Ursprungsbau erfuhr zahlreiche An- und Umbauten, denn die Bedeutung der Kirche nahm zu. 1308 ließ Karl Robert von Anjou sich hier zum ungarischen König krönen. 1385 durchlief das gleiche Zeremoniell am gleichen Ort Sigismund von Luxemburg. In dessen Regierungszeit wurde es zum Brauch, auf siegreichen Kriegszügen erbeutete Fahnen im Kircheninneren aufzuhängen. Ungarns bedeutender Renaissance-Herrscher Matthias Corvinus stiftete ihr dann ihren anderen Namen. Zweimal ließ er sich hier trauen, und sein Wappen mit dem Rabenvogel, der einen Ring im Schnabel trägt, hängt seither an ihrem Südturm.

In klassizistischer Pracht

Die Kathedrale in **ESZTERGOM** ist das Zentrum des Katholizismus in Ungarn und Sitz des Erzbischofs

ANREISE:
Von Budapest aus mit dem Auto ca. 50 km nach Nordwesten

ÖFFNUNGSZEITEN:
Normalerweise täglich 8–19 Uhr. Während der Messen keine Besichtigungen möglich

SEHENSWERT:
Die Schatzkammer mit dem Corvinus-Kreuz

Esztergom oder Gran ist eine ungarische Kleinstadt am Donauufer, nördlich von Budapest und unmittelbar an der Grenze zur Slowakei. Es ist Ausflugsziel und Badeort, da hier heiße Quellen sprudeln. Außerdem darf die Stadt beanspruchen, eine der ältesten Ortschaften Pannoniens zu sein.

Mit diesem Namen bezeichneten einst die Römer ihre Provinz an der mittleren Donau. Nach dem Zusammenbruch ihres Imperiums in der Völkerwanderungszeit begab sich hierher eine Migration verschiedener Völkerschaften, germanischer wie nichtgermanischer; zu letzteren zählten die Hunnen und die Awaren. Beide waren nomadische Reitervölker asiatisch-osteuropäischer Herkunft, denen später noch die Magyaren folgten. Sie eroberten Pannonien Ende des 9. Jahrhunderts und wurden sesshaft. Ihr Anführer war ein Großfürst namens Árpád.

Einer seiner Nachfolger, mit Namen Geza, gründete ab 970 Esztergom und machte es zu seiner Residenz. Da er das Christentum annahm, ließ er sich hier auch Ungarns erste christliche Kirche errichten. Sein Sohn und Nachfolger war der in Esztergom geborene István oder Stephan, der zur Weihnachtszeit 1001 zum ersten ungarischen König gekrönt wurde, auf der Burg von Esztergom. Die Krone hatte angeblich Papst Sylvester übersandt. Ihr Merkmal ist ein etwas schief stehendes griechisches Kreuz.

Stephan christianisierte teilweise gewaltsam das Land. Er führte Verwaltungsstrukturen ein und ein Staatskirchenwesen nach westeuropäischem Vorbild, der Sitz des Erzbischofs war Esztergom. Nach seinem

Tod im Jahre 1038 wurde Stephan kanonisiert und so zum Nationalheiligen Ungarns.

Esztergom blieb ungarische Hauptstadt. Die Jahre bis 1196 gelten als ihre absolute Blütezeit. Dann suchten sich die Ungarnkönige donauabwärts ihre neue Residenz Buda, während für Esztergom nur der erzbischöfliche Sitz blieb. Mitte des 13. Jahrhunderts fielen in Mitteleuropa und auch in Ungarn die Mongolen ein, Esztergom wurde belagert, doch es konnte sich halten. Anschließend kam es zu allerlei innerungarischen Wirren. Die Árpádendynastie starb aus. Das Reich erstarkte dann wieder, und ab 1443 regierte König Matthias I. Corvinus.

Er war einer der Großen der europäischen Geschichte, ein Renaissancefürst von beträchtlicher Macht und außerordentlichem Kultursinn. Esztergom baute er zu einem bedeutenden Bildungszentrum aus. Als er starb, zerfiel sein Großreich bald wieder, und schließlich marschierten in Pannonien als neue Macht die Türken ein. Sultan Suleiman schlug Ungarn vernichtend in der Schlacht bei Mohács, in der Folge eroberte er das gesamte Land einschließlich Esztergom. Es blieb von Türken besetzt bis 1683, als Polenkönig Jan Sobeiski Esztergom entsetzte.

Dichter Andersen staunte

Ort und Burg blieben ungarisch bei dem neuerlichen Türkenvormarsch ein Jahrhundert später, und obschon die königliche Hauptstadt weiterhin Buda hieß, besaß Esztergom den Rang eines besonderen Objekts der ungarischen Geschichte und der nationalen Identität. Sitz des Erzbischofs, der als Primas höchster katholischer Kirchenfürst Ungarns war, blieb es weiterhin.

1843 fuhr der dänische Märchendichter Hans Christian Andersen, der auch ein emsiger Tourist und fleißiger Reiseschriftsteller war, mit einem Flussschiff donauaufwärts. „Wir nähern uns Gran (Esztergom)", notiert er. „Oben auf dem Felsen, mitten in der verfallenen Festung, wird eine Kirche gebaut; die Stadt selber liegt flach, unten zwischen grünen Bäumen; von diesen, hin über die Donau, flogen eine Menge Schmetterlinge…"

Andersen erlebte den Bau der Kirche von Esztergom gewissermaßen zur Halbzeit. Begonnen wurde mit den Arbeiten 1822, die Fertigstellung geschah 1864. Die feierliche Eröffnung erfolgte mit einer eigens für diesen Zweck komponierten Messe von Franz Liszt, der die Uraufführung selbst dirigierte.

100 Meter hohe Zentralkuppel

Die klassizistische Basilika mit ihrer Länge von 118 Metern bei 40 Meter Breite ist die größte Kirche Ungarns und die drittgrößte auf dem Kontinent. Sie steht auf dem Burgberg, sichtbar von allen Seiten. Architektonisches Vorbild war der Petersdom in Rom. Wie dort handelt es sich um eine Verbindung von Basilika und Zentralbau, gekrönt von einer 100 Meter hohen Zentralkuppel. Die Vorhalle tragen 22 korinthische Säulen.

In das linke Seitenschiff integriert ist die Bakócz-Kapelle mit ihrer Wandverschalung aus rotem Marmor. Sie ist viel älter als der übrige Bau, errichtet Anfang des 16. Jahrhunderts, und ist die einzige erhaltene Renaissance-Architektur im Land. Während der Bauarbeiten wurde sie in 1600 Einzelteile zerlegt, die dann Stein für Stein an ihrem neuen Platz wieder Aufstellung fanden.

Die Basilika hat eine Schatzkammer mit einer umfangreichen Sammlung sakralen Kultgeräts, darunter befindet sich das Kreuz von Matthias Corvinus. Das lateinische Wort Corvus bedeutet Rabe. Dieser Vogel gilt als klug und anpassungsfähig. An der Klugheit von Matthias Corvinus hat noch nie jemand gezweifelt.

Das Hauptportal der Kathedrale, dahinter die gewaltige Kuppel (oben)

Eingebettet in die Altstadt von Esztergom dominiert die Kuppel das Stadtpanorama (unten rechts)

Um 1400 entstand das aus Wisenthorn und in Silber gearbeitete Trinkhorn des Kaisers Sigismund. Noch zu Lebzeiten vermachte Sigismund es dem Dom (unten links)

Jesuitenbarock aus Slowenien

Der St.-Nikolaus-Dom in **LJUBLJANA** scheint mit seinem prachtvollen Interieur der Heiterkeit des Landes nachempfunden

ANREISE:
Über den internationalen Flughafen der Stadt. Bahnverbindungen und gute Autobahnanbindung von Italien und Österreich aus

ÖFFNUNGSZEITEN:
Normalerweise ganztägig geöffnet, über Mittag 12–15 Uhr geschlossen. Während der Gottesdienste keine Besichtigung

SEHENSWERT:
Die Fresken von Guglio Quaglio im Innenraum

Blick in den Altarraum und das barocke Interieur des Doms St. Nikolaus (oben)

Die Luftaufnahme zeigt die harmonische Anlage der Kathedrale mit ihren zwei Türmen und der großen Kuppel (unten links)

Barockfigur an einer der Säulen (unten rechts)

Er wollte Priester werden, aber sein Genie hinderte ihn daran: Andrea Pozzo (1642–1709), der die Domkirche von Ljubljana entwarf, wurde zwar Jesuit, aber nie zum Priester geweiht. Zu augenfällig war sein Talent, als dass es sich der Orden hätte entgehen lassen können. Man sandte ihn nach Savoyen, Mailand, Como und Rom und schließlich ins kaiserliche Wien, damit er mit seinen Bauten den römisch-katholischen Glauben in Szene setzte.

Ein Multitalent, denn der 1642 in Trient geborene Künstler wurde auch als Maler, Bühnenbildner und Kunsttheoretiker geschätzt. Maßgeblich hat er den so genannten Jesuitenbarock mitgeprägt und ihn mit dem St.-Nikolaus-Dom in Ljubljana auch nach Slowenien getragen. Majestätisch ragt bis heute im Zentrum der Stadt die Kathedrale auf, in ihrer Anlage der Kirche S. Gesú in Rom nachempfunden, die als Pozzos Hauptwerk gilt.

Erstmals 1144 erwähnt

Italien und Slowenien sind einander schon wegen der geografischen Lage nicht fremd, und Kunstströmungen konnten immer die Grenze passieren. Bereits die Römer hatten hier kurz nach der Zeitenwende ein Heerlager angelegt, das den Namen Julia Emona trug. Im 6. Jahrhundert zerstörten die Hunnen den Ort, und Slawen ließen sich im 7. Jahrhundert am Ufer des Flusses Ljubljanica nieder.

Im Jahr 1144 wurde der Ort erstmals als Laibach in den Schriften erwähnt, dem 1260 das Stadtrecht verliehen wurde. Als Hauptstadt des Herzogtums Krain geriet Ljubljana 1276 in den Besitz der Habsburger, wo es mehr als 600 Jahre verblieb – sieht man einmal von der kurzen Periode unter Napoleon ab, in der Ljubljana Hauptstadt der französischen illyrischen Provinzen war.

Immer im Schatten der Kirche

1918 kam Ljubljana zum Königreich Jugoslawien, wurde 1945 Hauptstadt der Teilrepublik Slowenien und 1991 schließlich Metropole eines unabhängigen slowenischen Staates. Ein langer Weg und im Schatten einer Kirche zurückgelegt, die heute das Stadtbild ebenso prägt wie das hochaufragende Schloss, wie die Brunnen, Brücken und Cafés.

Wo heute die Kathedrale steht, befand sich schon im 13. Jahrhundert eine romanische Kirche, die dem heiligen Nikolaus, dem Schutzpatron der Fischer und Schiffer, gewidmet war. An gleicher Stelle erbaute man 1361 eine gotische Kirche, die im 15. Jahrhundert von den Türken niedergebrannt wurde. Am Anfang des 18. Jahrhunderts begann auf Betreiben der Brüder Dolnicar, die dem auf Reformen drängenden wissenschaftlichen Verein Academia Operosorum angehörten, der Bau einer Barockkirche, für die der Jesuit Andrea Pozzo die Pläne schuf. 1707 konnte die Kirche geweiht werden, nur die Kuppel fügte man erst 1841 ein. Aus der alten Kirche hatte man den Schlussstein übernommen, und auch eine Statue der Schmerzhaften Muttergottes wurde in die neue Kirche integriert.

Marmor als Dekor

Der heiteren Landschaft Sloweniens mit Wäldern, Wiesen und Flusstälern scheint die Kirche nachempfunden zu sein, die reich mit rosa Marmor, mit Stuck und Skulpturen ausgestattet ist. Die überaus üppigen Freskenmalereien mit der Legende des Heiligen Nikolaus wurden von 1703–1706 und 1721–1723 von Guglio Quaglio geschaffen, der sich vorher bereits in Italien einen Namen als Maler gemacht hatte. Matej Langus malte zwischen 1843 und 1844 das Altarbild, das ebenfalls Szenen aus dem Leben des Schutzpatrons der Kirche zeigt, und schmückte die Kuppel mit Darstellungen aus dem Leben Mariens. Der Fronleichnamsaltar im Querschiff ist das Werk von Francesco Robba, der als der bedeutendste Bildhauer Sloweniens auch den berühmten Brunnen der drei Flüsse vor dem Rathaus entworfen hat.

Chorgestühl im Jugendstil

Für den Kunstfreund interessant sind die Stücke, die der „Chefarchitekt" Ljubljanas, Josef Plečnik,

im Inneren des Doms gestaltet hat. Der Schüler Otto Wagners hat die Stadt in den 20er und 30er Jahren des vergangenen Jahrhunderts so nachhaltig in einem von Schnörkeln befreiten neuen Stil geprägt, dass Ljubljana heute nicht nur die Stadt des Barocks, sondern auch des Jugendstils ist. Das von ihm für den Dom entworfene Chorgestühl und die Kathedrale sind Beispiele seiner Vielseitigkeit. 1996 wurden aus Anlass des Besuches von Papst Johannes Paul II. zwei neue Tore in den Dom eingefügt.

Als Ergänzung zum Dom muss das Priesterseminar angesehen werden, das durch sein gigantisches Portal mit den eindrucksvollen Herkulesfiguren auffällt. Vor allem die Bibliothek ist ein wahres Kleinod. Das barocke Interieur wird von einer Decke mit illusionistischen Malereien überspannt, die eine Allegorie der Theologie, aber auch der Hoffnung und der Liebe zeigen.

Tu felix Ljubljana! Was für eine glückliche Stadt, die einen solchen Dom und einen solchen Lesetempel besitzt.

Bollwerk gegen Türken

Der Dom in Kroatiens Hauptstadt **ZAGREB** wurde im 16. Jahrhundert zur Festung ausgebaut

ANREISE:
Über den internationalen Flughafen von Zagreb. Bahnverbindungen aus Mittel- und Osteuropa. Neue Autobahnen aus Norden und Westen sind im Bau.

ÖFFNUNGSZEITEN:
Normalerweise ganztägig geöffnet

SEHENSWERT:
Die Schatzkammer im Dom

Die Luftaufnahme der Kathedrale zeigt den Festungsring mit seinen Wehrtürmen, der um die Kirche gelegt wurde (rechts)

Die beiden neogotischen Türme in abendlicher Beleuchtung (unten links)

Blick in das Hauptschiff mit dem Altar (unten Mitte)

Wo sonst als in Wien gibt es diese belebten Kaffeehäuser, in denen die Frauen elegante Hüte tragen und die Männer stundenlang hinter der Zeitung vergraben sind? In Zagreb fühlt man sich mancherorts wie in Wien, weil die Stadt in Kultur und Lebensart jahrhundertelang von der österreichischen Metropole beeinflusst war. Auf dem Dolac, dem großen Markt im Schatten der Kathedrale, dann ein anderes Bild: Hier ragen Berge von Gemüse auf, Hühner werden gerupft, geräucherter Schafskäse wird angeboten. Zagreb zwischen gestern und heute: Überall in der Altstadt mischen sich Bauten im Schönbrunner Gelb mit den steinernen Zeugen der mittelalterlichen kroatischen Vergangenheit.

Höchste Türme des Balkans

Zagreb zählt zu den ältesten Städten Europas, in der Geschichte überall spürbar ist. Nicht zuletzt in der Kathedrale der Himmelfahrt unserer Lieben Frau, die mit ihren 104 und 105 Meter hohen Türmen – den höchsten des Balkans – ein majestätisches Aussehen hat. Mit einer Länge von 77 Metern und einer Breite von 46,2 Metern bietet sie 5000 Menschen Platz. Wahrhaft eine Bischofskirche, in der eine Tafel selbstbewusst daran erinnert, dass man bereits vor 1300 Jahren Kontakt zum Heiligen Stuhl in Rom unterhielt.

Schon zur Zeit der Römer erstreckte sich auf dem Gebiet des heutigen Zagreber Erzbistums die Provinz Pannonia Savia. Die Gründung eines eigenen Zagreber Bistums fand dann unter König Ladislaus im Jahr 1093 statt, der auch den Auftrag zum Bau einer Kirche erteilte. Die Kathedrale im romanischen Stil wurde 1217 geweiht, aber bereits 25 Jahre später bei einem Tatareneinfall so stark beschädigt, dass Bischof Timoteje einen Neubau im Stil der Gotik beschloss. Zwischen 1264 und 1284 wurde der östliche Basilikateil erbaut, der westliche so genannte Saalbau wuchs in den folgenden beiden Jahrhunderten langsam empor. Anfang des 16. Jahrhunderts sorgte die Bedrohung durch die Türken dafür, dass man den Weiterbau ruhen ließ und stattdessen einen Verteidigungsring mit Renaissancetürmen rund um die Kathedrale legte.

1527 schloss sich Kroatien der Herrschaft der österreichischen Habsburger an, da man sich unter der mächtigen Krone Hilfe bei der Verteidigung gegen die Türken erhoffte. Dennoch litt die Stadt in den Türkenkriegen schwer, und Brände richteten auch in der Kathedrale Schäden an. Erst am Ende des 17. Jahrhunderts kehrte eine Zeit der Ruhe und des neuen Wohlstands ein, Zagreb wurde 1718 Hauptstadt eines mit Ungarn verbundenen Königreichs Kroatien und neuer kultureller Mittelpunkt des Landes.

Schäden durch Erdbeben

In dieser Zeit konnte die Kathedrale mit kostbarem barockem Marmorinventar ausgestattet werden, neue Orgeln wurden bestellt und mehr als 30 neue Altäre errichtet. 1880 beschädigte ein Erdbeben die Kirche so stark, dass sie grundlegend renoviert werden musste. Die Wiener Architekten von Schmidt und Bolle gaben der Kirche ihr heutiges Aussehen und erbauten die Doppelturmfassade im neogotischen Stil als markantes Wahrzeichen der Stadt.

Aus der Renaissancezeit stammen die Bänke, die ein Florentiner Meister um 1520 geschaffen hat. Ein Prunkstück aus der Barockzeit ist die Kanzel, deren üppiges Engelsdekor die Strenge gotischer Architektur auflockert. Prachtvoll auch die vielen Barockaltäre, die berühmten Heiligen oder dem Leidensweg Christi gewidmet sind. Noch aus dem 14. Jahrhundert stammen zahlreiche Gemälde, eines der späteren wird Albrecht Dürer zugeschrieben.

Ein neuer Wallfahrtsort

Der Zagreber Dom verfügt über eine der am besten ausgestatteten Schatzkammern in ganz Europa. Sakrale und weltliche Kunstgegenstände aus neun Jahrhunderten werden hier gezeigt. Neben Monstranzen, Kelchen, mittelalterlichen Handschriften und Stickereien findet sich auch ein im 10. Jahrhundert aus Elfenbein angefertigtes Diptychon.

Ein Wallfahrtsort in der Kathedrale ist das Grabmal des aus einer kroatischen Bauernfamilie stammenden Kardinals Alojzije Stepinac, der als Erzbischof viele Jahre für sein öffentliches Bekenntnis zum Christentum im Gefängnis zugebracht hat. Wegen seiner vehementen Verteidigung kirchlicher Interessen gegenüber dem kommunistischen Regime wurde ihm 1946 unter Marschall Tito der Prozess wegen angeblicher Kollaboration im Zweiten Weltkrieg gemacht. Bis zu seinem Tod im Jahr 1960 stand er unter Hausarrest und starb schließlich an den Folgen der Gefangenschaft.

Schon zu seinen Lebzeiten wurde er vom Volk leidenschaftlich verehrt. Seit aber Papst Johannes Paul II. ihn im Jahr 1998 selig sprach, reißt der Strom der Menschen nicht mehr ab, die zu seinem mit silbernen Reliefs geschmückten Sarkophag pilgern.

Die Klosterstätte von Rila

Die orthodoxe Kirchenanlage ist das Nationalheiligtum der Bulgaren und ein zentraler Ort ihrer Geschichte

ANREISE:
Von Sofia aus mit dem Bus oder dem Pkw über die E 79 etwa 110 km nach Süden. Dann ca. 25 km nach Osten im Tal der Rilska bis zum Kloster

ÖFFNUNGSZEITEN:
Normalerweise täglich 10–18 Uhr

SEHENSWERT:
Die Klostersammlung mit der Klosterurkunde und dem Rila-Kreuz

Die Klosterkirche von Rila wurde im 19. Jahrhundert nach einem Großfeuer wieder aufgebaut. Blick auf den Haupteingang und die Kuppel (oben). Das Foto unten links zeigt die gesamte Klosteranlage. Die Kirche steht im Zentrum des Innenhofs

Fresken im Arkadenumgang (unten Mitte) und Gottvater auf einem Deckenfresko aus dem 19. Jahrhundert (unten rechts)

Dreimal in der Geschichte kam es zur Bildung eines bulgarischen Staates. Der erste entstand im Mittelalter: Auf dem südlichen Balkan entwickelte sich ein slawisches Großreich und führte das orthodoxe Christentum ein. Mit dem Kirchslawischen besaß es eine Schriftsprache in einer eigenen, aus dem griechischen Alphabet entwickelten Schreibweise, dem Kyrillisch. In der Blütezeit war der bulgarische Herrscher Simeon zugleich Kaiser von Byzanz.

Unter seinen Nachfolgern brach das Reich zusammen, und es dauerte fast zwei Jahrhunderte, ehe sich ein neues formierte. Seine Lebensdauer war noch kürzer als die des ersten. Zunächst unterwarfen es die Serben, dann die Türken. Ein halbes Jahrtausend blieb Bulgarien eine Provinz des Osmanischen Reichs, und erst der russisch-türkische Krieg von 1877 brachte die zuvor durch vielerlei Emanzipationsversuche erstrebte staatliche Autonomie.

Ein so nachhaltiger Widerstand gegen eine Fremdkultur ist bemerkenswert. Nun war die türkische Oberherrschaft, von den Bulgaren gern „türkisches Joch" genannt, nicht so total und blutig, dass sie nicht ethnische und religiöse Eigenarten toleriert hätte, und es war das orthodoxe Christentum, das jenen Widerstand sammelte und weiterführte.

Als Einsiedlerklause begann es

Das Rilakloster beteiligte sich daran an herausragender Stelle. Man darf dieses Herausragen wörtlich nehmen: Das Rilagebirge, Sitz des Klosters, ist das höchste von mehreren Gebirgen Bulgariens. Das Kloster selbst steht in einem nicht ganz leicht zugänglichen Tal, auf 1147 Meter Höhe. Hervorgegangen ist es aus der Einsiedlerklause eines Mönches namens Iwan Rilski, der im 10. Jahrhundert lebte. Er war geachtet wegen seiner Frömmigkeit, aber noch bekannter wurde er nach seinem Ableben, als seine Gebeine in den Ruf der wundertätigen Wirkung gerieten. Als kostbare Reliquien gelangten sie bis nach Ungarn, ehe sie nach Bulgarien und ins Rilakloster zurückkehrten.

Symbol des Widerstands

Die Anlage geht gleichfalls bis ins 10. Jahrhundert zurück. Iwan Rilski sammelte Anhänger um sich, die Unterkünfte errichteten; die Mönchsgemeinschaft durchlebte wechselvolle Zeiten, bis die Machthaber des Zweiten Bulgarenreiches durch Schenkungen und Privilegien den außerordentlichen Rang der Einrichtung bekräftigten.

Auch die türkischen Sultane garantierten ihren besonderen Status. Gleichwohl kam es später zu Plünderung und Niedergang. Die Rückführung der Gebeine Iwan Rilskis im Jahre 1469 brachte den Wechsel: Die ausufernden Prozessionen, die den Transport begleiteten, bedeuteten ein unübersehbares Zeichen des ethnischen Selbstbehauptungswillens, und spätestens seit dieser Zeit galt das Rilakloster gleichermaßen als Hort wie als Symbol des bulgarischen Widerstands. Es war jene intensive Teilhabe an der nationalen Befreiungsbewegung, die dann selbst die atheistischen Kommunisten respektierten, so dass sie das Kloster weitgehend unangetastet ließen.

Sein Platz hat sich im Lauf der Jahrhunderte verändert. Die Gebäude befanden sich zur Zeit Iwan Rilskis drei Kilometer weiter nordöstlich, erst 1335 entschied man sich dann für den heutigen Standort. Brände hinterließen Schäden, die zu beseitigen waren; heute ist das Kloster nationales Kulturdenkmal ebenso wie florierender Wirtschaftsbetrieb: Ein massenhafter Tourismus von Einheimischen und Fremden sorgt für Beschäftigung und Umsatz, den die Mönche routiniert bewältigen.

Glockenturm von 1335

Die Klosteranlage zeigt den Grundriss eines unregelmäßigen Vierecks. Die Versorgungseinrichtungen wie Küche, Bäckerei, Käserei, Refektorium und Krankenhaus sind untergebracht in langgestreckten Bauten mit hölzernen Galerien, die farbige Arkaden haben. Von hier gehen die Mönchzellen ab. Es gibt zwei Eingangstore zum Kloster. In der Mitte des Hofs steht der 23 Meter hohe steinerne Glockenturm von 1335, und daneben steht die Kirche.

Sie ist Christi Geburt geweiht und gilt als das größte Gotteshaus aller noch existenten bulgarischen Klöster, eine Basilika mit drei Kuppeltürmen, die erst zwischen 1834 und 1837 gebaut wurde, nach einem besonders schweren Großfeuer. Im Inneren befinden sich Wandmalereien mit biblischen Szenen und Figuren, mit Abbildern von Engeln, Dämonen und Märtyrern, umgeben von Blumen, Vögeln und Ranken. Entstanden sind die Arbeiten von 1840 bis 1848.

Sehr eindrucksvoll ist der Altarraum mit seiner dreitürigen Ikonostase. Sie ist ganz mit Blattgold überzogen und hat zahlreiche Mosaiken und Elfenbeinschnitzereien. Im Nordflügel des Klosters befindet sich ein Museum, zu dessen Sammlung die Klosterurkunde gehört, ausgefertigt von einem Zaren namens Iwan, und das Rila-Kreuz, die Arbeit eines Mönchs namens Rafael aus dem 18. Jahrhundert. Es zeigt winzigste Miniaturen: 140 biblische Szenen, mit insgesamt 600 Figuren. Bruder Rafael hat zwölf Jahre benötigt, um das Kreuz herzustellen. Dabei hat er sich, sagt man, die Augen ruiniert.

Edelstein der Ukraine

Die Sophienkathedrale in **KIEW** wurde mit ihrer vieltürmigen Kuppelanlage zum Vorbild

ANREISE:
Über den internationalen Flughafen Kiew. Bahnverbindungen von Moskau, über Wien und Berlin von Westeuropa aus

ÖFFNUNGSZEITEN:
Täglich außer donnerstags 10 - 17 Uhr, kurzfristige Änderung möglich

SEHENSWERT:
Das Höhlenkloster im Stadtteil Petschersk

Einen unabhängigen Staat Ukraine gibt es erstmals seit 1991, als die Sowjetunion sich auflöste. Die ukrainische Hauptstadt heißt Kiew. Freilich war Kiew schon einmal Hauptstadt: eines Reiches, das ihren Namen trug.

Im 9. Jahrhundert entschlossen sich einige der zwischen Bug und Don siedelnden Slawenstämme, ihre ständigen Auseinandersetzungen beizulegen, indem sie sich ausländische Schiedsherren suchten. Ihre Wahl fiel auf die Waräger oder Wikinger unter ihren Anführern Dir und Askold. Deren Herrschaftsantritt erfolgte 862. Ihren Sitz nahmen sie in Kiew, weswegen ihr Reich Kiewer Rus hieß. Unter ihren Nachfolgern, den Rurikiden, setzte sich das Christentum durch, jenes der oströmischen Observanz; der erste getaufte Herrscher hieß Swjatoslaw.

Die oströmische oder orthodoxe Kirche ist eine von mehreren christlichen Strömungen. Der in den Urgemeinden Judäas ausgeübten Religionspraxis steht sie schon aus geographischen Gründen näher als die weströmische. Vom Katholizismus unterscheidet sie sich unter anderem dadurch, dass sie kein zentrales geistliches Oberhaupt kennt. Es gibt mehrere autonome Patriarchate. Das über lange Zeiträume hinweg wichtigste befand sich in Konstantinopel.

Ikonen als Kultbilder

Die Orthodoxie hat ihre eigenen Riten, ihren eigenen Kanon und ihre eigene religiöse Kunst. Zu den ästhetischen Prinzipien gehört, dass ein vorgegebener Topos nicht verändert, sondern nah an der Vorlage wiederholt wird, bei manchmal nur geringen Abweichungen. Das zeigt sich zumal in den Kultbildern mit ihren immergleichen Gestaltungselementen. Auch diese Ikonenkunst kommt ursprünglich aus Byzanz. Ihre berühmteste Ausprägung indessen erfuhr sie dann in Russland. Mit dem Sakralbau verhält es sich ähnlich.

In aller Regel steht eine orthodoxe Kirche auf dem Grundriss eines griechischen Kreuzes. Genau im Mittelpunkt befindet sich der Altar, darüber wölbt sich eine zumeist flache Kuppel. Diese einfache Form eines Gotteshauses, wie sie sich heute noch zahlreich in orthodoxen Landschaften des südlichen Balkan findet, genügte dem Repräsentationsbedürfnis von Kirchenfürsten und weltlichen Herrschern allerdings nicht. Für ihre Kathedralen nahmen sie Erweiterungen vor, wobei ihnen als Vorbild die größte und prächtigste Kirche der oströmischen Christenheit diente, die Hagia Sophia in Konstantinopel.

Nach deren Muster wurde die Sophienkathedrale in Kiew errichtet. Ihrerseits gab sie dann das Modell ab für andere Großkirchen im ostslawischen Raum. Von der Eliaskathedrale in Jaroslawl bis zu den großen Kathedralkirchen in Moskau gehen sie sämtlich auf Anregungen durch die Hagia Sophia von Kiew zurück.

Entstanden ist sie im 11. Jahrhundert. Ihr Baubeginn fällt auf das Jahr 1037. In Kiew herrschte als Großherzog der Rurikide Jaroslaw, genannt der Weise. Er machte die Stadt zu einem Ort der außergewöhnlichen Architekturen, zudem gründete er Schulen und verabschiedete einen Gesetzeskodex, die Russkaja Prawda. Unter seinen Nachfolgern zerfiel das Reich. Auch das Ansehen Kiews begann zu schwinden.

1223 begannen die Eroberungszüge der Mongolen unter Dschingis Khan. 1240 erreichten sie Kiew, das sie, wie andere Städte auf ihrem Feldzug, überrannten und zerstörten, dabei auch die Sophienkathedrale. Erst Jahrhunderte später wurde das Gotteshaus wieder aufgebaut. Die Mongolenherrschaft war zu diesem Zeitpunkt längst abgeschüttelt, durch das Bestreben der Moskauer Großfürsten und da besonders durch das des späteren Zaren Iwan, genannt der Schreckliche. Ein neues slawisches Großreich entstand.

In blinkendem Gold

Der Neubau der Sophienkathedrale hielt sich eng an das alte Muster einer fünfschiffigen Kreuzkuppelanlage. Dort hatte es zwölf Kuppeln gegeben, die sich um eine größere dreizehnte ordneten, was den Heiland und seine Jünger symbolisieren sollte. Der Neubau fügte jetzt noch acht weitere Kuppeln und eine Vorhalle hinzu. Derart entstand das für alle russisch-orthodoxen Großkirchen charakteristische Gesamtbild eines ungemein kompakten Baukörpers mit einer Vielzahl einander förmlich bedrängender Türme.

Die Kuppeln in Kiew fallen relativ flach aus. Äußerstenfalls findet sich die Gestalt einer Halbkugel, die für andere russisch-orthodoxe Kirchen charakteristische Zwiebelform fehlt hier. Augenfällig sind die zahlreichen, dicht nebeneinander stehenden Apsiden auf dem Grundriss eines Halbkreises. Üblicherweise laufen sie aus in ein Halbkuppeldach, eine Konche.

Die Sophienkathedrale steht in der Oberen Stadt, einem von drei historischen Quartieren Kiews über dem rechten Ufer des Flusses Dnjepr. Ein weiterer Sakralbau von Rang, das fast gleichzeitig mit der Sophienkathedrale entstandene Höhlenkloster, gehört zum Stadtteil Petschersk. Die Kathedrale zeigt sich in vorzüglicher Herrichtung, mit blanken Farben und blinkendem Gold. Die fast klassizistisch anmutende Ornamentik am Eingangsportal zitiert auch den zaristischen Doppeladler, der heute wieder das russische Staatswappen ist, das ukrainische aber nicht. Das Innere der Kirche wurde von den Sowjets zum Museum gemacht. Der ukrainische Staat hat es dabei belassen.

Das Kuppelmosaik aus dem 11. Jahrhundert zeigt Christus als Herrscher der Welt (oben links)

Rechts daneben die Muttergottes auf einem prachtvollen Mosaik in einer Apsis. Die Darstellung stammt ebenfalls aus dem 11. Jh.

Der Glockenturm der Sophienkathedrale steht separat (unten links)

Das Bild unten rechts zeigt, wie nahe beieinander die vielen Kuppeln des Kathedralenbaus stehen

Kareliens hölzerne Pracht
Die Holzkirchen auf der Insel KISHI sind einzigartige Denkmäler

ANREISE:
Von St. Petersburg aus über Landstraßen nach Petrsawodsk, von dort mit dem Tragflächenboot nach Kishi. Außerdem: Kreuzfahrten von Moskau nach St. Petersburg mit Stopp in Kishi

ÖFFNUNGSZEITEN:
Am besten über das Reisebüro oder über das städtische Fremdenverkehrsamt in St. Petersburg erfragen

SEHENSWERT:
Der alte Friedhof in der Nachbarschaft der Kirchen

Blick auf das Kirchenensemble von Kishi mit dem Glockenturm zwischen den beiden Holzkirchen (rechts)

Die Kuppelspitzen der Christi-Verklärungs-Kirche (unten links)

Die Ikonostase im Innern der Kirche mit der Zarentür (unten Mitte)

Manche Legenden sind so schön, dass man sie immer wieder erzählen muss, wie die von dem Zimmermeister Nestor, der nach der Fertigstellung der Christi-Verklärungs-Kirche auf der Insel Kishi seine Axt weit in den Onega-See geschleudert haben soll mit den Worten: „So eine gab es nie, es gibt keine zweite, und es wird nie eine geben."

Zusammen mit 80 Zimmerleuten hatte Nestor zwischen 1707 und 1714 die Kathedrale erbaut, die heute als der künstlerisch vollendetste Ausdruck des Typus der „vielkuppeligen Kirchen" und als der kühnste Holzbau des alten Russland gilt. Ganz ohne Nägel und Eisenband arbeitend, benutzten die Männer besonders große Beile, um den Fluss des konservierenden Harzes nicht zu stoppen. Zudem besaßen sie weder Bauplan noch Messgerät und schufen das Meisterwerk aus Holz „nur nach dem Auge".

Kuppeln in silbernem Glanz

Lediglich in der eisfreien Zeit kann man die Insel Kishi mit dem Tragflächenboot von Petrsawodsk erreichen, und klug ist, wer in den hellen Juniwochen kommt. Denn dann schimmern die mit Schindeln aus Espenholz gedeckten Kuppeln wie pures Silber, in den Gärten blühen Margeriten und Phlox, und der See ist sanft und blau. Der Onega-See im Herzen Kareliens ist der zweitgrößte Süßwassersee Europas.

Die als Sommerkirche erbaute Christi-Verklärungs-Kirche und die kleinere beheizbare Winterkirche Mariä Schutz bilden ein Ensemble, das wie ein Seezeichen über dem Wasser aufragt. Geplant als zentrale Stätte eines weiträumigen Kirchspiels, das aus vielen Inseln und Dörfern bestand, ist die Christi-Verklärungs-Kirche heute nur noch das Zentrum einer sehr kleinen Gemeinde. Die wirtschaftliche und politische Entwicklung hat die Bevölkerungszahlen schrumpfen lassen.

Kishi verdankt seine Berühmtheit neben den beiden Kirchen auch dem bedeutendsten Freilichtmuseum für Holzarchitektur in Russland, das aus etwa 60 Bauten wie Mühlen, Kapellen, Kornspeichern und Höfen besteht. Viele der Bauernhäuser im nördlichen Russland, deren Besitzer in den Revolutionszeiten vertrieben wurden, konnten vor dem Verfall gerettet und auf Kishi wieder aufgebaut werden – im Schatten einer Kirche, die die Welt seit beinahe 300 Jahren in Erstaunen versetzt.

Die Christi-Verklärungs-Kirche zeichnet sich durch vollkommene Proportionen aus, und der märchenhafte Formenreichtum täuscht leicht darüber hinweg, dass dem Bau ein streng durchdachter Plan zugrunde liegt. Der Grundriss des Zentralbaus wird von einem regelmäßigen Achteck gebildet, und wie bei einer Pyramide steigen 22 gestaffelte Kuppeln zur 27 Meter hohen Zentralkuppel auf. Die gesamte Anlage der Dachtraufen, Wasserspeier, Zwiebelkuppeln und Ziergiebel bildet zudem ein klug durchdachtes System der Wasserableitung, ohne die der Bau niemals die Zeiten hätte überdauern können. In einem Land, in dem der Winter bereits im Oktober einbricht, sind Regen, Schmelzwasser und Feuchtigkeit eine ständige Gefährdung für die historischen Holzbauten. Auch die Anbauten fügen sich harmonisch in das Gesamtkonzept ein, darunter die im Osten angebaute trapezförmige Apsis, durch die der Altarraum vergrößert wird. Der Eingang der Kirche befindet sich in einem Vorbau, der einer Galerie an der Westfassade vorgelagert ist.

Eine Kirche wie eine Wohnung

Der Innenraum wirkt hell und lichtdurchflutet, und die Höhe des Raums überrascht den Besucher. 16 zur Raummitte strebende bemalte Rippen stellen eine Art Himmel dar, der den beinahe wohnlichen Charakter der Kirche unterstreicht. Die Decke konnte in den Kriegswirren durch Auslagerung nach Finnland ebenso gerettet werden wie das Schmuckstück des Innenraums, die vierrangige vergoldete Ikonostase, die den Gemeinderaum beherrscht. Das Kunstwerk, das aus 102 Ikonen besteht, wurde vermutlich um 1759 geschaffen und gilt mit seinem vergoldeten Schnitzwerk, den Blättern und Blüten und der säulenumstandenen Zarentür als interessantes Beispiel des russischen Barocks.

Einzigartig wie der Einsatz der dekorativen Mittel ist auch das Feingefühl, mit dem die beiden Kirchen in die Landschaft eingefügt wurden. Beide Bauten sind durch einen Glockenturm verbunden, der in der zweiten Hälfte des 19. Jahrhunderts als Oktogon mit Glockenstuhl und achteckigem Zeltdach an Stelle eines Vorgängerbaus entstand. Zusammen mit den beiden Kirchen bildet er heute ein einzigartiges Ensemble.

Die Unesco ernannte Kishi Pogost, die Insel im Ladoga-See mit ihren kunstvollen Holzbauten, 1990 zum Weltkulturerbe. Und sie gab damit dem Zimmermeister Nestor Recht, der seine Axt für immer dem See übergeben hatte.

Die Kuppeln von Nowgorod

Die Sophien-Kathedrale ist ein Zeugnis des früheren Reichtums der alten Hansestadt

ANREISE:
Über den internationalen Flughafen von St. Petersburg. Von dort aus mit dem Wagen ca. 190 km nach Südosten auf der E 105

ÖFFNUNGSZEITEN:
Bedingt durch die Jahreszeiten wechselnde Öffnungszeiten. Während der Messen keine Besichtigung

SEHENSWERT:
Das Grabmal des Erzbischofs Maturi in der südlichen Galerie

Die Außenfassade der Sophien-Kathedrale. Blick auf ein Seitenschiff und die Kuppeln (oben)

Die Ikonostase im Kircheninnern. Sie trennt den Altarraum vom Raum der Gemeinde (unten rechts)

Prozession durch die Stadt anlässlich der 950-Jahr-Feier der Kathedrale im Jahre 1995 (unten)

Nowgorod liegt im nordwestlichen Russland, in einer Landschaft der Seen und Sümpfe, nahe Karelien. Nowgorod bedeutet Neustadt. Eine Stargorod oder Altstadt dazu gibt es freilich nicht, bloß in der Legende. Danach soll eine Frau namens Slowena eine Stadt ihres Namens gegründet haben, Slowensk. Zwei Kinder habe sie bekommen, Wolchow und Ilmen, die ihre Namen zwei Gewässern vermachten. Schließlich seien die Waräger erschienen und hätten zu Slowensk eine Neustadt errichtet, Nowgorod.

Den Städtenamen Slowensk sucht man auf russischen Landkarten vergebens. Die historisch verbürgte Wahrheit lautet, dass Nowgorod seit dem 5. Jahrhundert besteht und damit zu den überhaupt ältesten russischen Städten zählt. Ihre Übernahme durch die Waräger erfolgte gleichzeitig mit jener von Kiew. Nowgorod gehörte dann zur Kiewer Rus, aus deren Vorherrschaft sich die Stadt am Fluss Wolchow zu lösen versuchte, was ihr 1136 gelang. Sie legte sich eine eigene, für Russland recht extraordinäre Verfassung zu, das possadnitschestwo. Sie berief eine Volksversammlung unter Vorsitz des Erzbischofs ein, die ihrerseits aus dem Kreis des niederen Adels, der Bojaren, das Stadtoberhaupt wählte, den possadnik.

Von Moskau ausgeplündert

Der berühmteste politische Führer Nowgorods hieß Alexander Newskij. Seinen Beinamen verdankte er seiner siegreichen Verteidigungsschlacht gegen die Schweden, die er an der Newa schlug. Noch bekannter wurde sein Sieg über den Deutschritterorden auf dem vereisten Peipussee im Jahr 1242. Alexander fand ein politisches Arrangement mit den in Russland herrschenden Mongolen, was dazu führte, dass Nowgorod von mongolischen Zerstörungen verschont blieb und seinerseits zu großer Macht gelangte. Der blutige Rückschlag erfolgte zwei Jahrhunderte später, als die Moskauer Großfürsten Iwan III. und Iwan IV. Nowgorod eroberten, ausplünderten und die Führungsschicht hinschlachten ließen. Davon hat sich die Stadt nie mehr erholt.

Die Stärke, die sie zeitweilig besaß, und die republikähnliche Ordnung, die sie sich leistete, gingen mit wirtschaftlicher Tüchtigkeit einher. Nowgorod war ein reiches Handelszentrum und Mitglied der Hanse. Hier wurden Pelzwaren für Westeuropa umgeschlagen. Nowgorod gehört zu den russischen Städten mit einer bedeutenden historischen Bausubstanz.

Vorbild aus Kiew

Es gibt eine Stadtburg, einen Kreml, der Detinez heißt, und es gibt eine Kathedrale. Nicht nur in ihrem Namen, auch in ihrer Architektur folgt sie der Hagia Sophia von Kiew. In Auftrag gegeben hat sie Wladimir, der Sohn Jaroslaws des Weisen aus der Warägerdynastie der Rurikiden, der Baubeginn erfolgte 1045. Damit ist sie lediglich fünf Jahre jünger als ihr Vorbild in Kiew.

Auch die Hagia Sophia von Nowgorod ist eine fünfschiffige Kuppelkirche, auch ihre fünf Schiffe sind in ihren Breiten fast identisch. Drei von ihnen laufen in Apsiden aus. In der Länge, die Apsiden eingerechnet, entsprechen sie in etwa der Gesamtbreite der Schiffe. Somit zeigt der Grundriss eine fast quadratische Gestalt.

Über dem Mittelschiff steht die Hauptkuppel. Ihr Tombeau, ihr Aufbau unterhalb des Dachs, ist besonders hoch und mächtig, die Kuppel selbst ist golden. Statt der zwölf weiteren Türme wie in Kiew wollte man sich hier auf lediglich vier Nebentürme beschränken, Symbole der vier Evangelisten. Der heute existierende sechste Kuppelturm ist wie die Glockenwand, die er abschließt, eine spätere Zutat. Die Nebenkuppeln sind sämtlich silbern gedeckt und besitzen die für russische Sakralbauten charakteristische Zwiebelform. Die glatten Außenwände zeigen heute ein strahlendes Weiß. So waren sie nicht immer; alte Chroniken berichten, dass die Mauern zunächst aus riesigen, nur grob behauenen Sand- und Kalksteinquadern bestanden, was ein imposanter Anblick gewesen sein muss.

Im Inneren laufen übereinander zwei Galerien. Die Wände tragen ein paar eindrucksvolle Fresken, die ältesten, nur in Fragmenten erhalten, datieren auf die Zeit um 1100. Der Tambour der Mittelkuppel zeigt Abbilder des byzantinischen Kaisers Konstantin und seiner Mutter Helena. Die Ikonostase, die Bilderwand hinter dem Altar, versammelt Arbeiten von Nowgoroder Meistern aus dem 16. Jahrhundert.

Sehr bemerkenswert ist das Bronzeportal am Haupteingang. Es heißt

Magdeburger Tür und ist zwischen 1152 und 1154 in Magdeburg angefertigt worden. Auf ihm dargestellt sind etliche ostfränkische Kirchenfürsten und darunter auch der Magdeburger Erzbischof Wichmann. Insgesamt besteht die Tür aus 26 Feldern mit zumeist biblischen Darstellungen.

Die Tür war ursprünglich für die Bischofskirche in Plock an der Weichsel bestimmt, westlich von Warschau. Wie sie schließlich nach Nowgorod gelangte, ist unbekannt; vermutlich ging sie den Handelsweg der Hanse, auf dem auch Kunst transportiert wurde.

Ensemble der Kuppeln

Die Klosteranlage von **SAGORSK** trägt heute wieder ihren alten Namen, Sergiew Possad

ANREISE:
Über den internationalen Flughafen Moskau. Von der Hauptstadt aus am besten mit einer organisierten Busfahrt

ÖFFNUNGSZEITEN:
Üblicherweise täglich 8–20 Uhr. Zu den Kirchen kein Zugang für Touristen während der Gottesdienste

SEHENSWERT:
Unter einem Baldachin das Grabmal des heiligen Sergej

Blick auf die Uspenskij-Kathedrale mit ihren vier blauen und der goldenen Kuppel. Links daneben der Glockenturm (oben)

Ikonenmalerei aus dem 16. Jahrhundert. Das Gemälde zeigt die drei Engel bei Abraham (unten links)

Von Alexander Puschkin, Russlands Nationaldichter, stammt der Ausspruch: „Wir verdanken es den Mönchen, dass wir eine Geschichte haben, folglich auch, dass wir eine Kultur besitzen." Diese Erkenntnis hat Gültigkeit für das gesamte europäische Mittelalter, aber natürlich hat sie Puschkin für Russland formuliert.

Mönchtum kennen viele Religionen. Prinzip ist die absolute Abkehr von allem weltlichem Leben hin zu einer radikal praktizierten Frömmigkeit. Sie kann in individueller oder kollektiver Isolation gelebt werden, wobei die Einsiedelei für das Christentum die ursprüngliche Form ist.

Sergeij Radoneschkij war ein russischer Einsiedler. Der 1314 als Warfolomej Kirillowitsch geborene Sohn eines Adligen aus Rostow Welikij begab sich 23-jährig zusammen mit seinem Bruder Stepan in den Wald von Radonesch nördlich von Moskau und errichtete dort eine Einsiedelei. Andere Eremiten suchten seine Nähe, so dass schließlich Russlands erste Klostergemeinschaft entstand. Sergeij wurde der Abt und inspirierte Gründungen anderswo. Seine Anlage „Sergiew Possad" entwickelte sich bis 1782 zu einer förmlichen Stadt, der fromme Pilger ebenso zustrebten wie politisch Mächtige. Als eines von vier russischen Klöstern erhielt sie den Rang einer lawra, eines besonders wichtigen Monasteriums.

Ein Ort der Geschichte

Sergiew Possad legte sich Verteidigungsmauern zu. Es spielte eine politische Rolle in den innerrussischen Wirren und verfügte über riesigen Grundbesitz, mit zeitweise 2700 Siedlungen und 108 000 Leibeigenen. 1919 lösten die Sowjets das Kloster auf, stellten es 1920 unter Denkmalschutz und nannten es 1930 nach einem ermordeten Bolschewiken Sagorsk, heute führt es wieder seinen alten Namen. Seine kirchliche Funktion erhielt es Ende des Zweiten Weltkriegs zurück; zeitweilig residierte hier der Moskauer Metropolit.

Troize-Sergiewa Lawra ist ein ausgedehntes Gelände. Immer noch umgeben von der alten Wehrmauer, stehen hier ein Spital, das heute als kunsthistorisches Museum dient, der Palast für Zarenbesuche und das Palais des Metropoliten. Dann gibt es noch insgesamt neun Gotteshäuser, kleinere und große, darunter die Dreifaltigkeits- und die Mariä-Entschlafens- oder Uspenskij-Kathedrale.

Die erste steht über dem Grab des 1392 verstorbenen und 1448/49 heilig gesprochenen Gründers Sergeij. Sie ist die Hauptkirche des Klosters und wurde nach dem Jahr 1422/23 errichtet, als eine Vier-Pfeiler-Anlage mit drei Apsiden, gebaut aus weißen Steinquadern, mit einer Kuppel. Das Bauwerk ist nicht riesig, gleichwohl wirkt es auf beeindruckende Art monumental. An den Wänden gibt es Fragmente alter Fresken.

Sie waren die beiden bedeutendsten Vertreter der mittelalterlichen russischen Malerei, Rubljow mehr noch als Tschornij. Andreij Rubljow wurde um 1360 geboren. Er war Mönch und ein Schüler von Sergeij Radoneschkij. Die vorgegebene Formensprache der überkommenen Ikonenmalerei mit ihren byzantinischen Mustern versah er mit Zügen eines frühen Realismus. Auch Buchmalereien stammen von ihm, und möglicherweise hat er an der Architektur der Dreifaltigkeitskathedrale in Sergiew Possad mitgewirkt.

Uspenskij sobor, die andere Großkirche, wurde 1554 im Auftrag von Zar Iwan IV., dem Schrecklichen, gebaut. Er war der erste nach oströmischem Ritus gekrönte Herrscher in Russland, er schlug die mongolischen Tataren endgültig und einte das tief zerstrittene Reich. Zur Grundsteinlegung der Kathedrale erschien er in Person. Architektonisches Vorbild wurde die Uspenskij-Kirche im Moskauer Kreml. Die Bauarbeiten ruhten für eine Weile, erst 1585 gingen sie weiter, nach einer entsprechenden Spende Iwans. Der Herrscher wollte sich auf diese Weise etwas Seelenheil erkaufen. Zuvor hatte er im Jähzorn seinen Sohn erschlagen.

In Blau und Gold

Die Sergiewsker Uspenskij-Kathedrale wird dominiert von fünf Kuppeln. Sie stellen, wie anderswo bei russischen Sakralbauten, den Heiland und die vier Evangelisten dar. Die Kuppeln sind zwiebelförmig, die mittlere golden, die anderen blau mit goldenen Sternen. Das Innere ist berühmt für die prachtvollen, um 1684 entstandenen Fresken aus der Schule von Jaroslawl.

Hinter der Kathedrale erhebt sich der Glockenturm, höchster und schönster in Russland und jedenfalls höher als der im Kreml. Sechs sich verjüngende Geschosswerke stehen aufeinander und haben viele große Schalllöcher, was dem Turm trotz seiner Höhe und Massigkeit und seiner dunkelfarbenen Außenmauern eine gewisse Leichtigkeit verleiht. „Dieses Kloster", schrieb im 17. Jahrhundert ein Weltreisender aus Aleppo, „hat nicht seinesgleichen, weder im Lande der Moskowiter noch überhaupt auf der Welt." Man muss dem nicht vorbehaltlos zustimmen. Dem architektonischen Rang der Klosteranlage wird es aber sicher gerecht.

Insgesamt neun Kirchen stehen auf dem Klostergelände, und alle sind geschmückt mit farbenprächtigen Kuppeln (unten rechts)

Die Kathedralen im Kreml

Auf dem Festungshügel in **MOSKAU** zeigen fünf Kirchen die Macht der Orthodoxie

ANREISE:
Über den internationalen Flughafen der Stadt. Zahlreiche Bahnverbindungen aus West- und Mitteleuropa

ÖFFNUNGSZEITEN:
Normalerweise ganztags zugänglich

SEHENSWERT:
Gemälde von Andrej Rubljow auf der Ikonostase der Mariae-Verkündigungs-Kathedrale

Blick auf die Kuppeln der Kremlkirchen. Im Hintergrund der Glockenturm Iwan Welikij (oben)

Der Haupteingang der Mariae-Verkündigungs-Kathedrale und ein Blick auf die Fresken im Innern der Kirche (unten Mitte, rechts)

Die Erzengel-Michael-Kathedrale mit ihren fünf silbergedeckten Kuppeln (unten links)

Das Wort Kreml bedeutet Festung. Einen Kreml besitzen viele altrussische Städte; ein wenig erinnern die Kremlbauten in ihrer Situation und Funktion an das, was in der griechischen Antike eine Akropolis leistete. Der bekannteste Kreml steht in Moskau und ist wesentlich älter als die eigentliche Stadt. Die Fürstenburg gab es bereits 1156; das in ihrem Umfeld gelegene und langsam wachsende Dorf nahm erst 1295 die Dimensionen einer Stadt an.

Moskaus Kreml steht auf einem 40 Meter hohen Hügel über dem nördlichen Moskwa-Ufer. Das Gelände zeigt im Grundriss die Form eines unregelmäßigen Dreiecks, wird umgeben von einer zweieinhalb Kilometer langen Mauer und versammelt Paläste, Parkanlagen, Türme und Kirchen. Letztere gruppieren sich um den Kathedralenplatz, sind fünf an der Zahl und heißen nach dem Entschlafen Marias, nach der Gewandniederlegung Marias, nach den zwölf Aposteln, nach Mariae Verkündigung und nach den Erzengeln.

Der zugehörige Glockenturm Iwan Welikij, 81 Meter hoch, trug früher die größte Glocke der Welt, 1733–35 gegossen auf Befehl von Zarin Anna Iwanowna, deren lebensgroßes Porträt sie an ihrem Schallkörper zeigt. 1737 stürzte sie bei einem Turmbrand herab, heute ruht sie auf einem achteckigen Sockel, ein herausgefallenes Bruchstück neben sich. Die größte der Kremlkirchen ist die Mariae-Entschlafens-Kathedrale, russisch Uspenskij sobor. Sie entstand Ende des 15. Jahrhunderts, als Moskau dabei war, die untereinander zerstrittenen russischen Partikularfürstentümer zusammenzuführen und selbst das Machtzentrum zu stellen. Die fünf Goldkuppeln von Uspenskij sobor symbolisieren, wie bei russisch-orthodoxen Kirchen üblich, den Erlöser Jesus Christus, umgeben von den vier Evangelisten.

Die Fassade mit ihren hellen Steinen und dem angenehm zurückhaltenden Dekor ist das Werk eines italienischen Renaissancebaumeisters, Aristotele Fioravanti. Das Innere zeigt fünf aneinander gereihte Apsiden, von denen vier Kapellen enthalten; sie beschließen einen Raum von fast quadratischem Grundriss. Die Fresken stammen aus der Schule des berühmten Ikonenmalers Andrej Rubljow.

In orthodoxer Tradition

Die Kathedrale der Gewandniederlegung Marias, Zerkow Rispoloschenija, steht hinter der Uspenskij-Kathedrale. In ihren Ausmaßen ist sie erheblich kleiner. Der um 1484/85 entstandene Bau besitzt lediglich einen Turm, die Baumeister kamen aus der am Peipussee gelegenen Stadt Pskow oder Pleskau, deren Kirchen, ähnlich denen von Nowgorod, für Russlands Sakralbauten ein dominantes Muster angaben. Der ziemlich kompakte Bau hat in seinem Inneren Fresken, die stilistisch denen von Uspenskij sobor ähneln.

Die Zwölf-Apostel-Kathedrale steht an der Nordseite des Kathedralenplatzes. Mitte des 17. Jahrhunderts errichtet, zusammen mit dem Patriarchenpalast, an den sie architektonisch anschließt und dessen Hauskirche sie ist, fällt sie auf durch die vergleichsweise flachen Kuppeln auf den fünf Türmen. Ihre Blendarkaden zitieren altrussische Architektur. Der Bauherr, der äußerst selbstbewusste und repräsentationssüchtige Patriarch Nikon, wollte solcherart auf die besondere nationale Tradition der hiesigen Orthodoxie hinweisen.

Der Prunkbau Zar Iwans

Die Mariae-Verkündigungs-Kathedrale, Blagoweschtschenskij sobor, hatte als Bauherrn Iwan den Schrecklichen. Sie war dann auch dessen Hauskirche. Kenntlich wird dies unter anderem an den neun Türmen, die eine ikonographische Spezialität Iwans waren, denn die Neun galt ihm als heilige Symbolzahl, was mit seinem Sieg über die Tataren in Kasan zusammenhing.

Im Gegensatz zur Uspenskij-Kathedrale wirkt Blagoweschtschenskij sobor vielgliedrig, gelegentlich sogar verspielt. Alle Dächer, die Konchen über den Apsiden und die Schirme über Tor und Fenstern, sind goldgedeckt; der Herrscher wollte seine neu gewonnene Macht und den damit einhergehenden Reichtum ausstellen. Das intime Innere zeigt allerlei Fresken, mit Szenen aus dem Alten Testament, aus der Apokalypse oder aus der Ostkirchengeschichte. Bei den Tafeln der Ikonostase ist der große Rubljow vertreten.

Die Erzengel-Kathedrale oder Archangelskij sobor schließlich erhebt sich östlich von Mariae Verkündigung und erreicht fast die Ausmaße der Uspenskij-Kathedrale. Ihre fünf Türme, von denen der zentrale die übrigen vier besonders deutlich überragt, sind zur Abwechslung mit Silber gedeckt. Auch hier zeichnet wieder ein italienischer Wanderarchitekt verantwortlich, der Venetianer Alovisio Novo. Er hielt sich, wie vorher Fioravanti bei Uspenskij sobor, an die Vorgaben der byzantinisch-orthodoxen Sakralbautradition. Der Innenraum ist sehr düster. Auf sechs Kreuzpfeilern ruht ein wuchtiges Tonnengewölbe mit Bildern russischer Fürsten. Die ursprünglichen Wandmalereien wurden fast völlig entfernt.

Die Kirche diente einer Reihe Zaren als Grablege, so liegt hier Iwan der Schreckliche. Sein Sohn ist hier noch länger begraben. Iwan hatte ihn zuvor erschlagen.

Triumphkirche des Zaren

Die Basiliuskathedrale auf dem Roten Platz in **MOSKAU** ist ein Wahrzeichen der Stadt

ANREISE:
Über den internationalen Flughafen oder mit der Bahn von Westen aus

ÖFFNUNGSZEITEN:
Die Kathedrale ist normalerweise ganztägig geöffnet

SEHENSWERT:
Der einzigartige Grundriss mit den vielen Durchgängen

An ihrem roten Backstein ist die Basiliuskathedrale ebenso erkennbar wie an der Formenvielfalt ihrer Schmucktürme (rechts)

Blick auf die Ikonostase, die mit Ikonen besetzte Holzwand, die in orthodoxen Kirchen den Altarraum vom Gemeinderaum trennt (unten links)

„Der Rote Platz zu Moskau", Gemälde von Fjodor Jakowlewitsch Alexejew aus dem Jahre 1801. Das Bild, das heute in der Tretjakow-Galerie hängt, vermittelt einen Eindruck vom Leben vor der Basiliuskathedrale im 18. Jahrhundert (unten Mitte)

Wassilij Blaschennyi war einer jener einfältigen Herumtreiber und Bettler, die im Geruch der Heiligkeit standen, entsprechend der Verheißung Jesu, dass die Armen im Geiste selig seien. Wassilij soll die Gabe der Prophetie besessen und was er besaß, geteilt haben. Er trieb sich zwischen den Buden und Ständen der Moskauer Händler herum, ein so genannter Narr in Christo, um den sich zahlreiche Legenden ranken. Als er 1552 starb, wurde er in Ehren beigesetzt, auf dem Friedhof der Moskauer Dreifaltigkeitskathedrale. Über seinem Grab wurde 1588 eine Kapelle errichtet.

Sie war Teil einer großen Sakralarchitektur, die an Stelle der Dreifaltigkeitskathedrale entstand, im Auftrag des Moskauer Großfürsten Iwan IV., des ersten Zaren, der den Beinamen „der Schreckliche" trug, denn je älter er wurde, desto misstrauischer war er, und desto brutaler verhielt er sich. Iwan hatte die Tataren militärisch geschlagen und deren letzte Hochburg Kasan erobert, am neunten Tag einer Belagerung, weswegen ihm fortan die Neun als heilige Zahl galt. Die neue Kirche, die er in Moskau errichten ließ, sollte daher neun Türme haben, und da das Datum seines Sieges in Kasan im oströmischen Kirchenkalender der Tag des Schutzes Mariens war, sollte die neue Kirche eben diesen Namen erhalten.

Monument der vielen Kuppeln

Der Baubeginn fiel auf das Jahr 1555. Die Kapelle über Wassilijs Grab war 1588 vollendet. Am Ende trug die gesamte Kirche dessen Namen: Chram Wassilija Blaschenogo.

Sie steht im Herzen von Moskau, der alten und neuen russischen Kapitale, nachdem zwei Jahrhunderte lang die Hauptstadtfunktion an St. Petersburg gefallen war. Die Basiliuskathedrale steht nahe dem Kreml, außerhalb von dessen Mauern und am Rande eines Platzes, der in seiner Geschichte schon die unterschiedlichsten Namen führte, bis er den jetzigen erhielt: Roter Platz.

Allgemein wird angenommen, die Sowjets hätten dies verfügt, um die Symbolfarbe ihrer proletarischen Revolution zu verewigen, doch der Name ist älter. Das russische Wort krasnoj bedeutet ebenso rot wie schön. Außerdem kann sich die Deutung rot auf die Farbe der Kremlmauer stützen, die gleichfalls viel älter ist als Lenin und der Oktoberputsch.

Der Rote Platz vermag mit seinen Riesenmaßen die Basiliuskathedrale nicht zu diminuieren. Selbst aus der Entfernung bleibt der Eindruck einer monumentalen Baumasse mit einer verwirrenden Anhäufung von Kuppeln. Dabei ist deren Zahl überschaubar: Es sind die von Iwan verfügten neun, zu denen im 17. Jahrhundert noch jene des Glockenturms trat.

Den neun Kuppeln entsprechen acht Kirchen, die sich um die zentral stehende neunte, ihrem Grundriss zufolge ovale Mariä-Schutz-Kirche gruppieren. Die Anordnung der acht Nebenkirchen erfolgte symmetrisch. Die vier größeren, das sind Dreifaltigkeit, Einzug Christi in Jerusalem, Cyprianus und Justinus sowie Nikolaus der Wundertäter bezeichnen die Eckpunkte eines Quadrats. Zwischen ihnen, gleichfalls zum Quadrat geordnet, stehen die kleineren Kirchen Alexander Swirskij, Gregor der Armenier, Warlaam Chytinskij sowie die heiligen drei Patriarchen. Außerhalb dieses regelmäßigen Oktogons steht die Theodosiuskirche.

Art und Größe der Nebenkirchen werden auch durch die unterschiedliche Höhe der Tambours gekennzeichnet. Das Baumaterial der Mauern ist Backstein. Die Kuppeln sind keine glatten Schalen, sondern tragen dreidimensionale, prismatisch geformte Applikationen, die derart eingefärbt sind, dass die Farben sich zu unterschiedlichen, aus einiger Entfernung deutlich wahrnehmbaren Mustern fügen, glatten oder spiralig verlaufenden Streifen. Damit erinnern sie an die Muster islamischer Turbane, was offenbar Absicht war; die Tataren, deren Niederlage die Kirche feiert, bekannten sich überwiegend zum moslemischen Glauben.

Schauseiten überall

Der Aufsatz über der zentralen Mariä-Schutz-Kirche freilich ist von anderer Art. Der höchste der Türme hat keine Zwiebelform, sondern eine lang gezogene Spitzkuppel, womit er entfernt an die Helme gotischer Kirchen erinnert. Diese Form, Zeltdach genannt, ist die andere Möglichkeit des Turmabschlusses in der altrussischen Architektur. Hier, am Roten Platz, korrespondiert der Mariä-Schutz-Kirchturm mit dem ähnlich gestalteten Erlösertorturm der Kremlmauer, dessen Glockenspiel die vollen Stunden einläutet.

Wie viele altrussische Sakralbauten besitzt auch die Basiliuskathedrale keine eigentliche Fassade. Ihre Schauseite befindet sich gleichsam überall, wobei sie sich aus jedem Blickwinkel anders zeigt, mit jeweils anderen Farben, Ornamenten und Baudetails. Ihr freier Standort macht, dass sich diese dekorative Vielfalt problemlos abschreiten und würdigen lässt.

Die Pracht dieser Außenwirkung wiederholt sich im Inneren freilich nicht, was oft bedauert wurde, obwohl es völlig der stadtarchitektonischen Aufgabe dieses Bauwerks entspricht. Für Einkehr, Gebet und Frömmigkeit stehen in der Stadt zahllose andere Gotteshäuser bereit. Die Basiliuskathedrale soll nichts als triumphieren, und genau das leistet sie.

Spätgotik aus Estland

Die Domkirche St. Marien in **TALLINN** prägt die Silhouette der Hauptstadt

ANREISE:
Gute Fährverbindungen über die Ostsee. Internationaler Flughafen in Stadtnähe.

ÖFFNUNGSZEITEN:
Normalerweise Di bis So 11-17 Uhr. Mo geschlossen

SEHENSWERT:
Die Nikolaikirche mit dem Totentanz von Bernt Notke

Der weiße Dom von St. Marien mit seinem unverkennbaren Turmhelm (rechts)

Blick in den Innenraum der Kathedrale (links)

Estland ist von den drei baltischen Staaten der kleinste. Wirtschaftlich geht es ihm dafür relativ am besten. Im Unterschied zum Lettischen und Litauischen ist Estnisch kein indogermanisches, sondern ein finnougrisches Idiom. Es ähnelt dem Finnischen, und es war die geografische und kulturelle Nähe zu Finnland, die den Esten bereits zu Sowjetzeiten den Vorzug einer prosperierenden Region verschaffte. Bewohner Finnlands reisen oft hierher, unter anderem, um ausführlich dem Alkohol zu frönen, wobei sie viel gutes Geld zurückließen. Zudem empfingen und verstanden die Esten das finnische Fernsehen und besaßen deshalb einen besonderen Zugang zu Informationen aus der westlichen Welt.

Estlands Hauptstadt heißt Tallinn, russisch Kolovan, deutsch Reval. Ihre Ausdehnung entlang der Küste misst 15 Kilometer bei einer Tiefe von wenig mehr als 2000 Meter. Das Gelände ist überwiegend flach. Die Ausnahme bildet der steil aufragende Domfelsen, der zusammen mit dem Schloss und der beide umgebenden Fortifikation die Oberstadt ergibt. Die Unterstadt, das ist die alte Bürgersiedlung, stellt den anderen Teil des historischen Zentrums.

Tallinns Altstadt ist eine der besterhaltenen an der gesamten Ostseeküste, voller Anmut und voller architektonischer Pretiosen. Zu ihnen gehören das gotische Rathaus, die Heiliggeistkirche und die Nikolaikirche mit dem eindrucksvollen Totentanz des großen Lübecker Malers und Bildschnitzers Bernt Notke. Gegründet wurde Tallinn 1219 von Dänenkönig Waldemar II., weshalb es heute noch Waldemars heraldische drei Löwen im Wappen führt. 1227 verjagten Schwertbrüder die Dänen und errichteten auf dem Domberg eine Festung.

Im Namen der Deutschritter

Der Schwertbrüderorden war eine jener Adelsvereinigungen aus dem Zeitalter der Kreuzzüge, die ursprünglich ausschließlich um der Caritas willen existierten. Sie unterhielten Hospitäler auf den Wegen zum Heiligen Land. Verwundete sollten dort ihre Blessuren, Sieche ihre Krankheiten auskurieren. So entstanden die Johanniter und die Templer, und schließlich bildete sich, als dritte Gemeinschaft, der Ordo domus Sanctae Mariae Theutinicorum oder Deutschritterorden.

Alle diese Gemeinschaften lebten nach mönchischen Grundsätzen. Die karitative Zielsetzung verlor sich freilich schon bald, und die Orden wurden zu ebenso militanten wie elitären Versammlungen besitzloser Adelssöhne. Auch der Bezug zum Heiligen Land ging nach dem Scheitern der Kreuzzüge verloren. Die Deutschritter verlegten ihren Sitz in den Ostseeraum, wo sie sich an der Germanisierungspolitik deutscher Fürsten beteiligten. Verhasst von den blutig unterworfenen slawischen und baltischen Volksgruppen, praktizierten sie ein arrogantes Regiment. Der regionale Ritterbund der Schwertbrüder unterwarf sich und verschmolz mit ihnen.

In der Folge bestimmten die Deutschritter für lange Zeit das Geschehen im Baltikum. Schließlich mussten sie sich den Polen geschlagen geben; ein Teil ihrer Besitztümer fiel an das brandenburgische Herrscherhaus Hohenzollern. Dann bedrohten Schweden und Russen die Gegend.

In Reval saßen die Deutschritter in der Burg auf dem Domfelsen. Die Bürgerstadt, Mitglied der Hanse, baute sich ihre eigene Befestigung und vertraute statt auf Militanz lieber auf Handelsschifffahrt und Hafenbetrieb. Den ständigen Auseinandersetzungen konnte sie sich freilich nicht entziehen. Auch der Große Nordische Krieg zwischen Schweden und Russland betraf sie, ebenso wie die imperiale Politik Napoleons. Nach dem Wiener Kongress fiel das Baltikum an den russischen Zaren.

Der große Brand von 1684

Wenn man die Verwirrungen der Geschichte kennt, die bis in die unmittelbare Neuzeit reichten, ist der intakte Zustand von Tallinns Altstadt erstaunlich. Das schließt die Bischofskirche St. Marien auf dem Domfelsen mit ein. Ihr Bau begann bereits unter den Dänen Anfang des 13. Jahrhunderts. Er erfuhr zahlreiche Unterbrechungen und Korrekturen. Die ursprüngliche Hallenkirche wurde im 15. Jahrhundert zu einer spätgotischen Basilika umgebaut. Der Grundriss ist fast quadratisch, ein ausgebautes Querschiff fehlt hier ebenso wie bei den Kathedralen in Vilnius und Riga. 1684 brannte der Dom bis auf die Mauern herunter, schon nach zwei Jahren war alles wiederhergestellt. 1778/79 wurde als Letztes der barocke Helm auf den Westturm gesetzt.

Der Innenraum ist ziemlich düster. Er birgt einiges von künstlerischem Wert, so die Kanzeln und den Hochaltar, barocke Arbeiten von Christian Ackermann. Es gibt die Wappenschilde der großen baltischen Adelsgeschlechter teils schwedischer, teils deutscher Herkunft, die am Zarenhof in St. Petersburg besonderes Ansehen genossen und einen entsprechenden Hochmut entwickelten, und Grabplatten und Epitaphien der Bildhauer Arent Passer, Hans von Aken und Nicolaes Millich.

Anders als die Kathedralen der meisten Hansestädte ist die Domkirche von Tallinn kein Backstein-, sondern ein Sandsteinbau. Seine weißen Mauern und sein Turm mit dem durchbrochenen Helm überragen weithin sichtbar die Stadt.

Das Vorbild für das Baltikum

Der Marien-Dom in Lettlands Hauptstadt **RIGA** wurde im 13. Jahrhundert erbaut

ANREISE:
Über den internationalen Flughafen der Stadt. Fährverbindungen von Deutschland. Internationale Bahnverbindungen von Berlin und St. Petersburg

ÖFFNUNGSZEITEN:
Normalerweise 10 - 18 Uhr. Kurzfristige Änderungen möglich

SEHENSWERT:
Kapitelsaal und Kreuzgang des nahebei gelegenen Klosters

Die Innenstadt von Riga ist berühmt für ihre Jugendstilhäuser. Es gibt wenige Städte in Europa, die eine solche Vielzahl von architektonischen Zeugnissen des Art nouveau aufweisen wie die Stadt an der Dünamündung. Die Baumeister waren durchweg Einheimische, einer von ihnen hieß Michail Eisenstein und war Vater des hernach hochberühmten sowjetrussischen Filmregisseurs Sergej Eisenstein. Der hat nicht nur den „Panzerkreuzer Potemkin" gedreht, sondern später auch „Alexander Newskij", das filmische Porträt des Fürsten aus Nowgorod, der 1242 auf dem Eis des Peipussees das Heer der deutschen Kreuzritter besiegte.

Die Eisensteins waren eine jüdische Familie. Sie redeten Russisch, das zu jener Zeit in Riga die Amts- und Unterrichtssprache war. Ihr Name klang deutsch, und deutsch waren viele der zivilisatorischen Erinnerungen, mit denen sie in Riga Umgang hatten. Die Stadt selbst war eine deutsche Gründung, und noch im 19. Jahrhundert bestand die Hälfte ihrer Bevölkerung aus Deutschen, obwohl Riga und die sie umgebende Landschaft dem zaristischen Russland gehörte. Die einheimischen Letten rangierten nach den Deutschen und Russen auf der Sozialleiter ganz unten. Sie stellten die Landarbeiter, die Knechte und die Dienstboten.

Gegen solches Deklassement entwickelte sich im Verlauf des 19. Jahrhunderts eine nationale Autonomiebewegung, die ihre Kraft aus der Rückbesinnung auf die eigene Kulturtradition und die Verwendung der eigenen Sprache bezog. Der Ethnologe Krišjānis Barons sammelte lettische Volksliedtexte, Dainas, in sechs dicken Bänden. Er gab sie gemeinsam mit dem deutschstämmigen Wissenschaftler Wissendorf heraus, und natürlich folgte er mit solchem Tun den Ideen eines anderen Deutschen, des Theologen und späteren Goethe-Freundes Johann Gottfried Herder, der in Riga geboren wurde und der ab 1764 in seiner Heimatstadt Prediger war. Sein Denkmal steht auf dem Rigaer Domplatz.

Von Kaufleuten gegründet

Inzwischen tendiert der Anteil von deutschsprechenden Bewohnern gegen Null. Zwar darf Riga weiterhin als eine multiethnische Stadt gelten, aber die größte nichtlettische Bevölkerungsgruppe hier wie im übrigen Land stellen längst die Russen. Darin äußert sich das Resultat einer jahrzehntelangen Russifizierungspolitik der Sowjetunion. Bis 1991 stellten Russen die unangefochtene Hegemonialschicht. Seither fühlen sie sich ihrerseits als Bürger minderen Ranges. Die vollen staatsbürgerlichen Rechte darf im heutigen Lettland nur beanspruchen, wer die recht komplizierte Nationalsprache beherrscht.

Die Entwicklung der Stadt Riga begann mit einer Niederlassung deutscher Kaufleute. Im Jahre 1201 erschien, um die hier lebenden Baltenstämme zu unterwerfen und zu missionieren, der Bremer Bischof Albert von Buxhoevede. Er ließ die Handelsniederlassung befestigen. Es gründete sich zur Zeit der Kreuzzüge mit ihren Ritterorden eine Schwertbrüder genannte Vereinigung, die das umliegende Land unterwarf. Bischof Albert versicherte sich unter anderem der militärischen Unterstützung der Dänen. 1253 wurde Riga Erzbistum und trat 1282 der Hanse bei.

Bischofskirche der Stadt war der Dom von St. Marien, größter Sakralbau im gesamten Baltikum. Seine Entstehung geht noch auf den Bischof Albert von Buxhoevede zurück, Baubeginn war im Jahr 1215.

Als Vorbilder dienten die großen romanischen Kirchen in Mittel- und Südeuropa. Aus jener Anfangsperiode haben sich der Chor und das Querschiff erhalten. Auch das sich unmittelbar anschließende Kloster, dessen Kapitelsaal, Kreuzgang und Domgarten noch erhalten sind, stammen aus jenen frühen Jahren.

Langhaus mit Seitenschiffen

St. Marien wurde 1215 als dreischiffige Basilika begonnen. Um 1230 erwog man den Typus einer westfälischen Hallenkirche, ehe sich Ende des 13. Jahrhunderts wieder die Basilika

Die Domkirche St. Marien überragt mit ihrem barocken Turmhelm die Altstadt (oben)

Blick in den Altarraum. Die Glasfenster stammen aus dem 19. Jahrhundert (unten links)

Der Orgelprospekt, im Jahre 1601 entstanden, ist ein Juwel der Kirche. Die 7000 Pfeifen wurden 1884 neu installiert (unten rechts)

durchsetzte. Damit wird der überkommene Grundriss der katholischen Großkirchen, der in der Form einem lateinischen Kreuz folgt, radikal aufgegeben. St. Marien wurde dies betreffend maßgeblich für alle Sakralarchitektur im Baltikum. Ähnliches gilt für die gotische Überbauung: Hier fehlen die sonst gebräuchlichen Strebepfeiler.

Die gotische Überbauung erbrachte das heutige Langhaus mit seinen zwei Seitenschiffen. Die Kapellen entstanden zuletzt. Jüngstes Detail ist die manieristische Turmhaube mit ihrem barocken Helm. Von der einst so reichen mittelalterlichen Innenausstattung ist fast nichts erhalten, da sie den Bilderstürmern der Reformationszeit zum Opfer fiel. Ein paar historische Grabplatten sind immerhin geblieben. Sonst sind da noch die schön geschnitzte Barockkanzel und einige Fragmente des Gestühls. Die Farbfenster mit ihren Historienszenen hat das 19. Jahrhundert beigebracht. Bereits 1601 entstand der Orgelprospekt von Jacob Raabs; die Orgel selbst, sehr viel jünger und im schwäbischen Ludwigsburg hergestellt, ist weithin berühmt für ihren schönen Klang.

Litauens Tempelpracht

Die Stanislaus-Kathedrale in **VILNIUS** ist ein Denkmal des osteuropäischen Klassizismus

Die Beziehungen zwischen Litauen und Polen sind alt und eng. „Pan Tadeusz" von Adam Mickiewicz, Polens Nationaldichtung, spielt in Litauen. Seit 1385 gab es zwischen beiden Ländern eine politische Union, die erst mit den polnischen Teilungen endete. Der litauische Großfürst Jogaila ehelichte Polenkönigin Jadwiga und gelangte damit auf den Thron in Krakau; mit ihm beginnt die polnische Königsdynastie der Jagiellonen. Die für die polnische Geschichte erhebliche Hochadelsfamilie der Radziwills ist litauischen Ursprungs. Es darf nicht erstaunen, wenn Polen die zahlenstärkste nationale Minderheit im heutigen Vilnius stellt, noch vor den Russen.

Der Regierungssitz von Litauen, Vilnius, liegt am Zusammenfluss der beiden Ströme Neris und Vilnia, weit entfernt von der Ostseeküste, dafür nah an der Grenze zu Weißrussland. Die Stadt rühmt sich ihres fast südländischen Flairs, geschaffen auch durch ihre Architekturen aus den Zeitaltern von Renaissance, Barock und Klassizismus, die meist Werke italienischer Baumeister sind.

Die Kathedrale St. Stanislaus steht am Katedros aikštė, dem Kathedralenplatz auf dem linken Nerisufer. Hier erhob sich einst eine von zwei Burgen. Die Gründung von Vilnius reicht zurück bis ins Hochmittelalter, die erste schriftliche Erwähnung stammt aus dem Jahre 1323, als die Gegend noch heidnisch war. Großfürst Jogaila, der später die Polin Jadwiga heiraten würde, nahm als erster litauischer Herrscher die Taufe, und

ANREISE:
Über den internationalen Flughafen der Stadt. Vom litauischen Fährhafen Klaipeda aus über die Autobahn E 85 erreichbar (ca. 110 km)

ÖFFNUNGSZEITEN:
Normalerweise täglich 10 - 18 Uhr. Kurzfristige Änderungen möglich

SEHENSWERT:
Der Marktplatz der Stadt mit seinem besonderen Flair

er war es dann auch, der nahe einer der Burgen eine Kathedrale errichten ließ.

Der Glockenturm steht separat

Der Ort wurde mit Bedacht gewählt. An gleicher Stelle hatte sich bis dahin ein Heiligtum für die Baltengötter Dievas, Perkūnas und Saulé befunden. Jogailas Kathedrale, so viel lassen Ausgrabungen erkennen, war ein geräumiger Backsteinbau, der schon im Jahre 1419 vollständig niederbrannte. Der zu jener Zeit in Vilnius regierende Großfürst Vytautas veranlasste einen Neubau. Eine hochgotische Kathedrale mit zwei Türmen entstand, die im 16. Jahrhundert von zwei römischen Architekten, Zannobia da Gianotti und Cini, im Stil der Renaissance umgestaltet wurde. Nach einem neuerlichen Brand 1610 erfolgte eine Rekonstruktion in barocker Manier.

Ihre endgültige Gestalt erhielt die Kathedrale dann in den Jahren 1777 bis 1801. Sie war das Werk eines litauischen Baumeisters, Laurynas Stuoka-Gucevičius. Er bewahrte die Dimensionen der Vorgängerkirchen und ließ den Innenraum überwiegend unangetastet. Die äußere Form hingegen veränderte er radikal, im damals modischen Stil des mitteleuropäischen Klassizismus.

Die Kathedrale von Vilnius ist ein strahlend weißer Tempelbau nach altgriechischem Muster. Es gibt nicht viele christliche Kirchen mit einer solchen Anmutung, weder St. Hedwig in Berlin noch die Madeleine in Paris, die beide heftig mit antiken Elementen spielen, gestatten sich eine derartige Annäherung an die heidnisch-polytheistische Religion der Alten. Immerhin besitzt Vilnius, was den antiken Tempeln fehlte (da sie dessen nicht bedurften, im Unterschied zu christlichen Kirchen): einen Glockenturm. Er steht, 57 Meter hoch, in einiger Entfernung von der Kathedrale, und ist ein für diesen Zweck umgerüsteter Wehrturm aus dem Ensemble der einstigen Burgbefestigungsanlage, der untere Teil zeigt zwei unübersehbare Reihen Schießscharten. Der oktogonale Aufbau wurde erst im 16. Jahrhundert beigefügt, um die Glocken aufzunehmen, zehn an der Zahl. Geläutet werden sie nur zu den Feiertagen.

Alter gotischer Grundriss

Die Kathedrale hat einen von Säulen getragenen Vorbau und Säulenkolonnaden an den Seiten. Das Tympanon zeigt im Hochrelief eine Szene, die erst auf den zweiten Blick ihre nicht-antike Herkunft mitteilt: Es handelt sich um das Dankopfer des alttestamentarischen Noah nach seiner göttlichen Errettung vor der Sintflut. Darunter wird es dann im christlichen Sinne eindeutiger: Die barocken Figuren des Italieners Tomasso Righi in den Nischen der Vorderfront stellen Abraham, Moses und die vier Evangelisten dar, und in den Winkeln der beiden Kolonnaden stehen die Statuen von Heiligen, freilich auch von litauischen Fürsten.

Das Innere lässt den alten gotischen Grundriss noch gut erkennen, ein breites Mittelschiff mit zwei schmaleren Seitenschiffen, an die nochmals je eine Reihe Kapellen anschließen. Wie bei den Domkirchen in Riga und Tallinn fehlt das Querschiff. Von den Kapellen ist am bemerkenswertesten die des heiligen Kasimir mit ihrer prächtigen frühbarocken Ausgestaltung. Kasimir war Jagiellone, König von Polen und Großfürst von Litauen, also ein mächtiger Mann, und hat dann plötzlich, im Jahre 1451, der Krone entsagt, um sich völlig dem Glauben zu widmen. Er starb 1484 an Schwindsucht. Sein Leichnam wurde nach Vilnius gebracht und in der Kathedrale beigesetzt. Die Litauer machten ihn zu ihrem Nationalheiligen.

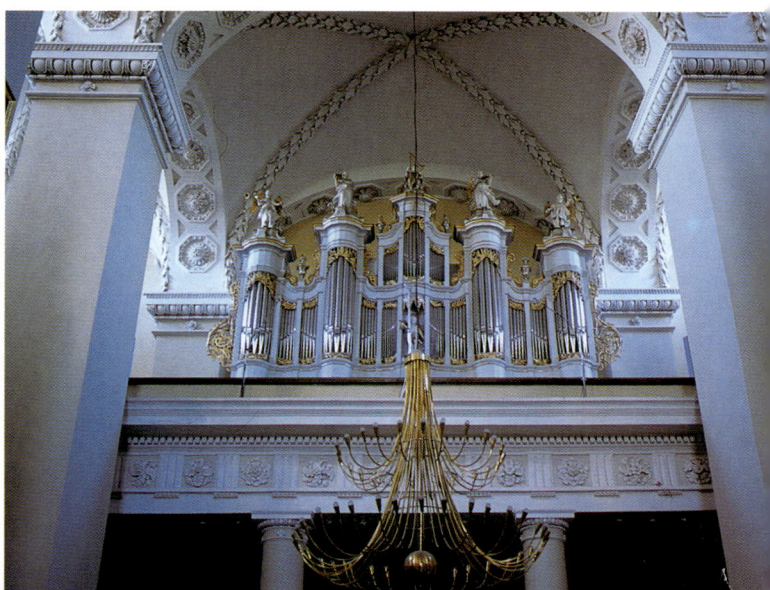

Die Stanislaus-Kathedrale mit ihren weißen Säulen steht auf historischem Grund. Der Glockenturm diente einst auch als Wehrturm (oben links)

Blick auf den Orgelprospekt (unten)

Polens größte gotische Kirche

Die Kunst der Restauratoren hat die Marienkirche in **DANZIG** wieder erstehen lassen

ANREISE:
Über den Flughafen der Stadt. Mit dem Auto und per Bahn von Warschau aus gut erreichbar

ÖFFNUNGSZEITEN:
Normalerweise täglich 8–19 Uhr, während der Messen kein Zugang für Touristen

SEHENSWERT:
Der Adrians-Altar in der Heiligkreuzkapelle

Der Denkmalschutz als aktives Gewerbe, das allgemeine Restaurations- und Rekonstruktionsbemühungen ebenso umschließt wie vielfach schon untergegangene Gewerbe, wie das der Stukkateure oder das der Seidenweber, ist seit längerem eine polnische Spezialität. In Thorn, polnisch Toruń, gibt es dafür eine eigene Hochschulausbildung. Bestqualifizierte polnische Restaurateure arbeiten heute in aller Welt, nachdem sie sich zuvor um die historischen Altstädte in ihrem eigenen Land gekümmert haben.

Eines ihrer Tätigkeitsfelder war das nahe Thorn gelegene Danzig oder Gdańsk. Die beiden Fassungen des Stadtnamens erzählen von einer wechselhaften nationalen Zugehörigkeit. Im Anfang gab es am Zusammenfluss von Mottlau und Toter Weichsel ein slawisches Siedlungsgebiet, christianisiert durch den heiligen Adalbert, den die Polen bei seinem Geburtsnamen Wojciech nennen. In seiner Heiligenvita wird Danzig zum ersten Male als Stadt erwähnt.

Sie unterstand Pommerellenfürsten und der polnischen Krone, dann wieder dem Deutschritterorden und dem Königreich Preußen. Im 12. Jahrhundert wanderten deutsche Kaufleute ein. Bis 1939 hatte Danzig den Status einer freien Stadt unter dem Protektorat des Völkerbunds mit teils deutscher, teils polnischer Bevölkerung. Hitler begann seinen Krieg, indem er die Danziger Polnische Post überfallen und die in der Danziger Bucht gelegene polnische Westernplatte bombardieren ließ.

Sechs Jahre später war die Stadt fast völlig zerstört und laut Beschluss der alliierten Sieger endgültig an

sches Vorbild war, wie bei anderen Hansestädten, die Namensschwester in der Hansezentrale Lübeck, die sie freilich in den Ausmaßen deutlich übertrifft. Der Backsteinbau am Ende der Frauengasse, der Ulica Mariacka, wurde 1343 begonnen und wuchs, in mehreren Phasen, bis 1502 zu seiner heutigen unvollendeten Gestalt. Der Hauptturm, zweifellos für andere Höhen bestimmt, trägt keinen Helm, sondern bloß ein flaches Walmdach.

St. Marien ist eine spätgotische Hallenkirche, was besagt, dass die Seitenschiffe sich bis zum Niveau des Mittelschiffs erheben. Es gibt insgesamt drei Schiffe.

Die Schöne Madonna

Eine architektonische Besonderheit der Kirche besteht darin, dass die Strebepfeiler, die den Außenmauern als Stütze dienen und üblicherweise außerhalb angebracht wurden, wo sie Objekte plastischer oder ornamentaler Ergänzungen sein können, hier nach innen verlegt wurden, wo sie die Seitenschiffe untergliedern und Räume für Kapellen schaffen. Die Fialen, in die üblicherweise die Strebepfeiler auslaufen, stehen hier, in Traufhöhe aus den glatten Mauern wachsend, als schmale Türme rund um den Chor, mit aus Kupfer gefertigten Spitzhelmen, die fast die Höhe des Hauptturmes erreichen.

Die Kunstschätze der Danziger Marienkirche sind während des Zweiten Weltkrieges ausgelagert worden. So konnten sie der Zerstörung entkommen. Vieles befindet sich heute in den Sammlungen polnischer Museen, anderes kehrte an seinen angestammten Platz zurück. Dazu gehören, in der Dreifaltigkeitskapelle des nördlichen Seitenschiffes, der Martinsaltar aus dem 15. Jahrhundert und, in der unmittelbar benachbarten Annakapelle, die so genannte Schöne Madonna, die um 1410 entstand.

Memlings Jüngstes Gericht

St. Marien besitzt eine kunstvolle astronomische Uhr, verfertigt von Hans Düringer, einem Meister aus Thorn. Unter den zahlreichen Grabdenkmälern fällt der Epitaph für Simon und Judith Bahr auf, geschaffen von einem Niederländer, Abraham van den Blocke.

Solche Kunst- und Künstlerimporte verdankten sich der lebhaften Kommunikation zwischen den Hansehäfen an Nord- und Ostsee. Gleichfalls aus den Niederlanden, nämlich aus Antwerpen, stammt der Anfang des 16. Jahrhunderts geschaffene Adrians-Altar in der Heiligkreuzkapelle. Der Hochaltar ist das Werk des Meisters Michael aus Augsburg, und die Kreuzigungsgruppe im Triumphbogen schuf der Meister Paul.

Die Reinholdskapelle, gleich links neben dem Eingang, zeigt das wahrscheinlich berühmteste Stück unter den Kunstwerken der Danziger Marienkirche, das dreiteilige Altarbild des Jüngsten Gerichts von Hans Memling. Der Maler wurde in Aschaffenburg geboren und fand seine Heimat im flämischen Brügge, sein Danziger Altar ist eine seiner wichtigsten Arbeiten. Zwar besitzt St. Marien nur mehr eine Kopie, da das Original im Danziger Museum steht, gleichwohl, die suggestive Darstellung des gepanzerten Erzengels, der gleichmütig die Seelen der Toten wägt, braucht den Hintergrund dieser Kirche, um zu wirken. Die Kopie ist mächtiger als das Original.

Polen gefallen. Schon zwei Jahrzehnte später waren die wichtigsten Baudenkmäler von polnischen Restauratoren wieder aufgebaut worden: Hohes und Goldenes Tor, Langer Markt, Artushof und Marienkirche.

Alte Hansestadt

Dies alles befindet sich in jenem Viertel, das Rechtstadt oder Główne Miasto heißt und eines von mehreren einst autonomen Stadtquartieren ist. Danzig gehörte zur Hanse. Wie die reichen Patrizierhäuser und die mächtigen Speicher ausweisen, war es darin besonders erfolgreich, mit der Konsequenz eines außerordentlichen privaten und öffentlichen Reichtums. Die Marienkirche, polnisch Kościół Mariacki, ist dafür ein Beleg.

Sie gehört zu den gewaltigsten gotischen Kathedralen in Europa. Ihr Fassungsvermögen beträgt um die 25 000 Personen. Ihr architektoni-

Blick auf den gewaltigen Backstein-Baukörper der Marienkirche. Der Turm blieb unvollendet (links oben)

Das Hauptschiff mit der Kreuzigungsgruppe im Triumphbogen (oben rechts)

Ausschnitt aus dem von Hans Memling in den Jahren 1471 – 73 geschaffenen Altarbild des Jüngsten Gerichts. Die Szene zeigt die Gruppe der Verdammten (unten rechts)

Die königliche Kathedrale

Die Stanislaus- und Wenzel-Kirche auf dem Wawel in **KRAKAU** ist die Grablege der polnischen Könige

Krakau ist gewiß eine der schönsten Städte der Welt. Am Oberlauf der Weichsel gelegen, erinnert es entfernt an Prag. Die architektonische Substanz der Altstadt mit Burgberg und Burg, mit Rathausplatz, Tuchhallen, Marienkirche, Stadtpalais und Befestigungsanlage zählt zu den kostbarsten urbanen Ensembles nördlich der Alpen.

Krakau war lange Zeit Königssitz, einige der großen Herrscher des Landes haben hier residiert. In den Zeiten der Teilungen gehörte Südpolen zur Österreichisch-Ungarischen Monarchie, deren Regiment, im Unterschied zu jenen der anderen Teilungsmächte Preußen und Russland, vergleichsweise milde ausfiel: nicht infolge vorgefasster Toleranz, sondern aus Schlampigkeit.

Das hat Krakau den innerpolnischen Vorwurf eingetragen, der nationalen Sache nicht nachhaltig genug anzuhängen, obschon Tadeusz Kościuszko, ein Anführer gegen die Fremdherrschaft, seine Erhebung auf dem Marktplatz von Krakau begann und dafür mit einem Denkmal auf dem Wawel belohnt wurde. Nach allgemeinem polnischem Urteil ist Krakau, die Dauerkonkurrentin Warschaus, für Geist, Schönheit, Bildung und feine Lebensart zuständig, die jetzige Hauptstadt für Konflikte und Katastrophen.

Die erste schriftliche Erwähnung Krakaus geschah durch Ibrahim Ibn Jakub, einen Handelsreisenden aus dem maurisch-spanischen Córdoba. Ums Jahr 1000 gründete sich das Bistum. Zur etwa gleichen Zeit stand auf dem Wawel die erste Kathedrale. In der Folge würde sich der Burgfelsen mit weiteren Gebäuden füllen, geistlichen und weltlichen, es würde Anbauten und Veränderungen geben, noch bis 1596 saßen hier die Könige, dann wurde Warschau zur Hauptstadt Polens gekürt.

Der erste Heilige

Später degradierte die österreichische Verwaltung den Wawel zum Militärgelände mit Kasernen, und während der deutschen Besetzung nach 1939 erkor Nazi-Statthalter Frank die Anlage zu seiner Residenz. Die Erinnerungen an die schreckliche Zeit der deutschen Besatzung ist in Krakau weiterhin lebendig, schon wegen des ehemaligen Konzentrations- und Vernichtungslager Auschwitz, das sich nahebei befindet.

Die Krakauer Kathedrale ist nach dem heiligen Stanislaus und dem heiligen Wenzel benannt. Das Mausoleum des Stanislaus steht im Mittelschiff. Er lebte von 1550 bis 1568, war das Kind einer Adelsfamilie aus Masowien und wurde ein hingebungsvolles Mitglied des Jesuitenordens. Gestorben ist er in Italien, und neben der 1399 verstorbenen Königin Hedwig ist er die andere katholische Heiligengestalt von polnischem Geblüt. Wobei Hedwig erst durch den polnischen Papst Johannes Paul II. kanonisiert worden ist, während Stanislaus dies bereits ein Vierteljahrtausend früher widerfuhr.

37 Krönungen

Der jetzige Bau ist der dritte an seiner Stelle und wurde im 14. Jahrhundert vollendet, eine würdige gotische Basilika mit drei Schiffen und drei Türmen. Am bekanntesten von ihnen ist der Sigismundturm.

Außer dem silbernen Sarkophag des heiligen Stanislaus, 1669–71 ausgeführt vom Danziger Goldschmied Peter von der Rennen, der mit allerlei Szenen aus dem Leben und von den Wundern des Heiligen versehen ist, beeindruckt das Kathedraleninnere durch seinen barocken Hochaltar. Vor ihm, zumindest aber an diesem Ort, knieten die Könige bei ihrer Inthronisation. Die Kathedrale hat insgesamt 37 Krönungen erlebt.

Rund um den Chor und entlang der Seitenschiffe stehen mehr als ein Dutzend prächtiger Kapellen teils gotischer, teils barocker Herkunft. So die Heilig-Kreuz-Kapelle mit dem Sarkophag des Königs Kasimir IV. aus der Jagiellonen-Dynastie. Schöpfer des Sarkophags aus dem Jahre 1492 war der Bildhauer Veit Stoß. Eine andere wichtige Dynastie waren die eigentlich aus Schweden stammenden Wasa. Drei ihrer Mitglieder sind in der nach ihnen benannten Kapelle beigesetzt. In der Marienkapelle liegt Stefan Batory, Wahlkönig im 16. Jahrhundert, der eigentlich aus Ungarn kam und erfolgreich Krieg gegen Russland führte. In der Nähe steht ein barockes Denkmal für König Jan III. Sobieski, der 1683 in der Schlacht am Kahlenberg die türkische Belagerung von Wien sprengte.

Verehrung für Pilsudski

Man kann in der Krakauer Kathedrale fast die gesamte polnische Geschichte abschreiten. In der Krypta stehen Sarkophage mit den Gebeinen anderer Herrscher, auch denen des Wahlkönigs und sächsischen Kurfürsten August, genannt der Starke. Man hat Künstler von nationalem Rang hier beigesetzt, ebenso Józef Pilsudski, den erfolgreichen General, der in einer „Wunder an der Weichsel" genannten Schlacht die vordringende Rote Armee Leo Trotzkis schlug und später ein höchst autoritär regierender Staatspräsident der ersten Republik war.

Die polnischen Schulkinder, die sehr zahlreich und mit ehrfürchtigem Schweigen durch die Kathedrale geführt werden, damit sie ihr Nationalbewusstsein kräftigen, deponieren auf den Sarkophagen besonders verehrter Toter kleine Zettelchen, Schulmarken. Die meisten Zettel liegen bei der heiligen Hedwig, fast ebenso viele bei Józef Pilsudski.

ANREISE:
Internationaler Flughafen in Stadtnähe. Eisenbahnverbindungen von Warschau und über Kattowitz und Wroclaw. Autobahnanbindung nach Westen über Wroclaw/Kattowitz

ÖFFNUNGSZEITEN:
Normalerweise täglich 9–17 Uhr, während der Messen kein Zugang für Touristen

SEHENSWERT:
Der von dem Bildhauer Veit Stoß entworfene Sarkophag für König Kasimir IV. in der Heilig-Kreuz-Kapelle

Der Burgberg (Wawel) in Krakau war jahrhundertelang der Sitz der polnischen Könige. Vor der Kathedrale erinnern heute gewaltige Kanonen an diese Zeit (links)

Blick in das Hauptschiff der Kirche. In den Seitenkapellen ruhen zahlreiche polnische Potentaten in ihren Sarkophagen (unten)

Die zweite Heimat des Veit Stoß

Für die Marienkirche in **KRAKAU** schnitzte der Künstler seinen berühmten Altar

ANREISE:
Internationaler Flughafen in Stadtnähe. Bahnverbindungen von Warschau aus und über Wroclaw/Kattowitz. Autobahnverbindung über Wroclaw/Kattowitz

ÖFFNUNGSZEITEN:
Normalerweise täglich 8–20 Uhr. Während der Messen ist die Kirche für Touristen nicht geöffnet

SEHENSWERT:
Der Flügelaltar mit den geschnitzten Bibelszenen von Veit Stoß

Unterschiedlich ausgeführte Turmhelme bewirken, dass die Marienkirche verschieden hohe Türme hat. Der Marktplatz vor dem Portal ist so etwas wie die gute Stube aller Krakauer (Bild rechts)

Der Turmbläser ersetzt den Glockenschlag bis heute (links außen)

Krakaus berühmtestes Kunstwerk ist der Marienaltar von Veit Stoß. An Wochentagen wird der Flügelaltar zusammengeklappt (unten Mitte)

Der süddeutsche Steinmetz, Bildschnitzer, Maler und Kupferstecher Veit Stoß hatte ein wildes Leben. In Nürnberg, seinem Hauptwirkungsort in Deutschland, wo er auch eine seiner beiden berühmtesten Arbeiten ablieferte, den englischen Gruß in der Lorenzkirche, wurde er in den Schuldturm gesperrt und öffentlich gebrandmarkt. Was hieß: Man drückte ihm ein rotglühendes Metall ins Gesicht. Unbehelligter lebte er in Krakau, wo er gleichfalls längere Zeit zubrachte und wo seine andere berühmte Arbeit steht, der Hochaltar in der Marienkirche. Der Künstler führte damals sogar einen polnischen Namen: Wit Stwosz.

Sein Ortswechsel zwischen Franken und Südpolen erfolgte nicht zufällig. Nürnberg, zu jener Zeit führendes deutsches Gemeinwesen in Sachen Erfindung, Kommerz und Kultur, unterhielt enge Verbindung zu der prosperierenden Stadt an der Weichsel, die zudem eine nicht unmaßgebliche deutsche Kolonie besaß und Mitglied der Hanse war, seit 1430.

Unterschiedlich hohe Türme

Unter den zahlreichen Gotteshäusern der Stadt ist die Marienkirche oder Maria-Himmelfahrt-Basilika, polnisch Kościól Mariacki, die neben der Kathedrale auf dem Wawel bedeutendste. Es handelt sich um eine dreischiffige gotische Basilika, die statt eines Querschiffs einen überlangen Chor hat, an den die Apsis mit dem Veit-Stoß-Altar anschließt. Chor und Apsis sind fast so lang wie das Mittelschiff samt Vorhalle.

Die beiden Türme haben unterschiedliche Höhen infolge ihrer Helme. Der größere, ausgestattet mit einem schlanken gotischen Aufbau, zeigt jede volle Stunde akustisch an, freilich nicht wie andere Kirchen durch Glockenschläge, sondern durch ein Trompetensignal, das inmitten einer musikalischen Phrase plötzlich abbricht. Diese Hejnal Mariacki genannte Tonfolge erinnert an einen Turmbläser, der während der Belagerung der Stadt durch Tataren während seines Tuns von einem feindlichen Pfeil getroffen wurde.

Das Innere der Marienkirche beeindruckt durch seine Farbigkeit. Es ist tiefblau ausgemalt, mit vielen goldenen Sternen, und bildet einen angemessenen Hintergrund für den Mehrflügelaltar des Veit Stoß zu Ehren der heiligen Jungfrau Maria. Die Maße sind außerordentlich: 13 mal 11 Meter, die zentralen Skulpturen fast drei Meter hoch. Als Material diente wie bei fast allen Schnitzaltären Lindenholz.

Im Mittelteil wird der Tod Mariens erzählt. Die Felder der Seitenflügel geben Szenen aus dem Leben der Muttergottes wieder und dem ihres Sohnes Jesus. Der Altaraufsatz zeigt ihre Krönung. Dies alles sind Darstellungen von bewegender Ausdruckskraft, denn Stoß' Marienaltar darf sich mit dem Isenheimer Altar des Mathias Grünewald und dem Wiblinger Altar von Tilman Riemenschneider messen, alle drei bildkünstlerische Werke höchsten Ranges aus Landschaften nördlich der Alpen.

Der Altar hat eine bewegte jüngere Geschichte. Als großes nationales Kunstwerk hat ihn Polen bei Kriegsbeginn 1939 in Kisten verpacken und in das nahe Sandomierz verbringen lassen. Als großes Werk eines deutschen Genies entführten ihn die Nazis von Sandomierz ins fränkische Nürnberg. Nach der Eroberung der Dürerstadt durch US-amerikanische Truppen stieß man auf den ausgelagerten Altar. Man restaurierte ihn gründlich und brachte ihn 1957 an seinen Ursprungsort zurück.

Ein Marktplatz als Kunstwerk

In der Marienkirche steht noch eine weitere Arbeit von Veit Stoß, ein steinerner Kruzifixus, integriert in den barocken Marmoraltar der heiligen Sakramente, dessen Schöpfer der Italiener Gian Maria Padovano war. Die Wandgemälde in der Kirche hat Jan Matejko entworfen, ein in Krakau geborener und prominenter Vertreter der polnischen Nationalromantik. Er starb 1893. Die Ausführung der Malereien oblag seinen Schülern.

Man wird der Krakauer Marienkirche nicht gerecht, wenn man nicht ihren Standort erwähnt, den Marktplatz oder Rynek, einen der weitläufigen Stadträume Europas, dabei überschaubar und gesäumt von außerordentlichen Fassaden, voran die Laubengänge der Tuchhalle. Bevölkert wird er von Touristen, Straßenhändlern und Tauben. Außer auf dem Markusplatz in Venedig flattern nirgends so viele Tauben wie hier.

Die Schwarze Madonna

Die Gnadenkapelle in **TSCHENSTOCHAU** ist ein legendärer Wallfahrtsort – Das Wunder von Jasna Góra

ANREISE:
Bahnverbindungen von Warschau und Kattowitz. Straßenverbindung über die E 40 und E 67/75

ÖFFNUNGSZEITEN:
Normalerweise ganztägig geöffnet

SEHENSWERT:
Die gesamte Klosteranlage

Blick in das Hauptschiff der Gnadenkapelle (rechts)

Eine Gesamtansicht der Kirche (unten links)

Andacht vor dem Bildnis der Schwarzen Madonna (unten Mitte)

Es geschah am 21. Juli 1655. Schwedische Invasionstruppen drangen in Polen ein. Im raschen Vorstoß überrannten sie Warschau, Posen und Krakau. Am 18. November standen sie vor Jasna Góra, dem Hellen Berg von Tschenstochau (polnisch Czestochowa), mit der von einigen bescheidenen Klostergebäuden umgebenen Marienkapelle. Sie forderten die Übergabe. Das Invasionsheer umfasste 3000 Mann. Ihnen standen 190 Bewaffnete und 70 Mönche gegenüber. Eine aussichtslose Lage.

Doch Prior Kordecki lehnte die Kapitulation ab. Die Belagerung des von den Schweden als „Hühnerstall" bezeichneten Klosters begann. Sie dauerte 40 Tage, endete mit dem Sieg der „Ritter Mariens" und dem Abzug der Belagerer – ein Ereignis, das einem Wunder gleichkam.

In der „Festung Mariens"

Die Niederlage der Schweden wurde nicht den Verteidigern zugeschrieben, sondern dem Schutz der Mutter Gottes selbst, deren Bildnis der Schwarzen Madonna inmitten der gewaltigen Mauern des Klosters aufbewahrt wird. Nach wiederholten Überfällen von Diebesbanden und von Truppen des böhmischen Königs war um 1620 mit dem Bau des Schutzwalls begonnen worden, so dass Jasna Góra bald der Name „Festung Mariens" (fortalitium marianum) beigegeben wurde.

Seither spielt Jasna Góra im Bewußtsein der Polen eine herausragende Rolle und gilt als wichtigster Wallfahrtsort des Landes. Verbinden sich mit dem geheimnisumwobenen Bildnis der Schwarzen Madonna doch viele wundersame Überlieferungen, die ihrer Gnade zugeschrieben werden.

Alles begann 1382 mit dem Pauliner-Orden. Prinz Ladislaus von Oppeln hatte die Mönche von Ungarn nach Tschenstochau gerufen, wo sie sich auf Jasna Góra niederließen und für die Schwarze Madonna in der Kirche Platz schufen. Der Prinz hatte das Bildnis nach Tschenstochau gebracht. Bald sollte es auf die Gläubigen eine unerklärliche Anziehungskraft ausüben. Sie kamen aus nah und fern, so dass sich der Helle Berg schnell zum Wallfahrtsort entwickelte, dessen Anforderungen die kleine Kirche nicht gewachsen war. So entstand die gotische Kapelle, das heute durch ein 1644 in Danzig geschmiedetes Gitter abgeschlossene Presbyterium mit dem barocken Edelholzaltar von 1650 und einem Silberbeschlag, der das Bildnis der Madonna verhüllt und nur Gesicht und Hände frei lässt.

Bereits zwischen 1642 und 1644 war der gotischen Kapelle ein Barockteil aus drei Schiffen hinzugefügt worden, polnische Architektur der Wende vom Manierismus zum Barock, die als Stil von Lublin gilt. Die Kapelle birgt insgesamt fünf Altäre: Mariae Tempelgang, Mariae Heimsuchung, Mariae Verkündung, Mariae Geburt sowie den Kreuzaltar, der mit dem berühmten Kruzifix aus dem 15. Jahrhundert besonders bemerkenswert ist. Die Wände der Kapelle enthalten zahlreiche Votivtafeln, Danksagungen für Gnadenerweise, die der Madonna zugeschrieben wurden. Das betrifft auch den 1929 angebauten dritten Teil der Kapelle, deren Pfeiler und Wände mit Votivtafeln jener polnischen Soldaten geschmückt sind, die derartige Wunder während ihres an vielen Fronten geführten Kampfes um die Freiheit Polens erfahren haben wollen.

Die buchstäbliche Bezeichnung Wunder aber verdient hauptsächlich jene Jahrhunderte zurückliegende ergebnislose Belagerung von Jasna Góra, an deren Ende die Erhebung und der Sieg des ganzen Landes über die schwedischen Eindringlinge standen, Voraussetzung für den polnischen König Johannes Kasimir, sein Reich 1656 im Dom zu Lemberg unter den Schutz Marias zu stellen. Seither wird sie als wahre Regentin, als Symbol religiöser und politischer Freiheit betrachtet.

Maria als Königin Polens

Nach der 1717 vorgenommenen Krönung der Madonna und der 1920 vom polnischen Episkopat proklamierten Erklärung Marias zur Königin Polens ist das Bildnis heute Gegenstand der Andacht von jährlich etwa vier Millionen Pilgern aus aller Welt.

Die Herkunft des Bildnisses ist umstritten. Eine im Klosterarchiv aufbewahrte Handschrift von 1774 („Translato") bekundet, der Evangelist Lukas habe das Bild einst auf den Tisch der heiligen Familie gemalt. Danach sei es nach Tschenstochau gelangt. Die Wissenschaft hingegen sieht es eher als byzantinische Ikone vom Typ „Holigetria" („… die den Weg weist") und führt sie auf das 6. bis 9. Jahrhundert zurück.

Neben der Marienkapelle mit dem Gnadenbild besitzt der zwischen dem 15. und 20. Jahrhundert allmählich erweiterte Klosterkomplex noch weitere Sehenswürdigkeiten: die Basilika und die Schatzkammer, das Arsenal und das zur 600-Jahr-Feier eingeweihte Museum, den Rittersaal und das Refektorium. Vor allem aber die kostbare Bibliothek mit nahezu 40 000 Titeln, darunter 8000 seltene und einzigartige Bände.

So gilt Jasna Góra buchstäblich als Kraftquell einer Nation, deren Mut und großer Opferbereitschaft Polens Nobelpreisträger Sienkiewicz 1886 mit seinem Roman „Sintflut" ein beachtliches literarisches Denkmal gesetzt hat.

Klassizistische Schönheit

Die Kathedrale in Finnlands Hauptstadt **HELSINKI** wurde von einem deutschen Baumeister entworfen

Der Baumeister Johann Carl Ludwig Engel wurde 1778 in Berlin geboren. Er studierte an der Akademie seiner Geburtsstadt, übrigens zusammen mit Carl Friedrich Schinkel, dem er in vielem ähnlich. 1816 ging er nach Finnland, um dort am Aufbau der Hauptstadt mitzuwirken.

Die hieß seit vier Jahren Helsinki. Die vorherige Hauptstadt war Turku, deren schwedischer Name Åbo lautet und eine schwedische Gründung war, wie auch Helsinki, mit schwedischem Namen Helsingfors, das bis heute eine starke schwedische Kolonie hat. Dies erklärt sich aus der historischen Entwicklung. Finnland unterstand seit dem Hochmittelalter der Herrschaft seines westlichen Nachbarn.

1807 einigten sich der Zar Alexander I. und Franzosenkaiser Napoleon, Finnland den Russen zu überlassen. Schweden willigte nach zwei Jahren zähneknirschend ein. Das weitgehend autonome russische Großfürstentum Finnland bestand bis 1917 und wurde erst durch Lenins Oktoberrevolution in die staatliche Unabhängigkeit entlassen.

Helsinki wurde von Schwedenkönig Gustav Wasa geschaffen. Das Gründungsjahr war 1550. Dem Hafen auf einer Halbinsel im Finnischen Meerbusen vorgelagert sind etliche Eilande, die besonders gut geeignet für das Errichten von Befestigungsanlagen sind. Die Stadt erlebte Zerstörungen in schwedisch-russischen Kriegen; nach dem Jahre 1809 sollte sie sich zu einer würdigen Hauptstadt wandeln. Verantwortlich dafür war der Staatsmann und Stadtplaner Johan Albrecht Ehrenström.

Nach Petersburger Beispiel

Die praktische Ausführung lag in den Händen des deutschen Immigranten Johann Carl Ludwig Engel. Als er in Helsinki anlangte, lebten hier 4000 Menschen, ein Vierteljahrhundert später hatte sich die Zahl fast verfünffacht. Engels ästhetisches Ideal war der deutsche Klassizismus, worin er mit seinem Kommilitonen Schinkel übereinstimmte, doch nahm er auch Anregungen der russischen Hegemonialmacht auf. Er war nach St. Petersburg gereist und hatte sich dort ausführlich informiert.

Das Helsinki von Ehrenström und Engel sollte eine klassizistische Stadt werden. Den Ausgangspunkt bildete der Hafen, gleich dahinter lag der alte Marktplatz, der nun erweitert wurde zum Mittelpunkt der Stadt. Engel baute als Erstes den Regierungspalast, dem gegenüber er später das Universitätshauptgebäude setzte. Den weitläufigen Senatsplatz zwischen beiden Bauwerken schloss er nach Norden mit der Kathedrale ab.

Sie war der erste reine Steinbau in Helsinki. Die Kirche sollte protestantisch sein, entsprechend dem religiösen Bekenntnis der Bevölkerungsmehrheit; für die Anhänger des orthodoxen Glaubens, die es nicht erst durch die politische Angliederung an Russland gab, sondern schon infolge früherer Missionsbestrebungen, errichtete Engel gleich hinter der Kathedrale seine klassizistische Dreifaltigkeitskirche. Sie war das russisch-orthodoxe Gotteshaus der Stadt, bis Alexander Gornostajew 1868 in den Stadtteil Katajanokka die Uspenskij-Kathedrale setzte, bis heute größter orthodoxer Sakralbau außerhalb Russlands und eine historische Nachahmung vieler Vorbilder.

Monumentale Steintreppe

Die protestantische Kathedrale beherrscht den Senatsplatz. Sie steht erhöht, auf einer breiten Terrasse, zu der eine monumentale Steintreppe führt. Der Grundriss zeigt ein griechisches Kreuz und nähert sich damit jener Form, die von der Orthodoxie bevorzugt wird. Die zentrale Kuppel ruht auf einem zu Turmeshöhe gestreckten Tambour, der mit Fenstern und vorgeblendeten Säulen ausgestattet ist. Die Abschlüsse der vier Kreuzarme zitieren die griechische Antike: Korinthische Säulen tragen einen flachen dreieckigen Giebel, auf dem Statuen stehen.

Das Äußere der Kathedrale zeigt ein strahlendes Weiß, wie auch die übrigen Bauten von Engel; sie haben Helsinki den Ruf einer „weißen Stadt des Nordens" eingetragen. Der Architekt wollte Marmor simulieren, das Baumaterial der großen antiken Tempel, das ihm freilich nicht zur Verfügung stand. Er musste sich mit Ziegeln und Hölzern begnügen.

Seine ersten Entwürfe stammen von 1818. Begonnen wurde der Bau dann erst im Jahre 1830. Zunächst hieß er Nikolaikirche, vermutlich als Reverenz gegenüber dem in St. Petersburg regierenden Zaren, der in Personalunion Großfürst von Finnland war. Die offizielle Umbenennung in Kathedrale erfolgte später. Geweiht wurde die Kirche 1852, zwölf Jahre nach Engels Tod. Die Arbeiten wurden von seinen Assistenten fortgeführt, wobei die ursprünglichen Pläne mancherlei Veränderungen erfuhren. Die vier Nebenkuppeln, eine weitere Anspielung auf die Gotteshäuser der russischen Orthodoxie, hat Architekt Ernst Bernhard Lohrmann ausgeführt.

In der Krypta, die in den siebziger Jahren des 20. Jahrhunderts zu einem Veranstaltungsraum wurde, finden Konzerte, Ausstellungen und Vorträge statt. Das Innere der Kirche wirkt äußerst großzügig, streng und kühl. Es stehen dort Statuen der Reformatoren Martin Luther, Philipp Melanchthon und Mikael Agricola. Letzterer hat in Finnland den Protestantismus eingeführt und eine erste finnische Bibelübersetzung hergestellt. Eine Weile hielt er sich bei Luther in Wittenberg auf. Gestorben ist er während der Rückkehr von einer Reise nach Moskau.

ANREISE:
Über den internationalen Flughafen von Helsinki. Fährverbindungen von Schweden und Deutschland

ÖFFNUNGSZEITEN:
Normalerweise Mo–Sa 9–18 Uhr, So 12–18 Uhr. Während der Gottesdienste keine Besichtigung möglich

SEHENSWERT:
Der Senatsplatz vor der Kirche

Die Frontseite der Kathedrale mit der Kuppel und dem Hauptportal mit dem Säulenvorbau (links)

Blick auf den Altar und in die große Kuppel (rechts unten)

Eriks Kathedrale

Die Bischofskirche aus Backstein in **UPPSALA** ist das bedeutendste Zeugnis der Gotik in Schweden

ANREISE:
Über den internationalen Flughafen von Stockholm, dann weiter mit der Bahn

ÖFFNUNGSZEITEN:
Normalerweise Mai - Sept. Mo - Sa 10 - 17 Uhr, So 12.30 - 17 Uhr. Okt. - April Di - Sa 11 - 15 Uhr, So 12.30 - 15 Uhr

SEHENSWERT:
Das Grab Carl von Linnés, die Schatzkammer und der Krönungsbogen

Schwedens Nationalheiliger heißt Erik. Er war im Mittelalter König, neunter seines Namens, kam aus einer begüterten Sippe in Västergötland und setzte sich nachdrücklich für die Ausbreitung des christlichen Glaubens ein. Im Sommer 1160 wurde er von Dänen erschlagen. Sein Tod galt als christliches Martyrium, und ein Kult um seine Person breitete sich aus. Schon wenige Jahrzehnte später wurde er heilig gesprochen.

Er liegt in Uppsala begraben. Uppsala war sein Herrschaftszentrum und zu jener Zeit die schwedische Hauptstadt. Es handelte sich nicht um die gleichnamige schwedische Kommune von heute, vielmehr um Gamla Uppsala, Alt-Uppsala, das von dem heutigen etwa sieben Kilometer entfernt liegt. Inzwischen ist es ein archäologisches Gelände mit Resten unterschiedlichster Ausgrabungen. Auch eine Feldsteinkirche steht dort. Einst war sie der Dom von Uppsala, Papst Johannes Paul II. hat darin bei seinem Besuch eine Messe zelebriert.

Gamla Uppsala ist der Ursprung der heutigen Stadt, und die Feldsteinkirche ist Ursprung des heutigen Doms. Das neue Uppsala hieß zuvor Östra Aros und war zunächst nichts als ein Handelsplatz und ein Binnenhafen. 1164, also zur Zeit des heiligen Erik, verlegte der Erzbischof von Gamla Uppsala seinen Sitz hierher. Als dann die Herrscher aus Gamla Uppsala verschwanden, um Stockholm zu ihrer Hauptstadt zu machen, sah sich Gamla Uppsala dem allmählichen Verfall übereignet, während Östra Aros an Bedeutung ständig wuchs, um schließlich auch noch den ehrwürdigen Stadtnamen zu übernehmen.

Berühmte Bibliothek

Jedenfalls lässt sich sagen, in Uppsala habe sich das alte Herrschaftszentrum des Königreichs Schweden befunden. Die geistige Hauptstadt des Landes blieb es jedoch weiterhin in der Vorstellung vieler. Uppsalas Universität, 1477 von Erzbischof Jakob Ulvsson gegründet, ist Schwedens älteste Hochschule, und in ihrer Bibliothek befindet sich außer dem Codex Upsaliensis, der ältesten erhaltenen Handschrift der Prosa-Edda, einer um 1300 von Snorri Sturluson verfassten Sammlung altisländischer Dichtung, auch noch der berühmte Codex argenteus. Hierbei handelt es sich um die kostbare Handschrift der Bibelübertragung von Gotenbischof Wulfila aus dem vierten Jahrhundert, wahrscheinlich verfertigt zu Ravenna und im Auftrag des Ostgotenherrschers Theoderich, aufbewahrt aber nun hier, in der ursprünglichen Heimat der während der Völkerwanderung emigrierten Germanen. Die Wulfila-Bibel ist das älteste erhaltene Schriftdokument in einer germanischen Sprache überhaupt.

Die Universität von Uppsala steht nahe dem alten Schloss, mit dessen Bau noch König Gustav Wasa begonnen hatte, der dann lieber von Stockholm aus regieren wollte, aber nach seinem Tod hierher zurückgekehrt ist, denn sein Grab befindet sich im Dom von Uppsala. Auch Erik der Heilige hat hier seine endgültige Ruhestätte gefunden. Überhaupt ist dies neben der Stockholmer Riddarholmskirche die zweite bedeutende Grabkirche der schwedischen Oberschicht, nachweislich für die Gräber von König Johann III. und Königin Katharina Beata. Außerdem gibt es Ruhestätten für je einen Angehörigen aus zwei bedeutenden Adelsfamilien, Oxenstierna und Stenbock. Bengt Oxenstierna hat ab 1680 die schwedische Außenpolitik geleitet, zuvor verwaltete er die im Dreißigjährigen Krieg an Schweden gefallenen Gebiete in Pommern und Mecklenburg.

Der Dom von Uppsala ist sehr geräumig. Er misst 118 Meter in der Länge, 45 Meter in der Breite und steht auf dem ansteigenden rechten Ufer des Flusses Fyrisån. Errichtet wurde er aus Backsteinen, als ein Werk der Hochgotik. Stilistisches Vorbild waren zunächst die großen englischen Kathedralen, bis Ende des 13. Jahrhunderts ein Franzose die Bauleitung übernahm, Estienne de Bonneuil. Er hatte zuvor am Bau von Notre-Dame-de-Paris mitgewirkt. Verständlicherweise brachte er seine dort gemachten Erfahrungen und die dort erprobte Ästhetik mit.

Neue Helme für die Türme

Der Dom wurde von mehreren Bränden heimgesucht und anschließend wieder restauriert. Besonders intensiv geschah dies im Barockzeitalter, als die beiden Westtürme umgebaut und mit neuen Helmen versehen wurden. Um 1880 gab es Änderungen im Stil des Historismus, die inzwischen wieder entfernt wurden. Man hatte erkannt, dass echtes Mittelalter nicht nur authentischer, sondern auch ästhetischer ist.

Zu den berühmten Toten mit letzter Ruhestätte im Dom von Uppsala gehört der Biologe Carl von Linné, der das binäre System zur Klassifizierung von Tieren und Pflanzen erdachte; er hat den Botanischen Garten der Universität Uppsala angelegt und ist in der Nähe gestorben. Außerdem gibt es das Grab von Emanuel Svedenborg, dem Naturforscher, Mathematiker, Philosophen, Erfinder, Theologen und Mystiker. Er hat sich Gedanken gemacht über die Herstellung von Unterseebooten, außerdem sah er das Weltende nahe. Seine erste Idee ist inzwischen Wirklichkeit geworden, die zweite glücklicherweise noch nicht.

Wie üblich, ist die Kanzel an einen der mächtigen Pfeiler angelehnt (oben)

Blick durch das geräumige Hauptschiff auf die Apsis (unten Mitte)

Die Schmuckfassade des Doms mit den zwei Türmen (rechts außen)

Im Haus der toten Könige

Die Riddarholmskyrkan in **STOCKHOLM** ist Grablege der schwedischen Herrscher

ANREISE:
Über den internationalen Flughafen Arlanda

ÖFFNUNGSZEITEN:
Mai – August normalerweise
Mo – Fr 10 – 16 Uhr,
Sa + So 12 – 15 Uhr.
Okt. – April geschlossen

SEHENSWERT:
Die Grabmäler aller schwedischen Könige

Stockholm, Hauptstadt des Königreichs Schweden, liegt an der skandinavischen Ostküste, am Ausgang des Mälarsees in die Ostsee. Der Baugrund sind Inseln, die Einwohnerzahl beträgt eine Dreiviertelmillion. Zum Regierungssitz gemacht wurde Stockholm durch Gustav I. Wasa. Unter seinen Nachfolgern entwickelte sich das Land im 17. und 18. Jahrhundert zur dominanten Macht im Ostseeraum, berühmte Herrscher waren Gustav Adolf II. und Karl X.

Beide liegen in der Riddarholmskyrkan begraben. Riddarholm ist eine der Inseln Stockholms, zusammen mit Stadsholmen und Helgeandsholmen trägt sie die Gamla Stan oder Altstadt. Diese ist pittoresk, anmutig, bestückt mit alten Häusern und halbdunklen Kneipen, den neuen Stadtquartieren Stockholms mit ihrer manchmal etwas sterilen Architektur deutlich überlegen. Durch die von Brücken überquerten Kanäle und die sich plötzlich eröffnenden Aussichten auf die ausgedehnten Wasserflächen von Riddarfjärden, Strömmen und Saltsjön besitzt Stockholm eine der schönsten Stadtlandschaften Europas.

Die Altstadt hat neben der Riddarholmskyrkan zwei berühmte Kirchen. Die beiden anderen sind Storkyrkan und St. Gertrud. Letztere ist besser bekannt als Tyska Kyrkan oder Deutsche Kirche, da sie während der Hansezeit das Gotteshaus der deutschen Kaufmannsgilde war. Sie ist berühmt für ihr Glockenspiel, das

den Choral „Lobet den Herren" intoniert. Am Inneren hat Nicodemus Tessin d. Ä. mitgewirkt, einer von zwei Barockbaumeistern gleichen Namens, Vater und Sohn.

Die Storkyrkan ist die Hochzeits- und die Krönungskirche der schwedischen Monarchen, ein Bau der Backsteingotik mit allerlei barocken Zutaten, berühmt wegen seines eigentümlich gestalteten Rippengewölbes und wegen seines Renaissancealtars in den Farben Schwarz und Silber aus der Werkstatt Ostarius Erdmüllers. Von Bernt Notke, einem aus Vorpommern gebürtigen, in Lübeck ansässigen Bildhauer und Maler, einem der Großen im ausgehenden Mittelalter, stammt die berühmte Skulpturengruppe St. Georg im nördlichen Seitenschiff. Die Storkyrkan oder Große Kirche steht in unmittelbarer Nähe des Schlosses, des alles beherrschenden Baus auf der Insel Stadholmen und des überhaupt größten Königsschlosses auf dem Kontinent. Ein Koloss mit 500 Zimmern.

Bollwerk gegen die Finnen

Riddarholmen ist die zweitgrößte der Altstadtinseln. Ihr Name bedeutet Ritterinsel. Hier stehen einige Stadtpalais schwedischer Adelsfamilien, und auf einer riesigen Säule erhebt sich das Standbild von Birger Jarl. Er lebte im 13. Jahrhundert, war schwedischer Reichsverweser und tat einiges für die innere Sicherheit des Landes. Vor allem aber gründete er Stockholm, als Bollwerk gegen die kriegerischen Übergriffe der Finnen. Außerdem holte er deutsche Kaufleute ins Land und sorgte dafür, dass Stockholm der Hanse beitrat.

Die Riddarholmskirche ist der bekannteste Sakralbau der Stadt, und sie gilt als das eigentliche Wahrzeichen von Gamla Stan. Ihr Ursprung ist eine Klosteranlage des Franziskanerordens. Die Abtei wurde später vergrößert, bis sie die Dimensionen der heutigen Kirche erreichte. Im Kern ist sie ein backsteingotisches Bauwerk, ergänzt durch barocke Dekors und Erweiterungen. Schon von weitem fällt sie durch ihren außerordentlich schmalen und völlig durchbrochenen Turmhelm auf, um den herum vier schlanke Fialen stehen. Die Kirche hat drei Schiffe. Das linke ist erheblich breiter als das rechte. An beide schließen Kapellen an, die überwiegend als Begräbnisstätten genutzt werden. Die Riddarholmskyrkan ist wie gesagt die Gruftkirche schwedischer Könige und ergänzt somit in natürlicher Folge die Storkyrkan neben dem Schloss.

An Gustav Adolfs Grab

Ihre Friedhofsfunktion versieht sie seit 1807. Gottesdienste gibt es nur mehr selten. Wer sie betritt, möchte Sarkophage betrachten und bedeutender Toter gedenken. Wer sich dann umblickt, sieht zunächst Wappenschilder des Seraphimenordens. Hierbei handelt es sich um eine Rittervereinigung, 1748 gestiftet in der Nachfolge älterer Orden, deren Existenz bis ins Jahr 1336 zurückreicht.

Der Hochaltar stammt aus dem Hochbarock, und gleich davor stehen die mächtigen Grabmäler von Magnus Ladulås und von Karl Knutson Bonde. Der erste war ein König des Hochmittelalters, 1290 gestorben. Er schützte das Volk gegen Übergriffe des Adels und hat den schwedischen Bergbau begründet, um 1280, in Falun, wofür er sich Bergleute aus dem deutschen Mittelgebirge Harz holte. Der zweite regierte als König Karl VIII. im 15. Jahrhundert, in den Zeiten schwerer innerer Unruhen. Es war dies jene Periode der konkurrierenden Herrschaftsansprüche, die dann Gustav Wasa beendete.

Hier liegt, in einem grünen Marmorsarkophag, König Gustav Adolf neben seiner Gattin Eleonora aus dem Hause Brandenburg. Es gibt eine Kapelle für das heute regierende Haus Bernadotte sowie ein paar Gräber von bedeutenden Feldherrn. „So ist es immer gewesen, und so wird es immer sein", schrieb der schwedische Lyriker Gunnar Eklöf, „bis der letzte Mensch Feuer träumt und alles zu Ende ist."

Blick auf die Insel Riddarholm mit der Riddarholmskyrkan und einem Teil der Altstadt von Stockholm. Die Kirche ist an ihrem spitzen grauen Turm erkennbar (oben)

Konzertveranstaltung in der Riddarholmskyrkan (links unten)

Die Stabkirchen in Norwegen

In **BORGUND** nahe am Sognefjord steht die berühmteste Holzkirche des Landes

Im Jahre 1886 notierte der dänische Maler-Dichter Holger Drachmann: „Idee eines genialen Kindes. Ein Waldkäfer, geschnitzt von dem spielerisch benutzten Fahrtenmesser eines einfältigen Riesen ... Das Innere wie eine Räucherstube, die einem mystischen Kult geweiht ist. Hier besiegt die Dunkelheit der Saga die schwach brennenden Kerzen des Katholizismus. Ihr flackerndes Licht fällt auf die Ochsen rüstungstragender Bauern und die wallenden Bärte der Wikingerfürsten. Ein unheimliches Abenteuer." Die Rede ist von einer norwegischen Kirche, der von Borgund im Lærdal, einem Seitenarm des Sognefjords, der längsten und tiefsten Einbuchtung in der vielfach zergliederten Westküste des Landes.

Borgund ist eine Stabkirche. Diese für Norwegen typische und weltweit singuläre Art des Sakralbaus vereint das Resultat einer kargen Natur, einer heidnisch-wikingischen Überlieferung und wohl auch einer Berührung mit der Welt des slawisch-byzantinischen Christentums.

Kunstvolle Konstruktion

Nicht als einzige Stabkirche ist Borgund dem Entwurf nach ein Zentralbau, wie ihn vor allem Ostrom pflegte. Man nimmt an, die Verbindungen der Normannen mit Byzanz ebenso wie die Russlandaufenthalte norwegischer Könige haben so ihren Niederschlag gefunden.

Stabkirchen sind Holzkonstruktionen. Der Name ergibt sich aus der Herstellungsart: Auf einem Steinsockel, der die Bodenfeuchtigkeit abhalten soll, werden, an den Ecken über Kreuz, vier Grundbalken gelegt. Darauf stehen die „Stäbe" genannten Pfeiler oder Masten. Auf halber Höhe werden die Pfeiler durch eine Art Bauchgurt verstärkt, durch einen Riegel aus fortlaufenden Andreaskreuzen. Oben auf die Querbalken sind die spitz aufeinander zulaufenden Dachpfeiler gesetzt.

Sakrale Düsternis

Zu ebener Erde läuft außen, zum Zweck einer weiteren Abstützung, eine abgedeckte Galerie, der so genannte Svalgang. Aus der Mitte des steilen Daches wächst auf vier Pfeilern, ein- oder auch mehrstöckig, der seinerseits wieder mit einem steilen Satteldach abgedeckte Turm.

Die einzelnen Balken und Hölzer werden nicht durch Nägel zusammengehalten, sondern mittels Zapfen und Nuten. Es ist dieselbe Technik, die beim Bau der Wikingerschiffe angewendet wurde und die ein äußerstes Maß an Elastizität und Widerstandsfähigkeit gewährleistet. Die Abdeckung der Dächer, manchmal auch die Verkleidung der Außenwände, geschieht durch Holzschindeln.

Das Innere ist in aller Regel düster. Fenster, wenn vorhanden, sind klein. Die Hauptlichtquelle bilden die Kerzen auf dem Altar, der etwas erhöht steht und alle Aufmerksamkeit auf sich zieht. Die Besucher müssen stehen, lediglich für die Gebrechlichen gibt es eine Bank. Die inneren Balken sind mit Schnitzereien oder auch Runeninschriften ausgestattet, die Ornamente lassen vorchristlich-heidnische Ursprünge erkennen. Verschiedentlich sind die Wände mit den Darstellungen biblischer Motive ausgemalt, teils in bäuerlich naiver Manier, manchmal recht kunstvoll.

Gegen böse Geister

Die Svalgänge dienen als Ort der Einstimmung und der Versammlung. Kleine Wandöffnungen geben Einblicke ins eigentliche Kircheninnere; auch Bittgänge und Prozessionen finden in den Svalgängen statt. An den Spitzgiebeln der Dächer bis hinan zu den Türmen hängen geschnitzte Drachenköpfe, die den Wasserspeiern an gotischen Steinkirchen ähneln. Der mythische Zweck ist hier wie dort der gleiche: Die bösen Geister sollen abgeschreckt oder gebannt werden, als bildnerisches Modell dienten offenbar die Schnitzereien an den Bugspitzen von Wikingerschiffen. Der heidnische Ursprung ist evident.

Die große Zeit der Stabkirchen war das Hochmittelalter, als anderswo in Europa die Gotik dominierte; entfernte Anklänge an diesen Stil lassen auch manche Stabkirchen erkennen. Von den einst 900 norwegischen Stabkirchen sind noch 29 erhalten, die meisten in den Tälern zwischen Bergen und Oslo. Sie alle stehen unter Denkmalschutz und zählen zu den bedeutsamen architektonischen Zeugnissen der skandinavischen Geschichte.

Borgund ist neben Heddal in Telemark nördlich von Oslo das größte und repräsentativste Bauwerk dieses Typus im Land. Es entstand um 1050. Zwölf Masten oder Stäbe halten einen dreischiffigen Innenraum. Es gibt mehrere Eingänge, sämtlich mit reichen Schnitzereien geschmückt.

Es ist kühl und dunkel im Inneren, es riecht nach Rauch und nach Holzkohlenteer. Die Kanzel ist eine Zutat des Reformationszeitalters. Noch später, um 1650, wurde die Altartafel aufgestellt. 1870 erfuhr die Kirche eine gründliche Renovierung, bei der auch die nachträglich eingefügten Fenster wieder verschwanden. Als Ort für Gottesdienste dient die Stabkirche von Borgund allerdings nur noch selten.

ANREISE:
Am besten über Oslo mit einer der Fährverbindungen. Oder über den internationalen Flughafen der norwegischen Hauptstadt. Von Oslo aus mit dem Wagen ca. 310 km nach Nordwesten auf der E 16 direkt bis Borgund

ÖFFNUNGSZEITEN:
Mai und September täglich 10 - 17 Uhr, Juni, Juli, August täglich 8 - 19 Uhr. In den übrigen Monaten geschlossen. Änderungen möglich

SEHENSWERT:
Schnitzereien am Westportal mit kunstvollen Drachen und Tierfiguren

Christliches Denkmal aus dem Hochmittelalter: Die Stabkirche in Borgund erinnert besonders deutlich an ihre Ursprünge aus der Zeit der Wikinger (links)

Die Spitzgiebel der Dächer sind mit an heidnische Motive erinnernden Schnitzereien verziert (rechts)

Ruhestatt dänischer Könige

Der Backstein-Dom von **ROSKILDE** ist bis heute die größte Kirche Skandinaviens

Insgesamt 38 Könige und Königinnen unter einem Dach: Von Harald Blauzahn, dem ersten christlichen König Dänemarks, bis zu Frederik IX. sind die meisten Herrscher des Landes im Dom von Roskilde beigesetzt – in prachtvollen Kapellen, in Sarkophagen aus Alabaster oder im kunstvoll beschlagenen Eisensarg. Das lockt die Besucher an, denn machtvoll und düster wird man hier mit dänischer Geschichte konfrontiert.

Schon die Wikinger hatten am Roskildefjord einen Hafen angelegt, den sie als festen Stützpunkt für ihre Raubüberfälle nutzten. Auch König Harald Blauzahn (935–985) zog sich auf der Flucht vor dem eigenen Sohn an den geschützten Ort zurück und gründete hier um 960 eine Kirche. Mehrere Bauten folgten, doch erst als Waldemar der Große seinen Freund Absalon im Jahr 1158 als Bischof einsetzte, begann dieser mit dem Bau eines gewaltigen Domes. Nicht mehr im Muschelkalkstein, sondern in Backstein, der direkt vor Ort gebrannt wurde.

Um 1400 wandte man sich unter französischem Einfluss dann der Gotik zu. Statt der romanisch begonnenen Basilika entstand nun ein filigraner Bau, die großen Querschiffe wurden verworfen und die Zahl der Fenster im zweistöckigen Chorumgang von eins auf drei erhöht, so dass Licht durch das 85 Meter lange und 24 Meter hohe Mittelschiff fluten konnte. Mitte des 13. Jahrhunderts war der Dom weitgehend vollendet – als Zentrum der Königsmacht und Hochburg der mächtigen katholischen Kirche. Roskilde war im Mittelalter mit bis zu 10 000 Einwohnern, zwölf Kirchen und sechs Klöstern eine der größten und reichsten Städte Nordeuropas.

Nach der Reformation zerstört

Schließlich blühte wie überall der Ablasshandel, und nicht weniger als 75 Kapellen waren im Dom integriert. 1536 erreichte die Reformation Dänemark, alle Kapellen verschwanden, und die meisten Kunstwerke wurden zerstört. Da zudem der Königshof bereits im Jahr 1443 von Roskilde nach Kopenhagen verlegt worden war und der Bischof nun auch dorthin umzog, verkam die einst so glanzvolle Stadt, über die Hans Christian Andersen später in einem Märchen als „großes Dorf" spottete. Die Schuhmacher gaben der Straße, über die einst Könige und Bischöfe eingezogen waren, schließlich ihren Namen.

Was man Roskilde allerdings nicht nehmen konnte, war der Sonderstatus, den der Dom als Grablege der dänischen Könige besaß, seit Margarethe I. (1375–1412) ein Jahr nach ihrem Tod hier mit gewaltigem Pomp beigesetzt worden war. Im Hochchor ruht die als verwegene Reiterin geltende „schwarze Gret", die Dänemark, Schweden und Norwegen unter ihrer Krone vereinte, in einem gotischen Sarkophag.

Beeindruckende Grabkapellen

Dass der Dom trotz seiner Einheitlichkeit eine große Stilvielfalt aufweist, liegt vor allem an den Grabkapellen, die im Lauf der Jahrhunderte angebaut wurden.

Aus gotischer Zeit stammt noch die zweistöckige Dreikönigskapelle, die von Christian I. errichtet wurde. Um 1480 kunstvoll mit Fresken ausgemalt, stellt sie eine der größten zusammenhängenden Raumausschmückungen des dänischen Mittelalters dar. Vom niederländischen Renaissancestil geprägt ist die Kapelle Christians IV., die von einem überaus kunstvoll gearbeiteten schmiedeeisernen Gitter aus dem Jahr 1620 begrenzt wird.

Die Grabkapelle Frederiks V. dagegen glänzt im neoklassizistischen Stil als eines der bedeutendsten Zeugnisse dieser Kunstrichtung in Dänemark. Ganz vom Historismus geprägt ist die Kapelle, in der die aus dem Hause Glücksburg stammenden Könige mit ihren Gemahlinnen von 1926 an bestattet sind. Dass die Moderne ebenfalls Einzug gehalten hat, zeigt die Grabstätte des 1972 verstorbenen Frederik IX. Er ist in einer schlichten Backsteinrotunde außerhalb des Doms beigesetzt.

Doch der Besuch Roskildes lohnt nicht nur wegen der Königsgräber und der geradezu überwältigenden Raumwirkung des Hauptschiffs. Eindrucksvoll sind auch der aus Antwerpen stammende Altaraufsatz von 1560, der reich verzierte Chorgestühl, der Königsstuhl und die barocke Kanzel von 1609 aus belgischem Marmor, Alabaster und Sandstein. Ganz vom Barock geprägt ist die Orgel, deren Empore allerdings noch von 1425 stammt. Als Rarität gilt eine am Ende des 15. Jahrhunderts gearbeitete mechanische Uhr mit ihren plastischen Figuren. Zu jeder vollen Stunde erschlägt St. Jörgen hier einen Drachen, der daraufhin in ein höllisches Gebrüll ausbricht.

Die Außenfassade der Kathedrale präsentiert sich trotz der vielen Anbauten in backsteinroter Geschlossenheit, und die zierlich wirkenden Zwillingstürme lassen die Baumassen noch wuchtiger erscheinen. Vom Domplatz aus blickt man weit über den Fjord, über den einst die Wikinger kamen. Fünf vor Roskilde versenkte Schiffe werden in einem Wikinger-Museum gezeigt, und die sind wie der Dom ein Zeichen für den langen Atem der Stadt. Die Unesco erkannte die Einzigartigkeit der größten Kirche Skandinaviens und reihte die Kathedrale 1995 in die Liste des Weltkulturerbes der Menschheit ein.

ANREISE:
Über den internationalen Flughafen von Kopenhagen. Von dort aus gute Zugverbindungen nach Roskilde. Autobahnverbindung von Kopenhagen

ÖFFNUNGSZEITEN:
Normalerweise April bis September Mo-Fr 9.00-16.45 Uhr, Sa 9-12 Uhr, So 12.30-16.45 Uhr. Oktober bis März Di-Sa 10-15.45 Uhr, So 12.30-15.45. Während der Gottesdienste kein Zutritt für Touristen

SEHENSWERT:
Der Schmuck auf zahlreichen Sarkophagen

Die im Renaissancestil errichtete Grabkapelle Christians IV., gestorben 1648 (linke Seite)

Die schlanken Helme auf den Zwillingstürmen scheinen die gewaltige Hauptfassade leichter zu machen. Blick durch die Skolegade (unten Mitte)

Heute sind die Farbbemalungen an den Säulen und am Gewölbe sorgfältig restauriert (unten rechts)

Backsteinpracht in Sønderjylland

Der Dom zu RIBE ist der best erhaltene romanische Kirchenbau in Dänemark

ANREISE:
Von Kopenhagen aus über die Autobahn bis kurz vor Esbjerg, dann etwa 30 km nach Süden auf der Landstraße. Regionalflughafen in Esbjerg. Eisenbahnverbindung

ÖFFNUNGSZEITEN:
In den Sommermonaten normalerweise 10 - 17 Uhr, sonntags 12 - 17 Uhr. Im Winter meist 11 - 16 Uhr

SEHENSWERT:
Wandmalereien aus dem Hochmittelalter an den Säulen

An seinen beiden gewaltigen Türmen ist der Dom von Ribe schon von weitem im flachen Umland zu erkennen (Bild rechts)

Fresko an einem Pfeiler im Langschiff mit einer Darstellung der Apostel Bartolomäus und Andreas (unten links)

Den Orgelprospekt baute Jens Olufsen in den Jahren 1633 - 36. Die beiden seitlichen Pedaltürme wurden 1653 hinzugefügt (unten Mitte)

Taufbecken aus der Zeit vor der Reformation (unten rechts)

Ironie des Schicksals: Da hatte sich das mittelalterliche Ribe in seinen Handelsbeziehungen gänzlich den Niederlanden zugewandt und orientierte sich auch in der Kunst an der dortigen Szene. Und dann: Im 17. Jahrhundert, als Ribe eine blühende Handelsstadt war, versandete der Zufluss zum Meer, und die Stadt fiel in Bedeutungslosigkeit zurück. Ganz wie das flandrische Brügge, dem dieses Schicksal durch die Verschlammung des Zwyns ebenso widerfuhr.

Aber hier wie dort lag im Unglück auch Glück: Beide Städte bewahrten ihr mittelalterliches Aussehen, weil einfach kein Geld da war für Abriss und Neubeginn. Doch während in Brügge der weitläufige Markt mit dem Belfried dominiert, gibt es in Ribe nur einen Alleinherrscher: Der Dom ragt mit einer solchen Wucht mitten in der von Fachwerk- und Patrizierhäusern besetzten Stadt auf, dass er geradezu wie ein Paukenschlag wirkt, Macht und Allmacht der Kirche demonstrierend. Ein steinerner Riese im weiten Marschenland.

Mit rheinischem Tuffstein

Bereits 850 hatte Ansgar, der Apostel des Nordens, in Ribe eine Kirche gegründet, und vermutlich war es der aus Flandern stammende Bischof Elias, der um 1150 mit dem Bau eines mächtigen Domes begann. Über den Rhein und die Nordsee wurde rheinischer Tuffstein herangeschafft, der zusammen mit jütischem Granit als Baumaterial diente. Um 1175 waren Apsis, Chor und Querhaus fertiggestellt, es folgte das mit einer Holzbalkendecke versehene Langschiff. Die Seitenschiffe wurden romanisch überwölbt. Über der Vierung liegt der ungewöhnlichste Teil des Baus – ihn bedeckt eine große Tuffsteinkuppel.

In der Zeit König Waldemars (1202–1241) erhielt der Kirchenraum unter gotischem Einfluss eine durchgehende Einwölbung, deren Vorbilder erkennbar im rheinisch-westfälischen Raum zu suchen sind. Trotz dieser Stilkorrekturen blieb die Kirche in Ribe der best erhaltene romanische Dom Skandinaviens. Von Ribe aus setzte sich die Reformation in Dänemark durch, und der bei Martin Luther in die Lehre gegangene Hans Tavsen hatte zwischen 1542 und 1561 als Bischof und Hauptpastor die Stadt nicht nur zu einem glänzenden Zentrum von Gelehrten, Theologen und Künstlern gemacht.

In seiner Zeit erhielt der Dom auch ein neues Gesicht. Der einstmals reiche Kirchenschatz wurde vom König eingezogen. Die Seitenaltäre wurden entfernt. Heute ist nur eine Figurengruppe von St. Jürgen aus vorreformatorischer Zeit erhalten, dazu eine Bronzetaufe, ein Triumphkreuz und ein mächtiger fünfarmiger Leuchter, der Ende des 15. Jahrhunderts gegossen wurde. Das Chorgestühl ist eine Stiftung Ivar Munchs, des letzten katholischen Bischofs in Ribe, dessen Grabmal als eines der prächtigsten dänischen Grabdenkmäler des Mittelalters gilt.

Unter Christian IV. (1588–1648) wurde die Kirche dann machtvoll umgestaltet. Ein Renaissanceaufsatz ersetzte den Altar, Kanzel und Orgel wurden im barocken Stil errichtet, und der Bilderschmuck orientierte sich ebenfalls an der neuen Zeit.

Reiche Kaufleute und Adlige stifteten Epitaphien und Grabplatten, durch die sie sich einen Platz im Himmel erhofften. Die Bürger in Ribe liebten es, sich im Kerzenschimmer bei den Darbietungen des Organisten im Dom zu ergehen, und Kerzen erleuchteten auch die vielen Porträts, die noch heute dem Dom eine beinahe private Atmosphäre geben.

Sonderrolle für den Bürgerturm

Doch so eindrucksvoll der Blick durch die romanischen Seitenschiffe auch ist: Erst von außen zeigt der Baukörper seine ganze Wucht. Drei unterschiedliche Türme zieren ihn, unter denen der viereckige Bürgerturm eine Sonderrolle spielt. 1283 war der nördliche Treppenturm eingestürzt. Man baute ihn nicht wieder in der alten Form auf, sondern ersetzte ihn durch einen mächtigen Backsteinturm, der dem Schutz der Bevölkerung dienen sollte.

Zwar brach bei diesem Bauwerk im Jahr 1594 ebenfalls die Spitze mit dem Turmhelm ab, doch nachdem man es mit einer viereckigen Balustrade versehen hatte, konnte 1599 die große Sturmglocke aufs Neue aufgehängt werden. Die warnte die Bevölkerung auch bei der verhängnisvollen Sturmflut von 1634, als das Wasser der Nordsee in den Dom eindrang.

Vom Bürgerturm aus hat man einen einzigartigen Rundblick über das grüne Marschenland bis hin zum Meer. Ähnlich dem Blick von einem toskanischen Geschlechterturm, der ebenso nicht von Säulen oder Mauern gehemmt wird. Ein südliches Lebensgefühl im nordischen Dänemark.

Edinburghs Kronenkathedrale

St. Giles ist die High Church of Scotland – Hier predigte einst John Knox

ANREISE:
Edinburgh hat einen internationalen Flughafen

ÖFFNUNGSZEITEN:
Normalerweise Mai - Sept. Mo - Fr 9 - 19 Uhr, Sa 9 - 17 Uhr, So 13 - 17 Uhr. Okt. - April Mo - Sa 9 - 17 Uhr, So 13 - 17 Uhr

SEHENSWERT:
Das von Edward Burne-Jones entworfene Glasfenster, auf dem die Überquerung des Jordan dargestellt wird

Die Turmkrone von St. Giles im abendlichen Gegenlicht (rechts)

Blick in die Apsis mit dem Hauptaltar (unten Mitte)

Gesamtansicht der Kathedrale (links unten)

Eine schottische Besonderheit: Dudelsack blasender Engel (links oben)

Die schottische Hauptstadt Edinburgh liegt auf sieben vulkanischen Hügeln. Einer davon ist der Schlossfelsen mit der Burg; von dort führt ein Straßenzug abwärts bis zum Holyrood Palast, dem schottischen Amtssitz der britischen Königin. Die Strecke trägt den Namen Royal Mile, königliche Meile, und versammelt einen Großteil der Sehenswürdigkeiten in Edinburghs Altstadt, wozu die Kathedrale von St. Giles und das John-Knox-Haus gehören.

Edinburgh wurde schottische Hauptstadt 1437, in der Nachfolge von Perth. St. Giles hatte etliche Vorgängerbauten, den ältesten im 9. Jahrhundert; 1120 stand hier eine normannische Kirche, die 1385 zerstört wurde durch König Richard II. Dieser auch durch Shakespeare bekannt gewordene Herrscher hat einiges unternommen, die gälischen Regionen zu bezwingen. Am Ende unterlag er seinem innenpolitischen Gegner Bolingbroke, zu dessen Gunsten er abdankte.

Mystische Dämmerung

Aus dem normannischen Sakralbau in Edinburgh haben sich vier achteckige Säulen erhalten. Sie tragen den Turm. Alles Übrige wurde neu errichtet, in der Zeit zwischen 1387 und 1495, mit dem Turm als Abschluss. Von außen gesehen ist St. Giles ein wuchtiges Bauwerk im gotischen Stil, innen herrscht mystische Dämmerung infolge der farbigen Fenster.

Ihre Herkunft ist jüngeren Datums. Sie entstammen dem 19. Jahrhundert. Eines, das die Überquerung des Jordans zeigt sowie etliche Figuren aus dem alten Testament, wurde von dem Präraffaeliten Edward Burne-Jones entworfen, einem maßgeblichen Vertreter des britischen Jugendstils. Er hatte ursprünglich Theologie studiert und war von daher mit frommen Gegenständen vertraut.

Parlament und Feuerwache

Auch sonst ist an St. Giles fortwährend gewerkelt worden. Der Bau hatte es nötig. Während der vorangegangenen 300 Jahre war ihm eine Menge widerfahren: Es hatte Aufruhr gegeben, so im Jahre 1637, als Bischof Laud eine neue Liturgie einführen wollte, wogegen eine Frau namens Jenny Geddes protestierte. Sie schrie ihren Protest heraus und bewarf einen Dekan mit Gegenständen. St. Giles diente unter anderem als Parlament, als Polizeistation, als Feuerwache, als Kohlenhandlung, die schottische Guillotine wurde hier untergestellt, und eine Nische diente als Hurengefängnis.

Dergleichen geschah in der Folge der Reformation, die in Schottland nicht die vergleichsweise gemäßigte Gestalt des Anglikanismus annahm, sondern calvinistischen Vorstellungen folgte. Der Calvinismus hat mit der dinglichen Ausgestaltung des katholischen Glaubenslebens besonders nachdrücklich gebrochen. Der bauliche Rahmen seiner Gottesdienste ist ihm einigermaßen gleichgültig. Er setzt vornehmlich auf Spiritualität und auf das Wort.

Der Mann, der dies in Schottland durchsetzte, hieß John Knox. Um 1513 in der Nähe von Edinburgh geboren, studierte er Theologie und wurde Priester. Er kam mit dem Protestantismus in Berührung, und als sein Lehrer Widhart wegen Ketzerei hingerichtet wurde, konvertierte er.

Zunächst übernahm ihn die anglikanische Kirche. Es kam zum Bruch, als er einen schottischen Aufstand organisierte. Im Konflikt zwischen der katholischen Maria Stuart und Elisabeth I. nahm er dann wieder für die englische Königin Partei, die ihrerseits in Schottland den Sieg des Protestantismus ermöglichte. Knox wurde Prediger an St. Giles und schrieb etliche Bücher. Er gilt als wichtige Persönlichkeit der schottischen Emanzipationsbewegung und wurde feierlich in der Kathedrale beigesetzt.

Kapelle der Distel-Ritter

St. Giles ist heute die High Church of the capital of Scotland, also schottische Hauptkirche. Die insgesamt fünfzig Altäre, die sich vor der Reformation hier befanden, wurden abgeräumt. Neu hinzu kam lediglich die Kapelle des Distelordens. Bei ihm handelt es sich um eine exklusive schottische Vereinigung, der zuzugehören als eine besondere Ehre gilt; die gegenwärtige Liste der Distel-Ritter umfasst neben Clan-Chefs den britischen Thronfolger Charles und seine Schwester Anne.

Der Bau der Ordenskapelle wurde 1911 beendet, der Entwurf stammt vom Baumeister Robert Lorimer. Der Raum zeigt eine Fülle religiöser und heraldischer Details, voran steinerne Engel, die aus vollen Backen Dudelsack blasen.

Halb Gotteshaus, halb Burg

DURHAMS romanisch-normannische Kirche galt über Jahrhunderte als Grenzbastion gegenüber Schottland

Eine mittelalterliche Bilddarstellung in der Kathedrale von Durham zeigt, unter anderem, eine besonders abstoßende Wiedergabe von Schweinen. Natürlich geht es da nicht um Jagd oder Viehzucht, sondern um Herabsetzung in Gestalt einer bildlichen Allegorie. Mit den Schweinen wird das Volk der Schotten geschmäht, und dass man sich solcherart jener keltischen Ethnie annahm, lag daran, dass Durham sehr nahe der Grenze zu Schottland liegt. Die zahlreichen Kriege zwischen den beiden Völkern berührten in aller Regel auch Durham. So im Jahre 1346, als es zu der Schlacht von Neville's Cross kam. In der Kathedrale wurde diesem Ereignis 1380 ein eigener Altar gestiftet, aus normannischem Sandstein hergestellt.

Durham ist eine 26 000-Seelen-Stadt. Ihr Name geht auf Dunholm zurück, was „Hügel auf einer Insel" bedeutet. Das Gewässer ist der Fluss Wear, und der Hügel trägt auf seiner Spitze nebst einer Burganlage die Kathedrale. Beide sind normannischen Ursprungs. Die Burg wurde von Wilhelm dem Eroberer angelegt, im Jahre 1072, der Bau der Kathedrale begann 21 Jahre später, unter dem einflussreichen Bischof Carileph. Inzwischen gilt das Gotteshaus als das überhaupt bedeutendste romanisch-normannische Bauwerk in England.

Massige Säulen

Wilhelms Normannen waren sturmerprobte und kriegerische Leute. Bei ihrem Aufenthalt südlich des Ärmelkanals hatten sie die französische Sprache angenommen, aber ansonsten ihre rauen Gewohnheiten beibehalten. Man kann es an ihren Architekturen erkennen: Verglichen mit romanischen Bauwerken in südlicheren Gegenden wirken sie massig. Die Säulen im Inneren der Kathedrale sind wuchtig und auffallend dick, die aufgebrachten Muster – eingravierte Linien, die teils spiralförmig, teils im Zickzack verlaufen – vermögen dies kaum zu mildern.

An der Kathedrale wurde bis zur Mitte des 13. Jahrhunderts gearbeitet, lediglich der zentrale der drei Türme war erst im Jahre 1490 fertig gestellt. Die letzte Bauphase fällt in die Zeit der Gotik, wie von außen zu erkennen; das Innere blieb davon unberührt. Man ist stolz darauf, dass fast keinerlei nachträgliche Um- und Überbauten erfolgten und der ursprüngliche Zustand so weitgehend erhalten blieb. Nur die Zerstörungen im Gefolge der Reformation haben ihre Spuren hinterlassen. Mehr als 30 Altäre wurden zerstört. 1640 diente das Gebäude der siegreichen schottischen Armee als Militärbaracke, zehn Jahre später, nach der Schlacht von Dunbar, sperrte Oliver Cromwell hier 3000 schottische Kriegsgefangene ein. Das gesamte Gestühl verbrannte.

Ruhestätte für zwei Heilige

Was von den älteren Einrichtungen erhalten blieb, war stabil und steinern. So das Grab der Nevilles, im Mittelalter eine der angesehensten und mächtigsten englischen Adelssippen; einer davon, Ralph, vierter Baron Neville, schlug 1346 die Invasion des Schottenkönigs David II. nieder. Nun liegt er in der Kathedrale begraben, zusammen mit Ehefrau Alice, in einem alabasternen Schrein.

Zwei Heiligen wurde die Kathedrale von Durham zur letzten Ruhestätte: Beda und Cuthbert. Beide liegen in prächtigen Sarkophagen.

Beda, mit dem Beinamen Venerabilis, stammte aus der kleinen Ortschaft Monkton in Northumbrien und wurde um 672 geboren. Er wurde Benediktinermönch. Als einer der bedeutsamsten Theologen im frühen Mittelalter hat er eine englische Kirchengeschichte verfasst, dazu Kommentare, Predigten und Hymnen, aber auch Abhandlungen über Mathematik, Astronomie und Musik. Seine sterblichen Überreste gelangten 1093 nach Durham. 1899 wurde er heilig gesprochen.

Cuthbert, ein Zeitgenosse Bedas, kam gleichfalls aus Northumbrien. Er zeichnete sich aus durch außerordentliche Frömmigkeit und Einkehr. Zunächst Klosterbruder und Abt, wurde er ein Einsiedler. Man berief ihn zum Bischof, doch er kehrte in seine Einsiedelei zurück, wo er 687 starb. Seine Gebeine wurden 1104 nach Durham gebracht. Cuthbert wurde bald zu einem der beliebtesten Heiligen auf den britischen Inseln.

Am Nordportal befindet sich außen ein metallener Türklopfer. Flüchtlinge vor dem Gesetz konnten ihn betätigen, um Einlass und für äußerstenfalls 37 Tage Aufenthalt zu erhalten. In dieser Zeit mussten sie sich entscheiden, ob sie für ihre Person ein Gerichtsverfahren oder das freiwillige Exil wählen wollten. Im zweiten Fall wurden sie, ein Holzkreuz auf den Schultern, zum nächsten Hafen und auf das nächste dort ankernde Schiff geführt, mit dem sie das Land verließen.

Sir Walter Scott als Kronzeuge

Aufenthaltsort solcher Flüchtlinge war das an die Kathedrale unmittelbar angrenzende Kloster. 1540 wurde es aufgelöst. Der Kreuzgang ist eine Nachbildung aus dem 19. Jahrhundert. „Graue Türme von Durham / Wie sehr lieb ich deine wuchtigen Säulen / Halb bist du Gotteshaus, halb auch Burg gegen Schottland / Deine herrlichen Gänge möcht ich durchstreifen / mit all ihren Spuren aus längst vergessenem Tun."

Verse von Sir Walter Scott aus Edinburgh, dem Poeten und Erfinder des historischen Romans. Spätestens mit seiner literarischen Liebeserklärung scheint der blutige Zwist zwischen Schottland und Durham beigelegt.

ANREISE:
Von Newcastle aus etwa 20 km südlich über die Autobahn. Vom Kontinent aus ist Newcastle per Fährverbindungen erreichbar

ÖFFNUNGSZEITEN:
Normalerweise täglich 10 - 17 Uhr. Während der Gottesdienste Zutritt nur für die Gläubigen

SEHENSWERT:
Die Sarkophage der Heiligen Beda und Cuthbert

Die schweren romanischen Rundbögen aus der Normannenzeit sind für die Kathedrale von Durham ebenso charakteristisch wie die monumentalen Säulen, deren Schmuckelemente die Massigkeit nicht aufwiegen können. Das Langhaus entstand um 1093 – 1130 (links)

Die Ansicht der auf einem Hügel über der Stadt gelegenen Kathedrale (errichtet 1093 – 1278) zeigt die stilistische Geschlossenheit des Bauwerks

Die Kirche der gotischen Pracht

Das Münster im nordenglischen YORK ist berühmt für die Vielfalt seiner Baustile

ANREISE:
Über den internationalen Flughafen Manchester, dann Autobahn M1 bis Leeds, von dort ca. 20 km über gut ausgebaute Schnellstraßen

ÖFFNUNGSZEITEN:
Normalerweise täglich 10–18 Uhr. Während der Gottesdienste kein Zutritt für Touristen

SEHENSWERT:
Im Kapitelhaus die Statuen aus der Zeit des ersten normannischen Bischofs

Der Name York ist Gebildeten bekannt aus den Rosenkriegen und aus den Königsdramen von William Shakespeare. Letzter Herrscher der weißen Rose war der Herzog von Gloucester, jüngster Sohn Richard Plantagenets und als Richard III. König von England; er unterlag in der Schlacht bei Bosworth und kam dabei um, womit die Herrschaft der Tudors begann. Richard III. gilt als eindrucksvollster Bösewicht der Weltliteratur, obwohl er in Wahrheit längst nicht so scheußlich war, wie von Shakespeare behauptet, sondern, bezeugtermaßen, ein ziemlich vernünftiger und erfolgreicher Regent.

Die Stadt York bewahrt etliche Erinnerungen an ihn. Gelegen im nördlichen England, besitzt sie ein gut erhaltenes Zentrum aus dem Mittelalter und eine intakte Wehrmauer. Berühmteste ihrer Kirchen ist das Münster, Englands geräumigstes Gotteshaus und das größte gotische Bauwerk in Nordeuropa, jährlich wird es von zwei Millionen Besuchern frequentiert.

Yorks Reichtum gründete auf die Wollverarbeitung und den Handel. Hervorgegangen ist die Stadt aus einem römischen Militärlager, Eburicum, erfuhr erste Berührungen mit dem Christentum bereits 306 und hatte acht Jahre später einen Bischof. Die christliche Gemeinde ging wieder unter und entstand erneut, König Edwin von Northumbrien empfing seine Taufe in einem Gotteshaus, das Vorläufer des Münsters war: ein kleiner Holzbau, hastig errichtet und bald schon Raub der Flammen. Es wurde neu errichtet und schließlich, nach der Normanneninvasion, zu einem ausladenden Bau gestaltet, dessen Ruhm weit über die Inselgrenzen reichte.

250 Jahre Bauzeit

Der radikale Umbau zum nunmehr modisch gewordenen gotischen Stil begann im 13. Jahrhundert. Er sollte 250 Jahre dauern. Als Richard III. vor dem Altar kniete, war die heutige Gestalt des Bauwerks erreicht.

Fassade und Eingang liegen im Westen. Das Portal verfügt über einen reichen Figurenschmuck. Eine Statue zeigt den Apostel Paulus mit Schlüssel in der Hand, er ist Patron und Namensgeber der Kirche. Der Umbau fing an mit dem südlichen Querschiff, 1230–1241, der Grundstein für das Mittelschiff wurde 1291 gelegt und das Kapitelhaus 1345 vollendet.

Das Münster ist berühmt dafür, dass es die drei Stilrichtungen der englischen Gotik aufweist und harmonisch miteinander verbindet. Da gibt es das Early English. Es orientiert sich an der Frühgotik Frankreichs, woher auch etliche der Baumeister kamen; charakteristisch ist die Verwendung von Gewölbediensten. Hier in York sind sie aus dunklem Marmor gefertigt, der von der Insel Purbeck im Süden Englands stammt. Early English prägt das Querschiff.

Vor den Statuen der Könige

Hingegen dominiert der Decorated Style das Hauptschiff und das Kapitelhaus. Decorated zeichnet sich aus durch besonders reiches Maßwerk an den Fenstern und durch Blendwerk an den Mauern, bevorzugtes Muster ist die Fischblase. Hinzu kommen noch die zu Schmuckzwecken aufgebrachten Steinrippen an Gewölben und den Wänden, die sich zu einem engen Netzwerk verdichten können.

Perpendicular Style schließlich ist die englische Version der Spätgotik. Er verfeinert das Blendwerk bis zur Üppigkeit, unter besonderer Hervorhebung der Vertikalen; Zweck ist, wie

bei der Spätgotik anderswo, eine äußerste Betonung alles Senkrechten und eine himmelwärts weisende Optik. In York lässt sich Perpendicular im Chor antreffen und an den drei Türmen.

Das Münster verfügt über zahlreiche Kirchenfenster mit mittelalterlicher Glasmalerei, sie gelten als die schönsten auf der gesamten Insel. Eines davon ist das hohe, spitz zulaufende Westfenster, ein anderes das große Ostfenster, hinzu kommen die Fenster im nördlichen Querschiff, genannt die „Fünf Schwestern". Berühmt wurde das Fenster mit der Darstellung von St. Nikolaus, dem Heiligen aus Myrna in Kleinasien. Er ist unter anderem Schutzpatron der Bestohlenen und reitet hier auf seinem Pferd hinweg über einen Spitzbuben, der einem Verleiher Geld stahl. York war, wie gesagt, eine wohlhabende Stadt der Kaufleute.

Das Münster ist überaus reich an Skulpturen, was nicht nur für die

Westfassade zutrifft, sondern ebenso für die Innenräume. Beeindruckend sind die lebensgroßen Statuen englischer Könige, die im Chorumgang stehen: Wilhelm I., der Eroberer, der 1066 mit der Schlacht bei Hastings von England Besitz nahm, und Heinrich VI., letzter König aus dem Hause Lancaster, mit dem die Rosenkriege begannen. Das Rosettenfenster im südlichen Querschiff wurde fertig, als die Rosenkriege endeten und als das Haus York unterging.

Wenn „Great Peter" dröhnt

Es existieren ein paar mittelalterliche Bischofsgräber, es gibt die noch aus dem normannischen Münster übernommene Krypta, wo Reste einer Vorgängerkirche aus dem 8. Jahrhundert zu sehen sind. An das nördliche Kreuzschiff mit seiner astronomischen Uhr schließt das Kapitelhaus an, der achteckig gehaltene Versammlungsort für die höchste Geistlichkeit der Kathedrale. Die Glasfenster sind auch hier prachtvoll. Es gibt kostbare Schnitzereien. Die Statuen stammen aus der Zeit von Yorks erstem normannischem Bischof, Thomas von Bayeux. Das südliche Kreuzschiff wurde 1984 von einem Brand heimgesucht, der schwere Zerstörungen hinterließ. Inzwischen sind sie behoben. Zur Mittagsstunde schlägt täglich vom Nordwestturm die Glocke „Great Peter", klangvoll, sehr berühmt und zehn Tonnen schwer. Alles am Münster von York ist gewichtig und groß.

Die Altstadt von York wird von dem Langhaus des gotischen Münsters und seinen Türmen überragt (oben)

Blick auf das Hauptportal mit einem der beiden flankierenden Türme (links unten)

Eine der Kapellen mit ihrem Glasfensterschmuck (rechts unten)

157

Das Haus der Etheldreda

Die Kathedrale in **ELY** ist ein Beispiel für die hohe Kunst der normannischen Gotik

ANREISE:
Von London aus über die Autobahn nach Cambridge, von dort aus ca. 20 km Landstraße nach Ely. Gute Bahn- und Busverbindungen

ÖFFNUNGSZEITEN:
Normalerweise täglich 9 – 18 Uhr. Während der Gottesdienste kein Zugang für Touristen

SEHENSWERT:
Das Gebäude der King's School in der Nachbarschaft der Kirche

Blick auf das nördliche Querhaus mit dem Vierungsturm (rechts)

Eine architektonische Rarität ist die achteckige Kuppel auf dem großen Turm (unten links)

Das Mittelschiff der Kirche ist 76 Meter lang und wurde in den Jahren 1106 – 1189 erbaut

Ely ist eine Stadt von gut 60 000 Einwohnern, nördlich von London gelegen, auf halbem Weg zwischen Cambridge und Norwich. Das Umland ist agrarisch geprägt und flach, der Fluss, der durch Ely fließt, trägt den Namen Ouse. Es gibt einen kleinen Fischereihafen und Gelegenheit zu Bootsausflügen. Ely dient Hauptstädtern als Erholungsgebiet und Ausflugsziel.

Schon von weitem ist die Kathedrale zu erkennen, vermöge ihres die Dächer der Stadt überragenden Westturmes, der 66 Meter misst. Seine unteren zwei Drittel entstanden im 12. Jahrhundert, vollendet wurde er reichliche 200 Jahre später. Die Entwicklung des gotischen Baustils in England lässt sich an seinem Äußeren gut ablesen. Die Kathedrale ist überhaupt ein vorzügliches Beispiel für die englische Gotik und deswegen berühmt.

Romanischer Grundriss

Ihre Anfänge liegen weit zurück. Man kann es schon am romanischen Grundriss sehen. Der eigentliche Ursprung ist noch älter: Im siebten Jahrhundert, also der Zeit vor der Eroberung durch Wilhelms Normannen, als in Ostengland noch die Sachsen herrschten, gründete eine sächsische Fürstin namens Etheldreda die Anlage.

In der Vita dieser Frau verschlingen sich Historie und Legende auf fast unentwirrbare Weise. Geboren wurde sie 630 in Exning bei Newmarket. Ihre religiöse Berufung verspürte sie früh, dessen ungeachtet wurde sie gleich zweimal verheiratet: aus politischen Gründen. Gleichwohl hielt sie an ihrer Jungfräulichkeit beharrlich fest; ihr erster Ehemann vermachte ihr die Insel Ely als Besitztum, ihr zweiter Mann hat sie aus ihrem Ehegelübde entlassen. Fortan lebte sie in Ely und gründete dort 673 ein Doppelkloster, also Einrichtungen für Benediktinermönche wie auch für Nonnen.

Von den Dänen zerstört

Die Abtei befand sich exakt dort, wo heute die Kathedrale steht. Etheldreda starb 679 an einem Rachentumor. Man setzte sie auf dem Gelände des Klosters bei, sechs Jahre später wurde ihr Grab wieder geöffnet, um den Leichnam in die Kirche zu überführen. Man fand den Körper unverwest, und der Krebstumor war wunderbarerweise verschwunden. So jedenfalls erzählt es Beda Venerabilis in seiner englischen Kirchengeschichte.

Das von Etheldreda gegründete Kloster existierte über zwei Jahrhunderte. Dann begann eine Invasion durch die Dänen, die schließlich große Teile von Ost- und Mittelengland besetzt hielten, das Kloster in Ely wurde dabei zerstört. Die Neugründung erfolgte 970. Der Schrein der frommen Gründerin wurde in dieser Zeit zu einem Ziel für Pilger und sollte es die folgenden Jahrhunderte bleiben, wobei der Andrang sich noch verstärkte. 23. Juni und 17. Oktober, Geburts- und Sterbedatum der Heiligen, waren besondere Feiertage der Kathedrale und blieben das auch unter anglikanischer Herrschaft.

Die Arbeiten am jetzigen Gotteshaus begannen im 11. Jahrhundert, unter einem Abt namens Simeon. Bischofskirche wurde es 1109. Mit der Reformation endete die Klostertätigkeit, der letzte Prior, Robert Steward, war der erste anglikanische Dekan. Es gab Umbauten im 18. und 19. Jahrhundert, die letzten Restaurierungsarbeiten erfolgten zwischen 1986 und 2000.

Man betritt das Gotteshaus im Westen durch die Galilee-Halle. Das Längsschiff beeindruckt durch seine Länge von 76 Metern, wohl auch durch seine Deckengestaltung, deren Bemalung freilich ein reines Produkt des Viktorianismus ist. Sonst blieb die Ausgestaltung nahezu unverändert und bietet ein schönes Beispiel für den normannischen Baustil; man versteht darunter die in Nordfrankreich ausgebildete und mit Wilhelms Eroberern nach England gelangte Architektur der frühen Gotik, mit Rippenwölbungen und Ansätzen zu einem Strebesystem.

Der achteckige Turm

Im Jahre 1322 stürzte der alte Zentralturm ein. Sakristan Alan von Walsington hatte, eigenem Zeugnis zufolge, „eine außerordentliche schöpferische Vision" und entschied, statt des üblichen vierseitigen Turmes über die Vierung nunmehr ein Oktogon aufzubringen. Es war und blieb dies ein singuläres Vorhaben. Der Turm entstand in sechsjähriger und höchst komplizierter Bauarbeit, das Dach benötigte 14 Jahre bis zu seiner Fertigstellung, sein Zimmermann hieß William Hurley und diente als Baumeister bei König Eduard III. Das Oktogon blieb unverändert bis heute, meisterliches Exempel der mittelalterlichen Technologie.

Der unter dem Oktogon befindliche Chor wurde zu ungefähr gleicher Zeit erneuert. Das Gestühl ist figurenreich, in Teilen entstammt es dem 14. Jahrhundert. Im Presbyterium stand bis zu seiner Zerstörung der Schrein der heiligen Etheldreda, seit 1973 erinnert daran eine Gedenkplakette. Am nördlichen Ende des Querschiffes schließt die Marienkapelle an, in der ersten Hälfte des 14. Jahrhunderts errichtet, einst ausgestattet mit reichen Wandmalereien, mit bunten Fenstern und vielen Statuetten. Das meiste davon wurde während der Reformation zerstört.

An die klösterliche Vergangenheit der Kathedrale erinnert eine Reihe von mittelalterlichen Gebäuden rundum. Heute ist dort die bischöfliche Administration untergebracht sowie eine Lehranstalt, die King's School. Sie ist, worauf man sich in Ely viel einbildet, eine der ältesten öffentlichen Schulen weltweit.

Kathedralenkunst in Wells

Die Hauptfassade der südwestenglischen Kirche gilt als Bravourstück gotischer Steinmetzkunst – 297 Statuen schmücken sie

ANREISE:
Mit dem Auto von London aus ca. 130 km nach Westen auf der E 30 bis Bristol. Dort nach Süden abbiegen, etwa 20 km bis Wells

ÖFFNUNGSZEITEN:
Normalerweise täglich von 9 bis 19 Uhr. Ausgenommen die Zeiten während der Gottesdienste

SEHENSWERT:
Die Westfassade mit ihren 297 Statuen

Das englische Wort „well" bedeutet Quelle. Die Ortschaft Wells in Englands Südwesten erhielt ihren Namen nach etlichen derartiger Gewässer – eines davon sprudelt heute im Garten des bischöflichen Palastes, ein anderes verläuft unter dem Kreuzgang der Kathedrale. Im ausgehenden Mittelalter ließ ein lokaler Kirchenfürst, Bischof Bekynton, mithilfe dieser Quellen in der gesamten Stadt eine komplette Wasserversorgung einrichten.

Wells ist klein und hat weniger als 10 000 Einwohner. Gelegen am Fuße der Mendip Hills, in der Grafschaft Somerset, auf dem Wege von Bristol nach Cornwall, hat es sich seine fast unveränderte mittelalterliche Struktur erhalten können, mit ehrwürdigen Stadttoren, alten Gasthöfen und zahlreichen historischen Häusern, mit dem Bischofspalast und der Kathedrale als alles beherrschendem Mittelpunkt.

Kirchenbau von 766

Als Siedlungsgrund diente die Region seit jeher. Grabungen im 19. und 20. Jahrhundert stießen auf steinzeitliche Werkzeuge, auf römische Keramiken und frühchristliche Grabstätten. Es fanden sich reichlich Relikte aus den Anfängen der sächsischen Eroberung und, kulturgeschichtlich bemerkenswert, Silbermünzen aus Friedland.

Während der angelsächsischen Herrschaft existierten auf der Insel mehrere, zumeist heftig miteinander verfeindete Königreiche. Wells gehörte zu Wessex. Der Beginn des ersten Sakralbaus am Ort erfolgte 764 vermutlich auf Anweisung des dortigen Herrschers. Die Anlage muss ausgedehnt und ziemlich eindrucksvoll gewesen sein, Chroniken behaupten es so; die Grabungen sind auf entsprechende Überreste gestoßen. Die erste Kirche befand sich an der Stelle des heutigen Kreuzgangs. Nicht nur das Münster, auch die übrige Siedlung wurde offensichtlich nach einem wohl überlegten Bauplan angelegt.

Erobert von den Normannen

Dieses Münster war dem heiligen Andreas geweiht, einem der zwölf

Apostel Jesu, Fischer aus Bethsaida und Bruder Simons, des späteren Petrus. Der letzte sächsische Bischof hieß Giso (1061–1088). Danach wechselte der Bischofssitz für eine Weile ins benachbarte Bath, und Wells verfiel.

Erst mehr als ein Jahrhundert nach der Eroberung durch die Normannen begann an der heutigen Stelle der Bau einer völlig neuen Kathedrale. Das sächsische Münster wurde abgerissen, manche seiner Materialien fanden bei dem Neubau Verwendung. Erster Bauherr war ein Kirchenfürst normannischer Herkunft mit Namen Reginald.

Schutzpatron Andreas

Von dem aufgelassenen sächsischen Münster wurden außerdem der Name des heiligen Andreas übernommen und ein Taufstein, eine besonders schöne Steinmetzarbeit, ferner an den Seiten ein Schmuck aus Pfeilern im romanischen Stil. Die Gebeine der sächsischen Bischöfe wurden schließlich aus dem alten Münster überführt und hier neu beigesetzt, darunter die des Bischofs Giso.

Die wesentlichen Bauarbeiten erfolgten im 12. und 13. Jahrhundert, die an den Türmen erst zwei Jahrhunderte später. Die wichtigsten für den Bau verantwortlichen Bischöfe hießen Jocelyn, John Drokensford, Ralph von Shrewsbury und Harewell. Bedeutendster unter den Bischöfen von Wells war der eingangs schon genannte Bekynton, ein hochgebildeter, auch diplomatisch begabter Mann. Heinrich VII., dem ersten König aus dem Hause Tudor, diente er als Tutor und dann als Staatssekretär. In Oxford und Cambridge überwachte er mehrere Colleges, in Wells veranlasste er zahlreiche bauliche Maßnahmen.

Kunst der frühen Gotik

Auch manche der Baumeister in Wells, nicht ganz selbstverständlich in jenen Zeiten einer weitgehenden Anonymität, sind namentlich bekannt: Thomas of Whitney und William Wynford. Letzterer war ein ziemlich renommierter Mann, seine Mitwirkung an mehreren anderen englischen Sakralbauten ist überliefert.

Von Wynford stammen Teile der Innenausstattung, im damals vorherrschenden Stil des frühgotischen Early English. Es gibt die wunderbaren Bogengewölbe, die den Turm stützen, die Kapitelle zeigen reiches Dekor, das Triforium ist eindrucksvoll. Wie viele Kathedralen in England hat auch Wells seine – vor 1326 errichtete – Marienkapelle. Zum Kapitelhaus führt eine Treppe empor, das Kapitelhaus selbst zeigt den hochgotischen Decorated Style und gilt als schönstes seiner Art.

Farbige Statuen

Der auffälligste und kostbarste Teil der Kathedrale aber befindet sich außerhalb. Es ist die 1239 vollendete Westfassade. Sie zeigt den Stil des Early English, sie ist überaus reich gegliedert und zeigt in mehreren Reihen übereinander insgesamt 297 steinerne Statuen, davon immerhin 152 in Lebensgröße.

Eine solche Ansammlung ist einmalig, nicht nur in England. Zudem muss man sich die Figuren farbig vorstellen, denn sie waren ursprünglich allesamt bemalt, in leuchtendem Rot, Blau und Gold.

Ein anderes bemerkenswertes Einzelstück ist die 1392 im nördlichen Kreuzgang angebrachte astronomische Uhr. Betrieben hat diese Bischof Ralph Erghum, der von der Kathedrale in Salisbury kam, wo er gleichfalls eine astronomische Uhr hatte installieren lassen. Offensichtlich hat er auch von dort seinen Uhrenhersteller mitgebracht. Zu sehen ist, auf Zifferblatt und Zeigern, das zu jener Zeit selbstverständliche ptolemäische Himmelsbild, mit der Erde als Mittelpunkt, um den sich Sonne und Gestirne bewegen. Die Uhr schlägt zu jeder Viertelstunde, wozu Turnierritter oben am Turm ihre Runden drehen.

Uhren dieser Art waren ungemein populär während des hohen und späten Mittelalters, man sieht sie von Prag bis zum dänischen Roskilde.

Im Jahre 1239 wurde die Westfassade vollendet. Sie ist ein Meisterwerk der englischen Frühgotik und wurde mit nicht weniger als 297 zum Teil lebensgroßen Statuen ausgeschmückt. In der Kunstgeschichte nimmt diese Fassade mit ihrer monumentalen Pracht eine Sonderstellung ein (oben lins)

Im Innern der Kirche ist die Wirkung ebenso gewaltig: Blick durch das Langhaus auf die Orgel (Mitte)

Das Foto rechts zeigt das vorwiegend den Mönchen vorbehaltene Kapitelhaus mit seinen verzierten tragenden Säulen

Kirche des Königshauses

Westminster Abbey, in der **LONDONER CITY** gelegen, ist ein Ort der Geschichte – Hier ruhen Englands Herrscher

ANREISE:
London hat mehrere internationale Flughäfen. Mit der Bahn im Eurostar von Paris und Brüssel aus. Fährverbindungen über Dover und mehrere andere Häfen

ÖFFNUNGSZEITEN:
Normalerweise
Mo – Fr 9.30 – 15.45 Uhr,
Sa 9.30 – 13.45 Uhr,
sonntags geschlossen

SEHENSWERT:
Die Sarkophage der englischen Könige

Die Westfassade von Westminster Abbey mit ihren beiden Türmen, die erst im 18. Jahrhundert vollendet wurden (Bild rechts)

Feierliche Krönung von Elizabeth II. in Westminster Abbey (unten links)

Wo bedauert man bei einem London-Besuch, nicht als Engländer geboren zu sein? Für viele gibt es nur einen Ort, an dem sich solche Gefühle einschleichen, und das ist die Westminster Abbey. Denn nirgendwo sonst spürt man englische Geschichte, Tradition und Stolz mehr als in diesem über tausend Jahre alten Gotteshaus. Wie eine gewaltige Inszenierung britisch beharrender Lebensart wirkt ein Hochamt, bei dem man persönlich zu seinem Sitz im hohen neugotischen Chorgestühl geleitet wird. Das Gloria Dei erklingt, gesungen von Chorknaben in weiß-roten Hemden, und die Messe wird nach anglikanischem Ritus gefeiert.

Erste Medien-Krönung

Seit sich Wilhelm der Eroberer im Jahr 1066 hier selber die Krone aufs Haupt gesetzt hat, wurden nahezu alle britischen Könige und Königinnen – 37 an der Zahl – in Westminster Abbey gekrönt. Vier Stunden dauerten die Feierlichkeiten, als Elizabeth II. 1953 in Westminster inthronisiert wurde und dieser feierliche Akt als Medienereignis erstmals in aller Welt zu sehen war. In Westminster finden auch die meisten Trauergottesdienste der königlichen Familie statt, wobei die Monarchen seit 1760 auf einem Gelände bei Windsor Castle und nicht mehr in der Kirche beigesetzt werden. Traditionsgemäß ist „The Collegiate Church of St. Peter of Westminster" – wie die Kirche offiziell heißt – nicht dem Bischof, sondern dem Königshaus unterstellt.

Dem Apostel Petrus war eine erste mit einem Kloster verbundene Kirche geweiht, die vom letzten angelsächsischen König Eduard dem Bekenner im Jahr 1050 durch einen romanischen Bau, später durch eine normannische Kirche ersetzt wurde. 1245 startete Heinrich III. dann ein kostspieliges Bauvorhaben. Denn er begann einen Kathedralenbau im gotischen Stil. Der Chor, die Querschiffe, die Vierung und ein Teil des Jochs des Hauptschiffes wurden zuerst errichtet, ganz im Stil der Kathedralen von Reims und Amiens, wobei der weiche helle Stein aus der Grafschaft Surrey seine besondere Ausstrahlung hatte.

Ein Jahrhundert lang blieb der gotische Chor an das normannische Kirchenschiff angefügt; 1375 ließ Richard II. den Trakt einreißen und begann mit dem Bau eines gewaltigen Kirchenschiffs. Wesentliche Veränderungen brachten die Kapellenanbauten in den Jahren zwischen 1503 und 1519, die unter Heinrich VII., aber auch unter seinen Nachfolgern entstanden.

Kapellen für die Könige

Wo beginnt man mit der Besichtigung dieses Meisterwerks, das ja bereits von außen mit seiner filigranen Westfront für beinahe fassungsloses Staunen sorgt? Wenn man sich im Inneren vom ersten Eindruck der Unendlichkeit erholt hat und den Blick immer und immer wieder an den Strebebögen emporgleiten ließ, wird man sich den Kapellen zuwenden, unter denen die von Heinrich VII. eine Sonderstellung einnimmt. Denn diese Grabhalle mit der filigranen, an ein Spitzengewebe erinnernden Fächerdecke verströmt mit ihren hohen, hellen Fenstern eine enorme Leichtigkeit und nimmt dem Tod scheinbar jeden Schrecken. In einer anderen Kapelle steht der Schrein Eduards des Bekenners.

Am Grabmal Maria Stuarts

Ein besonders eindrucksvolles Kunstwerk ist die Grabstätte, in der Elizabeth I. (1533 – 1603) und ihre Halbschwester Mary I. ruhen, „Gefährtinnen sowohl auf dem Thron als auch im Grab". Die unter Elizabeth I. enthauptete Schottenkönigin Maria Stuart fand ebenfalls in Westminster Abbey ihre letzte Ruhestätte. Ihr Sohn Jakob VI. von Schottland ließ ihr ein Grabmal errichten, das noch prächtiger ist als das ihrer Cousine Elizabeth I.

Im Tode vereint oder durch eine Gedenktafel geehrt sind in Poet's Corner die Dichter, deren Werke Englands Ruhm um die Welt getragen haben. Edmund Spencer, William Shakespeare, Charles Dickens, T. S. Eliot und Henry James sind ein paar der großen Namen. Während die „Ecke der Poeten" im südlichen Querschiff eingerichtet ist, haben einige Staatsmänner im nördlichen Querschiff ihre Grabmale. Von Viscount Palmerstone bis zu William Ewart und Benjamin Disraeli sind in der Kathedrale Politiker versammelt, die Weltgeschichte gemacht haben.

Westminster Abbey ist nicht nur wie ein aufgeschlagenes Buch englischer Geschichte. Mit dem hohen weißen Schiff, den bunten Fenstern und den farbenprächtigen Fahnen ist es auch ein Gotteshaus, in das die Menschen zum täglichen Gebet kommen. Vielleicht, weil man in diesem gotischen Meisterwerk dem Himmel doch ein kleines Stück näher ist als anderswo.

Blick in das Hauptschiff mit dem Chorgestühl aus dem 19. Jahrhundert (unten mitte)

Blick vom Boden der Kuppel aus durch die St. Paul´s Cathedral (oben)

Die Westfassade mit ihren beiden barocken Türmen und dem Hauptportal (unten rechts)

Denkmal für Queen Anne auf dem Brunnen vor dem Hauptportal (unten links)

Der britische Petersdom

Die St. Paul´s Cathedral in **LONDON** wurde nach dem Vorbild der römischen Papstkirche errichtet

Ein Denkmal wollte man für Sir Christopher Wren, den Erbauer der St. Paul's Cathedral, schon zu dessen Lebzeiten errichten, doch der winkte ab. Eine von seinem Sohn verfasste Gedenktafel in der weltberühmten Kuppel erinnert posthum an ihn mit der bemerkenswerten Inschrift: „Leser, suchst du sein Denkmal, so schau dich um."

Was für ein Denkmal für einen Architekten, was für ein Denkmal aber auch für eine Stadt, die mit diesem Kuppelbau ihre Bischofskirche, aber auch die Pfarrkirche für das Commonwealth präsentiert. Als einzige Barockkirche Englands überragt die Kathedrale die Londoner City mit Charme und Grandezza. Eine fremdländische Schönheit im britischen Inselreich.

Bereits seit dem Jahr 604 stand auf dem Hügel über der heutigen City eine Kirche, die dem Schutzpatron der Stadt, dem Apostel Paulus, gewidmet war. Mehrere Bauten folgten, doch erst mit der 1300 eingeweihten gotischen Kathedrale wuchs eine der schönsten und größten Kirchen der damaligen Zeit empor. Im Lauf der Jahrhunderte verfiel allerdings auch dieses imposante Gotteshaus, und erst im frühen 17. Jahrhundert begann ein umfangreiches Restaurierungsprogramm. Schon 1642 führte das auf die Enthauptung Karls I. folgende „Zeitalter der Republik" wieder zum Stillstand der Bauarbeiten, und die Kirche verkam zum Marktplatz und zum Pferdestall. Karl II. machte diesem Missstand ein Ende und engagierte für einen großzügigen Umbau mit Christopher Wren einen Mann, der in seiner Zeit ein absoluter Star unter den Baumeistern war. Wrens

Restaurierungspläne wurden akzeptiert, doch der große Brand im Jahr 1666, bei dem in London 13 200 Häuser und 81 Gemeindekirchen zerstört wurden, machte sie null und nichtig. Angesichts der Brandschäden an der Kathedrale kam nur ein Neubau in Betracht, für den der Architekt wiederum Wren hieß.

Stilbestimmend wurde seine Vorliebe für das christliche Rom, denn die einzige von einer Kuppel gekrönte Kirche Englands ist deutlich nach dem Vorbild des Petersdoms erbaut.

1711 wurde die Kathedrale mit 170 Meter Länge und einer Kuppelhöhe von ungefähr 108 Meter nach 35 Jahren Bauzeit eingeweiht – als größter Kirchenbau Englands und wahrhaft imposante Bühne: Hier fanden die Trauerfestlichkeiten für den Herzog von Wellington, Lord Nelson und Winston Churchill statt, das Ende der napoleonischen Kriege wurde in St. Paul's ebenso gefeiert wie das Ende des Zweiten Weltkriegs.

Und weil man in Westminster Abbey zwar festlich krönt und königlich trauert, wurden fröhlichere Feiern der Royals auch gern in die St. Paul's Cathedral verlegt: Queen Victoria beging hier ihr 60-jähriges Thronjubiläum, und Prince Charles und Lady Diana Spencer traten im „britischen Petersdom" unter den Augen von 750 Millionen Fernsehzuschauern vor den Traualtar.

Korinthische Säulen

Schon der von zwei Barocktürmen gesäumte Eingang an der Westfassade überwältigt den Betrachter, aber geradezu atemberaubend ist der Blick, der von hier aus durch das Hauptschiff über den Kuppelbau zum Chorraum gleitet. Keine Schranke stört die Weite, und die sakrale Stimmung wird durch die byzantinisch anmutenden Mosaiken aus dem 19. Jahrhundert noch erhöht. Der Chor wird von einem 1959 eingebauten Altar beherrscht, der auch ein Mahnmal für die in den beiden Weltkriegen ums Leben gekommenen 335 451 Opfer des Commonwealth ist. Im Chorraum sind die Deckenmalereien nach den Zerstörungen des Zweiten Weltkrieges neu geschaffen worden, und dort befindet sich auch die Orgel, auf der schon Georg Friedrich Händel bis tief in die Nacht hinein spielte.

In die Vierung sollte man sich setzen und hinaufschauen, wo die korinthischen Säulen als Fortsetzung von acht wuchtigen Pfeilern zur Kuppel hinaufragen. Um zu verhindern, dass der Bau wie ein dunkler Trichter aussieht, wurde die innere Kuppelschale niedriger gelegt als die äußere, was ein architektonisches Kuriosum mit sich brachte. Durch die doppelten Wände entstand in der Höhe die sogenannte Flüster-Galerie (Whisper Gallery), die ein gesprochenes Wort an den Mauern entlang zur anderen Seite leitet, so dass es dort zu hören ist.

Blick über die Dächer

Doch die St. Paul's Cathedral ist nicht nur eine architektonische Kostbarkeit. Sie hält mit kunstvollen Denkmälern auch die Erinnerung an die englische Geschichte wach. Die Krypta ist die Begräbnisstätte der Kathedrale. Hier ruhen neben Künstlern, Naturwissenschaftlern und Komponisten einige Nationalhelden wie Lord Nelson und Wellington. Florence Nightingale wurde ebenfalls in der Krypta beigesetzt.

Für viele Besucher bleibt der Aufstieg zur Kuppel eine Hauptattraktion, auch wenn dabei 530 Stufen bewältigt werden müssen. An der Whisper und der Stone Gallery vorbei geht es hinauf zur Golden Gallery, die nur noch von der Laterne überragt wird. Beim Blick auf die Dächerlandschaft von St. Paul's und das brodelnde London gibt man dann einem Wort von Christopher Wren Recht: „Architektur zielt auf die Ewigkeit."

ANREISE: London hat mehrere internationale Flughäfen. Mit dem Autozug durch den Eurotunnel oder mit einer der zahlreichen Fährverbindungen. Bahnverbindung von Paris und Brüssel aus

ÖFFNUNGSZEITEN: Mo - Sa 8.30 - 16.00 Uhr, sonntags geschlossen. Änderungen kurzfristig möglich

SEHENSWERT: Besteigung der Kuppel

Die Kathedrale von Canterbury ist seit Jahrhunderten das wichtigste Gotteshaus im englischen Königreich. Dreimal zerstörte Feuer den prächtigen Bau, dreimal wurde die Kathedrale wieder aufgebaut (oben)

Wo einst Thomas Becket starb

CANTERBURY war Regierungssitz der angelsächsischen Könige

Am 29. Dezember des Jahres 1170 töteten während einer Vesper vier Ritter den Erzbischof von Canterbury, Thomas Becket. Dies bedeutete das Ende eines Jahre währenden Konfliktes zwischen Englands König Heinrich II. und dessen höchstem Kirchenfürsten. Dabei hatten die beiden für einige Zeit eng zusammengearbeitet. Becket war zuvor Heinrichs Kanzler gewesen, und seine Berufung zum Erzbischof ging maßgeblich auf den König zurück. Allgemein wurde gemutmaßt, Heinrich selbst habe den Mord in Auftrag gegeben. Das Gerücht beschädigte nachhaltig seinen Ruf, obwohl er einer der geschicktesten Herrscher Englands im Mittelalter war und viele seiner Regierungsmaßnahmen als vorbildlich gelten dürfen.

Der Mord an Becket erfolgte in der Kathedrale von Canterbury. Das Geschehen diente etlichen schöngeistigen Autoren, voran Jean Anouilh und T. S. Eliot, als Stoff für ihre Arbeiten. Der Ort des Ereignisses war das wichtigste Gotteshaus im Königreich England und blieb dies auch, als ein anderer Herrscher, Heinrich VIII., sich seiner komplizierten Ehehändel wegen vom römischen Papsttum lossagte und eine eigene Konfession begründete. Die Kathedrale von Canterbury wurde Mutterkirche des Anglikanismus und der dort amtierende Erzbischof zum Primate of all England mit Sitz im britischen Oberhaus.

Überreste von 597

Canterbury verfügt über eine fast intakte mittelalterliche Altstadt, mit der Kathedrale als alles beherrschendem Zentrum. Die Stadt ist alt und geht auf eine römische Siedlung zurück. Einem der angelsächsischen Könige, mit Namen Ethelbert, diente sie als Regierungssitz. 597 gründete der später heilig gesprochene Augustinus, aus Rom stammender und von Papst Gregor dem Großen zum

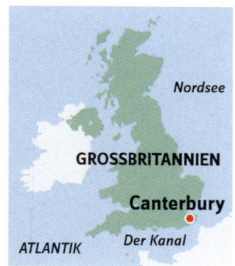

ANREISE:
Mit dem Auto von Dover aus ca. 20 km auf der E 15 Richtung London. Von London aus bequeme Bus- und Bahnverbindung

ÖFFNUNGSZEITEN:
Normalerweise täglich 9–18.30 Uhr. Oktober–Ostern 9–17 Uhr. Während der Gottesdienste und Andachten ist die Kathedrale den Gläubigen vorbehalten

SEHENSWERT:
Das Grabmal des „Schwarzen Prinzen"

Der Blick in das Mittelschiff mit dem traditionsreichen Chorgestühl lässt die gewaltigen Dimensionen ahnen: 175 Meter misst das Langschiff, 27 Meter ragt es in die Höhe (oben rechts)

Thomas Becket wurde 1170 im Dom von Canterbury während einer Vesper von vier Rittern ermordet. Die flämische Miniatur (14. Jahrhundert) zeigt den Augenblick des Mordanschlags (unten)

Zwecke der Missionierung nach England entsandter Benediktiner, im damaligen Cantwarabrig eine Abtei, deren Kirche zur Keimzelle der späteren Kathedrale wurde.

Das Gotteshaus ist im Laufe seiner Geschichte dreimal niedergebrannt und dreimal wieder aufgebaut worden. Seine heutige Gestalt erhielt es im 15. Jahrhundert, doch Krypta und Chor stammen noch vom Ende des 12. Jahrhunderts. Zur Kathedrale gehören eine Vielzahl weiterer Bauwerke: das Archivgebäude, eine Schule, ein Krankenhaus und, allen voran, das Amtsgebäude des Primas-Erzbischofs.

Über allem erheben sich die drei Türme der Kathedrale, von denen jeder seinerseits mit vier Helmen bestückt ist. Die Kirche misst 175 Meter in der Länge, 27 Meter in der Breite und ist 27 Meter hoch.

Das Hauptschiff bietet ein ausgezeichnetes Beispiel für den so genannten Perpendicular Style, der englischen Spielart der Spätgotik, die sich durch ein besonders enges Geflecht aus Netz- und Fächergewölben auszeichnet. Die Kathedrale von Canterbury hat ein paar Eigenheiten, die sie von anderen Sakralbauten der Insel abheben, so an ihrem östlichen Ende eine auffällige Rundung, die sie einem aus Frankreich stammenden Baumeister verdankt. Dann gibt es zwei Treppen, die vom Längsschiff zum Chor und vom Chor zu einer der Heiligen Dreifaltigkeit gewidmeten Kapelle führen.

Franzosen waren auch die Schöpfer einiger der Fenster, so von denen im Westen und im Süden. Die farbigen Gläser zeigen alttestamentarische Propheten, Szenen aus dem Leben Christi und dem der heiligen Jungfrau, man spricht hier gern, etwas hochmütig, von einer Bibel für Arme (biblia pauporum).

Der „Schwarze Prinz"

Es gibt den Marmorthron von St. Augustinus in der östlich befindlichen Coronarkapelle, wo seit dem 13. Jahrhundert sämtliche Bischöfe inthronisiert werden. Deren Reihenfolge zählt man seit Augustinus, allem Wechsel der Konfession zum Trotz. Es gab eine Reihe von bedeutenden Klerikern in diesem Amt, sie hießen Odo, Alphege und Edmund zum Beispiel, und alle drei wurden heilig gesprochen. Der gegenwärtig amtierende Primas, George Carey, ist der 103. in der Reihe.

Der von allen berühmteste bleibt Becket. Der Platz, wo man ihn niederstach, befindet sich vor dem nordwestlichen Kreuzschiff: Es ist die Märtyrerkapelle. Einst gab es hier einen prächtigen Sarkophag für den Ermordeten, aber der wurde von Heinrich VIII. abgeräumt. Erhalten sind andere Grabmäler, darunter das des durch Shakespeares Dramentrilogie bekannten Heinrich IV., der hier mit seiner zweiten Gemahlin Johanna von Navarra liegt, und, vor allem, das Grabmal des „Schwarzen Prinzen" Eduard, dem ältesten Sohn König Eduards III. Er gehörte zu den herausragenden Feldherrn im Hundertjährigen Krieg, war siegreich in den Schlachten von Crécy und Poitiers und starb 1376, ehe er selbst die Königskrone hätte tragen können. Sein Grabmal wird als eines der exzellentesten Werke der mittelalterlichen Kunst bezeichnet.

Ebenso wie die Krypta der Kathedrale, die als größte und schönste normannische Unterkirche Englands gilt. Sie beansprucht die gesamte Fläche unter dem Chor, ist fünfschiffig und berühmt für ihre Säulenkapitelle.

Im Zeichen des Lothringer Kreuzes

Die Kathedrale von **SALISBURY** hat Englands höchsten Kirchturm

ANREISE:
Salisbury liegt etwa 100 km südwestlich von London. Von dort aus gute Bus- und Bahnverbindungen

ÖFFNUNGSZEITEN:
Normalerweise täglich 7.15 - 18.15 Uhr, Juni - August Mo - Sa bis 20 Uhr. Während der Gottesdienste kein Zutritt für Touristen

SEHENSWERT:
In der Dombibliothek ein besiegeltes Exemplar der Magna Charta

Die Gesamtaufnahme zeigt die besondere Anlage der Kirche mit ihren zwei Querschiffen und den Turm mit dem spitzen hohen Helm (rechts oben)

Der reiche Figurenschmuck zählt zu den Besonderheiten dieser Kirche. Das Foto (unten rechts) zeigt die Westfassade

Blick in das Langhaus mit der oberen Säulengalerie (unten links)

Bei den meisten großen Kirchen des englischen Mittelalters zeigen die Türme als Abschluss eine waagerechte Abdeckung, der lediglich an den vier Ecken kleine gotische Helme aufgebracht worden sind. So verhält es sich in Westminster, in Canterbury, in York. Die Kathedrale von Salisbury weicht von diesem Muster ab. Hier gibt es einen einzigen Turm, der mit seiner Höhe und seinem riesigen, spitz auslaufenden Helm völlig dem Bild gotischer Domkirchen entspricht, wie man sie aus Chartres oder Straßburg kennt. Der Turm wirkt da als ein Riesenfinger, der himmelwärts zeigt, dorthin, wo Gott der Herr und das erlösende Jenseits warten.

Der Turm in Salisbury entstand 100 Jahre nach Grundsteinlegung der Kathedrale. Mit seinen 123 Metern ist er das bis heute höchste Bauwerk seiner Art auf der englischen Insel. Für die übrigen Arbeiten an dem Gotteshaus hatte es lediglich 38 Jahre gebraucht, was eine für das Mittelalter erstaunlich kurze Zeit bedeutet, und da später keinerlei fundamentale architektonische Eingriffe und Zusätze mehr erfolgten, erbrachte das ein stilistisch homogenes Erscheinungsbild, wie es sich andernorts in dieser Konsequenz nicht findet.

Salisbury liegt im Süden der Insel, in der Grafschaft Wiltshire, das ist westlich von London und auf halber Strecke zwischen Bristol und Southampton. Hier fließen die drei Flüsse Avon, Bourne und Nadder zusammen, das Gelände wird von weiten Feuchtwiesen und Mooren dominiert.

Die Stadtentwicklung liest sich etwas kompliziert: Am Anfang steht ein römisches Militärlager, aus dem eine sächsische und später normannische Festungsanlage hervorging, mit Namen Old Sarum. Im 11. Jahrhundert amtierte dort ein Bischof. Dann, 1220 und aus nicht ganz einsichtigem Grund, wurden Stadt nebst Bistum ein Stück weiter verlegt, und der Bau der Kathedrale begann. Das alte Sarum verfiel bis auf ein paar heute noch begehbare Überreste. Aus dem neuen Sarum wurde das heutige Salisbury.

Der Jungfrau Maria geweiht

Bauherr der neuen Kathedrale war ein Bischof namens Osmond, direkter Neffe des ersten Normannenkönigs Wilhelm, seinerseits später heilig gesprochen. Als Baumaterial dienten unter anderem Abrisssteine des aufgelassenen Doms von Old Sarum. Das neue Gotteshaus wurde der Jungfrau Maria geweiht; mit der besonders üppig ausgestalteten Marienkapelle am Ostende des Langhauses begann der Bau.

Der Grundriss zeigt die Figur eines Lothringer Kreuzes, also mit gleich zwei Querschiffen, zwischen ihnen liegt der Chor. Die beiden Seitenschiffe sind verhältnismäßig schmal, vom Hauptschiff getrennt durch Säulenreihen; es gibt ein eindrucksvolles Triforium, also eine obere Säulengalerie, wie man sie vor allem aus gotischen Sakralbauten in Frankreich und Deutschland kennt, und aus Frankreich stammte der Baumeister. Der architektonische Stil ist jener der englisch-normannischen Frühgotik, Early English.

Achteckiges Kapitelhaus

Es gibt eine Reihe von eindrucksvollen Kirchenfenstern, so im südlichen Seitenschiff; das schönste befindet sich unmittelbar hinter dem Hochaltar, sein Schöpfer hieß Gabriel Loire. Es gibt zahlreiche mittelalterliche Grabdenkmäler, etwa das von William Longspee, Earl of Salisbury, aus dem 13. Jahrhundert; der Graf ruht auf einem von Säulen und Rundbögen gehaltenen Schrein, den Kopf leicht zur Seite gedreht. Er ist ausgestattet mit Kettenhelm und Schild.

Im Unterschied zu den meisten anderen Bischofskirchen Englands ist die Kathedrale von Salisbury nicht aus einer Abtei hervorgegangen. In ihrer unmittelbaren Nachbarschaft befand und befindet sich kein Kloster. An das südliche Seitenschiff schließt ein großer Kreuzgang an, der auch zum oktogonen Kapitelhaus hinführt, er gilt als größter und schönster in England, doch er war nicht für Mönche gedacht, sondern für die Kanoniker der Kathedrale. Die lebten durchaus säkular. Jeder hatte Anspruch auf ein eigenes Grundstück in Kathedralennähe, auf dem sie sich dann ihre Wohnhäuser errichten ließen, einige von ihnen werden auch heute noch von Klerikern bewohnt.

Es gab und gibt rund um das Gotteshaus sehr viel Freiraum. Wie ein riesiger grüner Teppich erstrecken sich Feuchtwiesen und geben den ungehinderten Blick frei auf den prächtigen Bau der Kathedrale. Es ist ein eindrucksvolles, ein viel bestauntes Panorama. John Constable, erstes Genie aus einer langen Garde bedeutender britischer Landschaftsmaler, hat Salisbury in einem seiner Gemälde abgebildet.

Kostbarkeiten in der Bibliothek

An der Ostseite des Kreuzgangs befindet sich die Bibliothek. Die Buchbestände sind reichhaltig und kostbar, umfassen Handschriften und illuminierte Bibeln aus angelsächsischer Zeit. Zu den Besitztümern Salisburys gehört außerdem ein besiegeltes Exemplar der Magna Charta, eines von dreien; die anderen beiden liegen in London.

Die Magna Charta war ein Vertrag, den der englische König Johann, genannt Ohneland, im Jahre 1215 nicht ganz freiwillig mit seinen Baronen abschloss. Das Schriftstück legte die Beziehungen zwischen Krone und Adel fest, es garantierte bestimmte Freiheiten, voran die des Handels. Es regelte die zentrale Gerichtsbarkeit und schuf Rechtsfrieden im Inneren: Niemandem mehr sollte ohne Urteil das Leben, die Freiheit oder das Eigentum genommen werden. Ergänzt durch spätere Vereinbarungen, schuf die Charta bis heute gültiges Recht und wurde zur Grundlage des parlamentarischen Lebens in Großbritannien.

Gotteshaus und Denkmal

Die Kathedrale in **DUBLIN** trägt den Namen des heiligen Patrick – Irlands größter Sakralbau ist ein Haus der anglikanischen Kirche

ANREISE:
Dublin wird von zahlreichen Fluggesellschaften angeflogen. Anreise per Auto von England über den Fährhafen Holyhead

ÖFFNUNGSZEITEN:
Normalerweise täglich 9–18 Uhr, Nov.–Feb. Sa nur bis 17 Uhr und So bis 15 Uhr. Während der Messen kein Zutritt für Besucher

SEHENSWERT:
Die Guinness-Brauerei sollte unbedingt besichtigt werden. In der Bibliothek des Trinity College liegt das Original des Book of Kells

Blick auf die Kanzel und das Chorgestühl, über dem die Helme, Schwerter und Banner des Ritterordens des heiligen Patricius hängen. Der Patricksorden wurde 1783 gegründet

Patrick, lateinisch Patricius, wurde im heutigen England geboren als Sohn eines römischen Legionärs und nachmaligen Priesters. Seeräuber fingen den Halbwüchsigen, um ihn als Sklaven nach Irland zu verkaufen; von dort gelang ihm sechs Jahre später die Flucht. Er wandte sich der Religion zu, ging nach Gallien, lebte dort in verschiedenen Klöstern und wurde 432 als Bischof nach Irland entsandt, wo er das Missionswerk seines Vorgängers Palladius vollenden sollte und in der Tat vollendete. 461 starb er im nordirischen Armagh, 76 Jahre alt.

Es heißt, während seines Bekehrungswerkes habe er auch Dublin berührt und an einer dort sprudelnden Quelle Taufen vollzogen. Zur Erinnerung daran wurde eine Holzkirche errichtet. 1190 erhielt sie unter ihrem ersten anglonormannischen Bischof John Comyn den Status einer Kathedrale, auch ein Neubau begann, der um 1270 beendet war. St. Patrick hatte nunmehr seine heutige Gestalt, als ein Dom im frühgotischen Stil des Early English; er war der größte Sakralbau auf der irischen Insel und ist es bis heute geblieben. Die Taufquelle rinnt inzwischen unterirdisch, direkt unter den Kirchenmauern; der Stein, mit dem sie einst abgedeckt war, wird in der Kathedrale gezeigt.

Die hochmittelalterlichen Bauarbeiten fielen in die Regierungszeit Johann Ohnelands, jenes englischen Königs, der die Magna Charta erließ; Bischof Henry von St. Patrick war einer der Mitunterzeichner. Den Turm und einen Teil des westlichen Langhauses zerstörte 1362 ein Brand, acht Jahre später war beides wieder hergestellt.

Vorübergehend Gemeindekirche

Die durch Tudor-König Heinrich VIII. betriebene Loslösung der englischen Kirche von Rom erreichte auch St. Patrick, wo sie nicht ohne Gegenwehr ablief: Dekan Edward Bassenet sperrte seine widerspenstigen Kanoniker so lange in den Kapitelsaal, bis sie durch ein entsprechendes Handzeichen ihr Einverständnis gaben.

Grundbesitz und Einkünfte der Kathedrale verfielen der Krone, St. Patrick verarmte. Heiligenbildnisse wurden demoliert, der bauliche Zustand verschlechterte sich, das Dach über dem Hauptschiff brach ein. Unter Eduard VI., dem letzten männlichen Tudorkönig, wurde die Kathedrale zur einfachen Gemeindekirche, ein Teil als Gerichtssaal genutzt. Dann begannen Wiederherstellungsarbeiten, und St. Patrick diente vorübergehend abermals als katholisches Gotteshaus.

Seit Elisabeth I. ist St. Patrick unwiderruflich anglikanisch, und wiewohl Irland, das südliche zumal, eine überwiegend katholische Landschaft ist, eine äußerst militante zudem, widmet sich sein größter und wichtigster Sakralbau, der den offiziellen Namen einer nationalen Kathedrale führen darf, weiterhin dem anglikanischen Protestantismus.

Hugenotten, kalvinistische Glaubensflüchtlinge aus Frankreich, gelangten nach Irland und erhielten umgehend die Erlaubnis, unter dem Dach von St. Patrick Gottesdienste in ihrer Muttersprache abzuhalten. Jonathan Swift, einer der großen englischsprachigen Schriftsteller im beginnenden Zeitalter der Aufklärung und berühmt als Verfasser von „Gullivers Reisen", war von Beruf Theologe und amtierte 32 Jahre lang als Dekan an St. Patrick. Er starb 1745 und wurde in der Kathedrale beigesetzt, neben seiner Freundin Esther Johnson. Sein Epitaph trägt eine selbst entworfene Inschrift, die ihn als Freiheitshelden rühmt.

Bierbrauer als Sponsoren

Der bauliche Verfall des Gebäudes schritt unterdessen fort. Zwar wurde gelegentlich das Dach erneuert, aber die Marienkapelle war zu Swifts Amtszeit eine Ruine. 1792 musste der Gottesdienst wegen Einsturzgefahr ausgesetzt werden. Abermals war das Dach marode, und die Mauern neigten sich bedenklich. Nachhaltige Sanierungsarbeiten begannen erst im 19. Jahrhundert, auf Betreiben und mit den Geldern der schwerreichen Familie Guinness, Besitzer einer Brauerei, die das berühmte irische Dunkelbier produziert. Die Wiedereröffnung fand im Februar 1865 statt. Die Restaurierungsarbeiten gingen weiter.

Und heute? St. Patrick ist ebenso Nationaldenkmal wie Gotteshaus, und da die Republik Irland offiziell zweisprachig ist, heißt die Kathedrale außerdem Ard-Eaglais Naomh Pádraig. Zweimal am Tag finden Gottesdienste statt, ansonsten bewegen sich hier die Touristen. Der Patron, Namensgeber und Nationalheilige Patrick blickt als Statue versonnen nach oben. Sein Insignium ist das dreiblättrige Kleeblatt, das die Dreieinigkeit darstellen soll und längst zum Symbol Irlands geworden ist.

Die St. Patrick´s Cathedral geht in ihrer heutigen Gestalt auf das Hochmittelalter zurück. Der gotische Bau wurde 1190 begonnen und 1270 vollendet. Im Innern zeigt der Blick durch den Chor auf den Hauptaltar eines der eindrucksvollsten Szenarien der Kathedrale

ASIEN

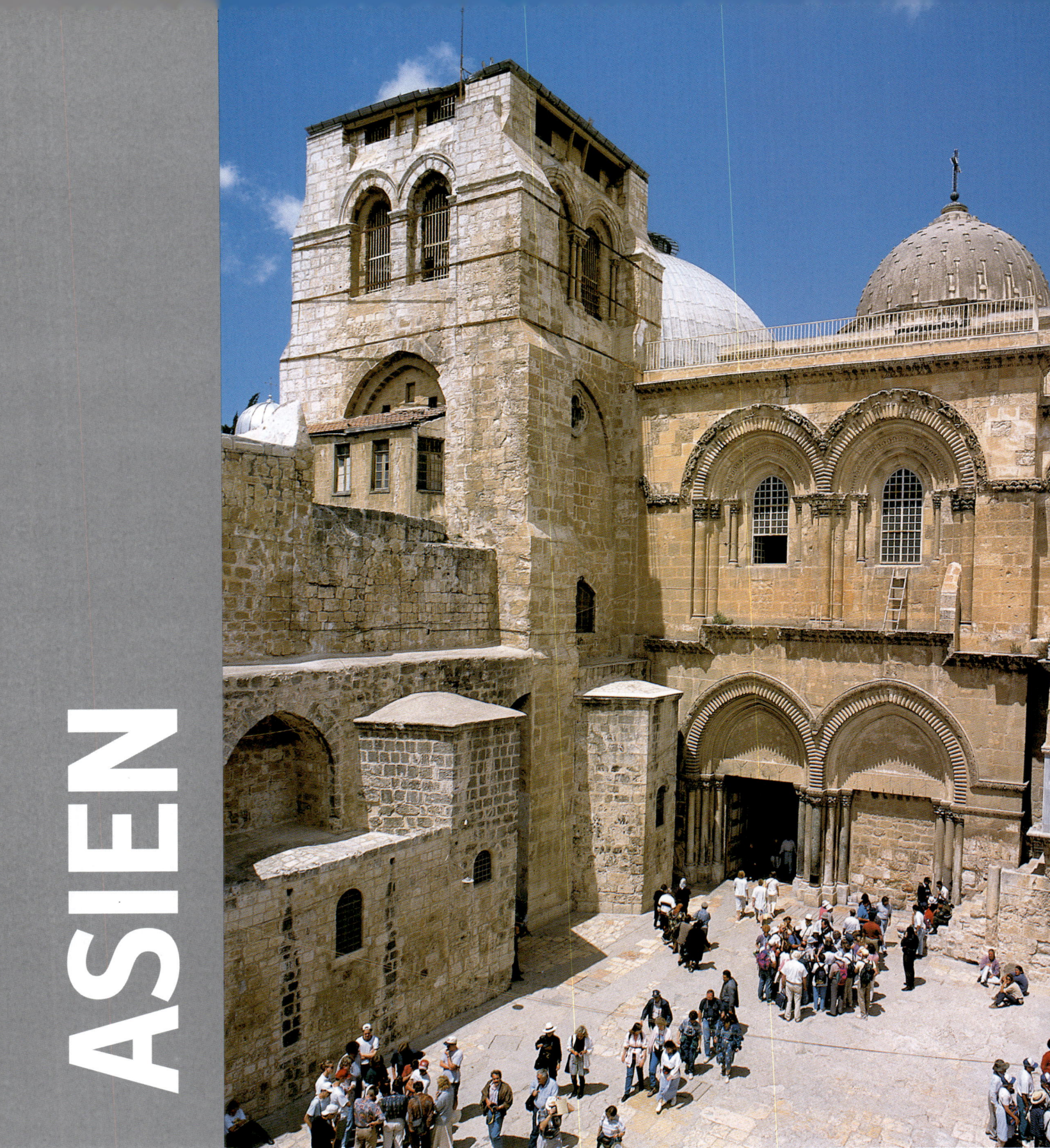

Ziel zahlloser christlicher Pilger: der Eingang zur Grabeskirche (oben links)

Kirche dreier Weltreligionen

Die Grabeskirche in **JERUSALEM** ist für Christen, Juden und Moslems ein gleichermaßen heiliger Ort

Am Abend aber kam ein reicher Mann aus Arimathäa, der hieß Joseph und war auch ein Jünger Jesu. Der ging zu Pilatus und bat um den Leib Jesu. Da befahl Pilatus, man solle ihn ihm geben. Und Joseph nahm den Leib und wickelte ihn in ein reines Leinentuch und legte ihn in sein eigenes neues Grab, das er in einen Felsen hatte hauen lassen, und wälzte einen großen Stein vor die Tür des Grabes und ging davon." So erzählt der Evangelist Matthäus.

Der Ort von Christi Verurteilung, Martyrium und Hinrichtungstod war Jerusalem, seit der Eroberung durch König David Hauptstadt der Juden und jener Ort, wo einst Abraham seinen Sohn Isaak hatte opfern wollen und wo der von König Salomon errichtete Tempel stand. Heute ist er Regierungssitz des Staates Israel und Schauplatz blutiger Attentate palästinensischer Terroristen. Auch deren Religion erhebt Ansprüche auf die Stadt im Bergland von Judäa, die arabisch Al-Quds heißt und von wo aus, der Überlieferung zufolge, Prophet Mohammed nach seinem Tod in den Himmel fuhr. Der Felsendom, heiligste Stätte der Muslime nach der Kaaba in Mekka, steht auf dem Tempelberg in der Jerusalemer Altstadt.

ANREISE:
Über den internationalen Flughafen von Jerusalem

ÖFFNUNGSZEITEN:
Normalerweise täglich 5.30 – 17.30 Uhr

SEHENSWERT:
Die Weitläufigkeit der Anlage mit den heiligen Stätten ringsum

Die Grabkapelle mit dem Grab Christi, neunte Station auf der Via dolorosa (oben rechts)

Pilger am Salbungsstein in der Grabeskirche (rechts unten)

Die Altstadt ist in mehrere Quartiere unterteilt: ein jüdisches, ein armenisches, ein muslimisches, ein christliches. Das christliche Viertel liegt im Nordwesten. Hier steht die Kirche über dem Grab Jesu, letzte Station auf der Via dolorosa, dem Kreuzweg, den Jesus zum Ende seines irdischen Daseins abschreiten musste.

Von den Römern geschleift

Garten und Felsengrab des Joseph von Arimathäa sind ein Ziel von Pilgern und seit langem Gegenstand ihrer Verehrung. Nach dem gescheiterten Judenaufstand des Simon bar Kochba schleiften die siegreichen Römer die christlichen Kultstätten. Auf das Grab Jesu wurde ein Venustempel gestellt. Den ersten christlichen Sakralbau an dieser Stelle ließ erst Kaiser Konstantin der Große errichten. Der heidnische Tempel verschwand und machte Platz für einen Kuppelbau auf Säulen, an den sich ein offener Hof und eine Basilika mit Chor anschlossen.

335 wurde der Komplex als „Anastasis" geweiht. Er stand fast 300 Jahre, wurde 614 von den Persern zerstört und wieder aufgebaut, bis ihn Kalif al-Hakim 1009 nach seiner Eroberung Jerusalems völlig abreißen ließ, das Felsengrab inbegriffen.

1149 wurde der Neubau geweiht. Es dauerte ein halbes Jahrhundert von der Eroberung Jerusalems im Ersten Kreuzzug bis zur Vollendung. Die Kirche umschloss nun den Kalvarienberg, den Ort von Jesu Kreuzestod. Fassade und Glockenturm haben sich erhalten, Veränderungen und Zusätze gab und gibt es immerfort. Nach einem Brand 1808 entstand das Grabmonument in neobarockem Stil. Die Innengestaltung der katholischen Kapelle stammt von 1937.

Die Grabeskirche befindet sich heute im gemeinsamen Besitz von insgesamt sechs christlichen Glaubensgemeinschaften. Ihre unterschiedlich gewandeten Geistlichen bewegen sich würdevoll im Gewühl der zahllosen Pilger. Es gibt eine armenische Kapelle und eine koptische, einen griechischen Chor und mehrere katholische Abschnitte.

Mittelpunkt ist die Grabstätte des Heilands, eine Kapelle im Zentrum der Rotunde. Gleich daneben steht die Kapelle des Engels; laut Evangelium wurden die drei Frauen, die an Jesu Grab trauerten, darunter die Mutter des Toten, von einem Engel unterrichtet, Jesus sei auferstanden. Zum Beweis rollte der Engel den Stein vor der Tür des Felsengrabs beiseite, und siehe, das Grab war leer.

Hinauf nach Golgatha

Eingeengt von anderen Gebäuden der Jerusalemer Altstadt erweist sich die Grabeskirche als ein gelegentlich verwirrendes Ensemble höchst unterschiedlicher Stile und Kulte. Das Gebäude ist eine im Grundriss nicht ganz regelmäßig gestaltete Basilika, an die sich zahlreiche Nebengebäude anschließen. Außer ihrer dominanten Kuppel über der Rotunde hat die Kirche ihren Turm; er und die Fassade lassen ihre hochromanischen Ursprünge erkennen.

Es gibt das Grab des Gottfried von Bouillon, jenes französischen Edelmannes, der den Ersten Kreuzzug befehligte. Es gibt das Grab, in dann Joseph von Arimathäa beigesetzt wurde. 18 Stufen führen hinauf nach Golgatha, den Kalvarienberg, die Schädelstätte, Ort der Hinrichtung Christi und zehnte Station seines Leidenswegs. Über der elften, wo er ans Kreuz geschlagen wurde, befindet sich die katholische Kapelle.

Die griechisch-orthodoxe Kapelle gleich daneben bezeichnet die zwölfte Station. Hier wurde das Kreuz Christi aufgerichtet und festgemacht. Hier starb der Heiland, oder, wie es bei Matthäus lakonisch heißt: „Jesus schrie abermals laut und verschied."

Gotteshaus aus jesuitischem Geist

Der Dom in **MANILA** ist ein wichtiges Zeugnis für den Kirchenbau in Asien

ANREISE:
Flughafen Manila in Stadtnähe

ÖFFNUNGSZEITEN:
Normalerweise täglich ab 9 Uhr. Während der Gottesdienste und Andachten kein Zutritt für Touristen

SEHENSWERT:
Das tropische Ambiente rings um die Kirche

Blick auf den Glockenturm und die Kuppel des Doms (Bild oben)

Der feierlich erleuchtete Hauptaltar unter der großen Kuppel (rechts unten) und ein Andachtsraum in einer Seitenkapelle (unten)

Die Philippinen sind ein Archipel aus 7000 Inseln zwischen Australien und dem chinesischen Festland. Fast 90 Millionen Menschen leben hier, die Ethnien unterschiedlicher Herkunft entstammen. Es gibt 80 verschiedene Sprachen und Dialekte. Die häufigste Unterrichtssprache ist Englisch, denn das Spanische, bis zur Niederlage Madrids im Amerikanisch-Spanischen Krieg von 1898 Idiom der Kolonialmacht, wurde mittlerweile verdrängt.

Die Philippinen verdanken ihren Namen dem Habsburgerkönig Philipp II. Zwar wurden sie von einem Portugiesen entdeckt, dem Weltumsegler Fernão de Magalhães, der hier ums Leben kam, aber der handelte im Dienst der spanischen Krone, so wie auch die ersten Konquistadoren und Missionare aus Spanien kamen. Dies alles führte dazu, dass die dominante Religion auf den Inseln bis heute das katholische Christentum ist. Zwischendurch wurde der Archipel noch von Engländern, Niederländern und Japanern begehrt. Unter den Immigranten befinden sich viele Chinesen.

Die Hauptstadt, Manila, heißt nach einer Mangrovenpflanze mit weißen Blüten, nilad; Maynilad bedeutet „wo nilad wächst". Manila hat anderthalb Millionen Einwohner und liegt an der Westküste der Insel Luzon, an der Mündung des Pasig in die Manilabucht. Der Pasig verbindet das Meer mit einem großen Binnengewässer, der Laguna de Bay. Er führt Geröll und Sand mit sich, was die Küstenlinie einer ständigen Veränderung aussetzt.

Manila war immer ein bedeutender Hafen, aber nicht immer war es Hauptstadt. Von 1948 bis 1976 versah diese Funktion das benachbarte Quezon, das noch ein paar hunderttausend Einwohner mehr zählt als Manila. In der gesamten Agglomeration um die beiden Städte leben etwa zehn Millionen Menschen, was auch bedeutet: mehr als neun Millionen Katholiken.

Wahrzeichen über der Altstadt

Manila besitzt einen Dom. Er trägt den Namen Iglesia de Imaculada Concepcion, und seine Türme bestimmen unübersehbar die Silhouette der Altstadt. Er darf sich des melancholischen Rekordes rühmen, im Verlauf seiner vierhundertjährigen Geschichte gleich sieben Mal erbaut worden zu sein.

Der Anfang fällt auf das Jahr 1581. Die erste Kirche bestand aus Holz, Bauherren waren Jesuiten im Gefolge des Eroberers Miguel López de Legaspi. Das Bauwerk hielt sich genau ein Jahr, bis es durch einen Taifun schwer beschädigt wurde, ein gewaltiges Großfeuer 1583 vernichtete es dann völlig.

Die zweite Kathedrale entstand 1592. Diesmal war das Baumaterial Stein. Schwer beschädigt wurde auch sie, durch ein fürchterliches Erdbeben im Jahre 1600.

1614 begann der Bau der dritten Kathedrale. Diesmal hatte die Kirche von der unbefleckten Empfängnis eine Lebensdauer von immerhin 31 Jahren. Dann gab es abermals ein Erdbeben und abermals wurde die Kathedrale zerstört.

Im Stil des Barock

Zwischen 1654 und 1671 ließ Bischof Miguel Poblete die Kathedrale wiederum neu errichten, zur Unzufriedenheit der Kirchenleute. Es handelte sich um einen äußerst schlichten Bau, ohne allen Zierrat. Doch die Iglesia de Imaculada Concepcion war ein Gotteshaus mit jesuitischem Geist, und die Jesuiten bildeten die Avantgarde der Gegenreformation. Baustil der Gegenreformation aber war das Barock, und das konnte sich, zumal in der Sakralarchitektur, nicht genug tun mit pathetischen Figuren und schwelgerischer Ornamentik.

Also entstand ab dem Jahr 1750 eine neue Version der Kathedrale, unter Verwendung des Vorgängerbaus. Das Resultat muss sehr imposant ausgefallen sein und galt allgemein als ein Gegenstand der Bewunderung, die Leute staunten, wie so fern von Europa eine Barockarchitektur von derartiger Opulenz hatte entstehen können.

1863 ereignete sich erneut ein schweres Erdbeben, und wieder wurde die Kathedrale von Manila ruiniert. 1870 begann der Wiederaufbau, der Architekt hieß Vicente Serrano Salaverri. International war es die Zeit des Eklektizismus, der alle Stilrichtungen der europäischen Vergangenheit bedenkenlos plünderte; für

Kirchenbauten kam vor allem die Gotik in Gebrauch. Insofern ist es bemerkenswert, dass Architekt Salaverri und seine Auftraggeber sich für die Romanik entschieden.

Vom Krieg verwüstet

Inzwischen war man technologisch so weit, Vorkehrungen gegen mögliche Erdbebenfolgen zu treffen. Trotzdem wurde auch die neu erbaute Kathedrale von schweren Schäden heimgesucht, diesmal nicht wegen einer Naturkatastrophe, sondern wegen eines Krieges: Japan überfiel 1941 die Philippinen, und von den schweren Zerstörungen, die dabei entstanden, waren Manila und seine Kathedrale von der unbefleckten Empfängnis einmal mehr mitbetroffen. Man hat sie wieder restauriert, in der Manier von Vicente Serrano Salaverri, und so präsentiert sie sich nun, eine Basilika mit großem Kuppelturm über der Vierung. Das Baumaterial ist heller Sandstein. Der Glockenturm sollte ursprünglich frei stehen, wurde dann aber in die Fassade integriert. Es gibt drei nebeneinander liegende Portale, wobei das mittlere das größte ist.

Rund um das Gotteshaus wächst üppiges Grün, die Temperaturen sind tropisch, inmitten dieser Atmosphäre aus Feuchtigkeit und Fäulnis zeigt die Iglesia de Imaculada Concepcion mit ihrer ausgeliehenen Romanik einen überraschenden Charme.

AFRIKA

ANREISE:
Über den internationalen Flughafen von Kapstadt

ÖFFNUNGSZEITEN:
Normalerweise täglich 9 – 17.30 Uhr

SEHENSWERT:
Ein Konzertabend in der Kathedrale

Afrikanischer Anglikanismus

An der St. George's Cathedral in **KAPSTADT** amtierte einst Bischof Tutu, Kämpfer gegen die Apartheid und Friedensnobelpreisträger

John Marie Coetzee ist einer der bedeutendsten Schriftsteller im heutigen Südafrika. Er lebt in Kapstadt. Von ihm stammen die Worte: „Kapstadt – eine Stadt, reich an Schönheit, an Schönheiten." Letzteres ist auf attraktive Frauen gemünzt und macht das parasitäre Verhalten eines Romanhelden kenntlich. Ein anderes Buch Coetzees wird darin noch deutlicher: „Die Aasfresser von Kapstadt, deren Zahl nie abnimmt. Die barfuß gehen und Kälte nicht fühlen. Die draußen schlafen und nicht krank werden. Die hungern und nicht weniger werden."

Unschwer zu erkennen, dass die Person, die diese Worte sagt, die Schwarzafrikaner meint. Sie stellen die Bevölkerungsmehrheit in Kapstadt wie im übrigen Land, wogegen die weiße Minderheit weiterhin Schlüsselstellungen in Industrie und Bildungswesen hält. Sie ist ihrerseits nicht ethnisch homogen, sondern scheidet sich in einen englischstämmigen und einen burischen Teil. Autor Coetzee führt sie in seiner Person zusammen, da er Vorfahren aus beiden Gruppen hat.

Niederländer stellten die ersten Siedler aus Übersee. 1652 landeten sie am Kap der Guten Hoffnung, einer wichtigen Station auf dem Seeweg nach Ostindien. Die Stadt wurde ein bedeutender Hafen, neue Einwanderer kamen, darunter französische Hugenotten, die die eingeborenen Bantu verjagten oder unterwarfen. Anfang des 19. Jahrhunderts erschienen britische Kolonisten und sorgten dafür, dass die Sklaverei endete, gegen den Protest der Niederländer, die sich nun Buren nannten und ein besonderes Idiom, Afrikaans, sprachen. Es kam zu Kämpfen und Migrationen.

Die Briten entwickelten eine humanere Gesellschaftspraxis, doch ohne Eigennutz war auch ihr Verhalten nicht: Die Entdeckung reicher Diamant- und Goldvorkommen erregte die Begierde Englands, das in mehreren Etappen ganz Südafrika eroberte.

Christlicher Einfluss

Die Spannungen zwischen Engländern und Buren hielten auch danach an. Weiterhin spielten die Buren den konservativen, die Engländer den liberalen Part. Die schwarze Bevölkerungsmehrheit wurde sich ihrer skandalösen Rechtlosigkeit allmählich bewusst und schuf sich jene Organisation, die man schließlich Afrikanischer Nationalkongress nannte. In der Reaktion darauf erfand die mehrheitlich konservative weiße Oberschicht jene Politik der Rassentrennung oder Apartheid, die viel

Grausamkeit und Unrecht über das Land brachte. Dass ihr Ende und der Regierungsantritt von Nelson Mandela so vergleichsweise friedlich abliefen, gehört zu den Wundern der modernen Weltgeschichte.

Erheblichen Anteil hierbei hatte das Christentum, besonders der Anglikanismus. Als englische Staatskirche vertrat er die Konfession des britischen Establishments in der Kronkolonie, aber er besaß Einfluss und Anhänger über jenen Personenkreis hinaus. Ohnehin ist es ein Irrtum anzunehmen, der Anglikanismus vertrete lediglich einen von König Heinrich VIII. erfundenen und höchst gemäßigten Protestantismus, der sich auf die britische Insel zwischen Tweed und Kanalküste beschränke.

Vorbilder aus Mitteleuropa

Als Erbteil des einstigen Kolonialreichs gibt es heute anglikanische Gemeinden in Nordamerika ebenso wie in Australien, die Gesamtheit aller Mitglieder beträgt fast 75 Millionen, und auch theologisch hat sie den von ihren Gründern vorgegebenen Rahmen weit überschritten. Ihr religiöses Grundsatzdokument ist das Common Prayer Book.

Der anglikanische Erzbischof von Kapstadt und damit das Oberhaupt der anglikanischen Kirche in Südafrika hieß bis 1996 Desmond Mpilo Tutu. Er war ein Schwarzafrikaner. 1960, auf dem Höhepunkt der südafrikanischen Apartheid, wurde er zum Priester geweiht, ab 1975 amtierte er als Dekan in Johannesburg. Dies alles bedeutete einen Affront gegen die damalige Regierungspolitik, den Tutu noch verstärkte, indem er nachhaltig und mit aller Kraft seines Amtes für die Sache der schwarzen Gleichberechtigung eintrat. 1984 erhielt er dafür den Friedensnobelpreis. Er war neben Nelson Mandela der prominenteste schwarze Bürgerrechtler Südafrikas.

Seine Amtskirche in Kapstadt war die St. George's Cathedral. Gelegen an der Kreuzung von Wallstraat und St. George's Mall, erweist sie sich als ein auch kulturell höchst aktives Gotteshaus, dessen Konzerte viel besucht werden. Ihre große Reputation freilich verdankt sie Desmond Tutu. Ihre politisch-moralische Bedeutung rangiert weit vor der architektonischen.

Erbaut hat sie der 1862 in England geborene Architekt Herbert Baker, der sehr viel in den Kolonien tätig war, so in Indien, Kenia und Rhodesien. In London hat er das Gebäude der Bank of England rekonstruiert. 1926 wurde er für seine Verdienste um die Baukunst geadelt. In Südafrika steht etliches von Sir Herbert, so das Gebäude des Bahnhofs in der Regierungshauptstadt Pretoria, das ihn dem Verdacht aussetzte, mit den Nazis zu sympathisieren, denn er versah es mit einem Hakenkreuz als Schmuck.

St. George's ist eine Architektur im Stil der Neoromanik. Sie zitiert nicht so sehr anglonormannische als mitteleuropäische Vorbilder. Auf den ersten Blick wirkt sie wie aus Backstein errichtet, erst genaueres Hinsehen macht deutlich, dass es sich um Sandstein handelt. Er stammt vom Tafelberg, der eindrucksvollen Erhebung am Stadtrand.

Das Mittelschiff von St. George's mit dem Hauptaltar und der Apsis (oben links)

Blick auf die Fassade des Querschiffs (rechts oben)

Das Grabmal des Erzbischofs Francis R. Phelps, gestorben 1938 (rechts Mitte)

Afrikanische Madonnenfigur mit Kind (rechts unten)

AMERIKA

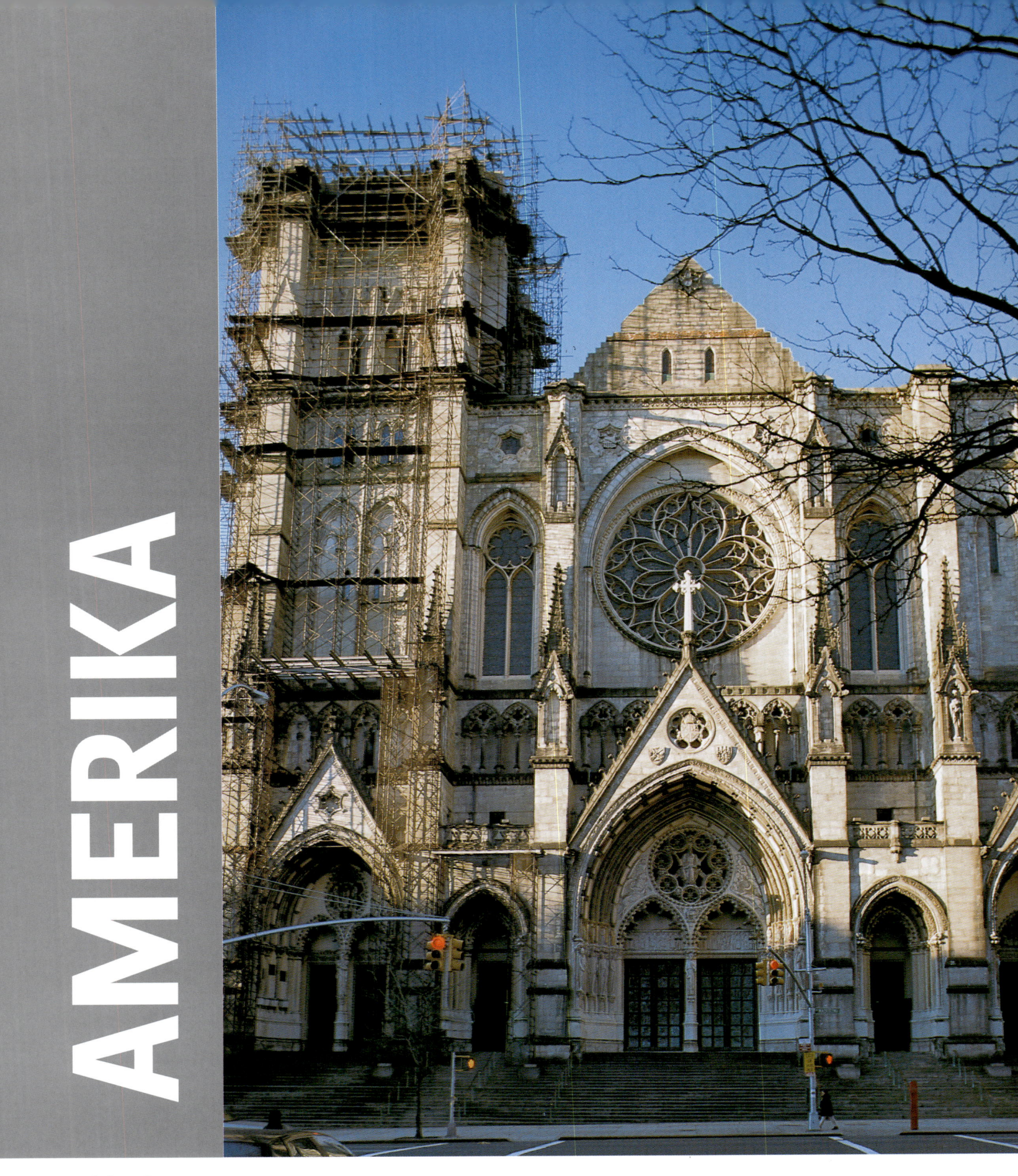

Wiederherstellung: Die Hauptfassade mit dem eingerüsteten Turm (oben links)

Der unvollendete Tempel

An der neugotischen Kathedrale von St. John the Divine in **NEW YORK** wird seit 110 Jahren gebaut

St. John the Divine steht in Manhattan zwischen 112th und 110th Street West, an der Amsterdam Avenue. Man erreicht die Kathedrale mit den U-Bahnlinien 1 und 9. „You will not be able to miss it", sagen Reiseführer, du kannst sie unmöglich verfehlen. Sie ist nämlich eine der größten Kirchen der Welt, unter den neugotischen Sakralbauten der sowieso größte und größer noch als der Mailänder Dom, der bis zu 40 000 Menschen fasst.

Natürlich ist der Mailänder Dom älter. Die USA sind ein junges Land, und New York City ist eine sich ständig erneuernde Stadt. St. John mit den mehr als hundert Jahren seiner Existenz kann man da schon unter die Antiquitäten rechnen.

Alles begann mit dem Jahr 1892. Am 27. Dezember, dem Tag des Evangelisten Johannes, legte Bischof Cosman Henry Potter den Grundstein. Zuvor musste das Areal erworben werden, eine bewaldete Anhöhe mit einem Waisenhaus, der Preis betrug

ANREISE:
Über einen der internationalen Flughäfen von New York

ÖFFNUNGSZEITEN:
Normalerweise Mo - Sa 7 - 18 Uhr, So 7 - 19 Uhr, im Juli und August So nur bis 18 Uhr

SEHENSWERT:
Das Triptychon von Keith Haring

850 000 Dollar. Eine Beteiligungsgesellschaft existierte seit 1888. An der Finanzierung beteiligte sich der schwerreiche Bankier und Eisenbahnkönig John Pierpont Morgan mit einer halben Million Dollar.

Gedacht war zunächst an einen neoromanisch-byzantinischen Bau, den das Architekturbüro Heins & Lafargue realisieren sollte. Bauleiter Rafael Guastavino errichtete bis 1911 den Chor und die Apsis. Das Baumaterial war Backstein.

Baustopp durch Pearl Harbour

Dann freilich wurde ein anderer Architekt beauftragt. Er kam aus Boston, hieß Ralph Adam Cram, und sein Ideal war die europäische Gotik. Entsprechend änderte er die Pläne, auch hinsichtlich der Dimensionen, die Größe des Baukörpers erhöhte sich um 20 Prozent. Für die Finanzierung setzten sich unter anderen Zeitungen ein. Ein Modell der Kathedrale wurde 1921 im größten städtischen Bahnhof, der Grand Central Station, ausgestellt.

Der Erste Weltkrieg und die große Weltwirtschaftskrise beeinträchtigten den Fortgang der Arbeiten, hielten sie aber nicht auf. Es entstand das Langhaus. Die Weihe erfolgte am 30. November 1941. Exakt eine Woche später geschah der japanische Überfall auf Pearl Harbour, womit für die USA der Zweite Weltkrieg begann. Der Kathedrale von St. John the Divine brachte er einen Baustopp von 32 Jahren. 1972 entschloss man sich, das Projekt wieder aufzunehmen. Bis es realiter dazu kam, war man im Jahr 1982. Mittlerweile gab es in den USA keine geeigneten Fachkräfte mehr, sie mussten aus England herbeigeschafft werden. Die beiden Türme entstanden. Dann kam die Rezession der neunziger Jahre, und die Arbeiten standen abermals still. Der damalige Bürgermeister Ed Koch sagte, auf dem alten Kontinent hätten Kathedralen bis zu fünfhundert Jahren gebraucht, um fertig zu werden, da stehe es um St. John doch noch ganz gut. 1988 wurde ein internationaler Wettbewerb für die Gestaltung des Portal of Paradise ausgeschrieben, den der Bildhauer Simon Verity gewann.

Inzwischen ist die Kathedrale zu zwei Dritteln vollendet. Ihr Stil ist jene Neugotik, die das ausgehende 19. Jahrhundert liebte, jedenfalls beim Kirchenbau, und insofern wäre St. John the Divine vom historistischen Dutzend, gäbe es nicht die Ausmaße: Die Grundfläche ist so groß wie zwei Fußballfelder, das Volumen entspricht dem der französischen Kathedralen Notre-Dame in Paris und Chartres zusammen.

Größe auch sonst. Die aufgestellten Statuen sind bis zu sechs Meter hoch. Die meisten von ihnen zeigen bekannte Bibelfiguren: die vier Evangelisten, die alttestamentarischen Propheten Jesaja, Jeremias, Daniel und Hesekiel. Außerdem kommen Christoph Kolumbus, William Shakespeare, George Washington und Abraham Lincoln vor, und deren Heiligkeit wurde noch von keiner Kongregation verfügt.

Hinwendung zum Profanen

Vielmehr handelt es sich da wohl um eine allgemeine Äußerung des angelsächsisch-amerikanischen Selbstbewusstseins. Man verehrt jene, die bedeutend sind. Solch unbekümmerte Hinwendungen zum Profanen finden sich in der Kathedrale zahlreich, zum Beispiel in der Sportbucht, wo entsprechende Bilder auf den Kirchenfenstern den Heroen der Leibesübungen Football, Soccer und Baseball huldigen, sowie in der Dichterecke, die der Londoner Westminster Abbey nachempfunden wurde, und in der Ärztebucht, wo man zum Beispiel auf die Opfer der Immunschwäche Aids hinweist. Das hat insofern seine Richtigkeit, als das vermutlich interessanteste Kunstwerk von St. John the Divine ein Triptychon ist, das der New Yorker Graffiti-Künstler Keith Haring schuf, und Haring ist an Aids gestorben.

Der verantwortliche Bischof der Kathedrale ist Protestant. Das hindert ihn nicht, sein Gotteshaus auch Mormonen, Katholiken, Buddhisten, Indianern und Juden zur Verfügung zu stellen. Am ersten Sonntag im Oktober geht es besonders hoch her: Um die sechstausend Menschen versammeln sich zusammen mit ihren Hunden, Katzen, Kanarienvögeln und Goldfischen. Wohl in Erinnerung an Franz von Assisi nimmt St. John the Divine den Tiersegen vor. Einmal soll auch ein Elefant dabei gewesen sein.

Blick in das Hauptschiff mit dem Altarraum (oben rechts)

Nach einem Brand werden beschädigte Gobelins sichergestellt (rechts Mitte)

Details des „Portal of Paradise" (unten)

Umringt von Wolkenkratzern

Die St. Patrick's Cathedral in Manhattan entstand im 19. Jahrhundert und ist das Gotteshaus des Erzbischofs von **NEW YORK**

ANREISE:
Über die internationalen Flughäfen der Stadt. St. Patrick's Cathedral liegt an der Fifth Avenue Ecke 50. Straße

ÖFFNUNGSZEITEN:
Normalerweise täglich 7–21 Uhr. Sa 8–21 Uhr. Während der Messen kein Zutritt für Touristen

SEHENSWERT:
Der Umzug am St. Patrick's Day (17. März)

Das Sternenbanner wird vor der Kathedrale angebracht. Blick auf das Hauptportal und die beiden Türme (rechts)

Heilige Messe in St. Patrick's. Blick durch das Hauptschiff auf den Altarraum (unten links)

Von den Glasflächen der Wolkenkratzer umgeben wirkt die Kathedrale trotz ihrer hohen Türme fast wie ein bescheidenes Bauwerk (unten Mitte)

New York City besteht aus fünf Stadtteilen. Der bekannteste heißt Manhattan, ist eine Insel im Mündungsdelta des Hudson River und hat eine lanzettartige Gestalt. Da die Grundstücke hier endlich sind, musste man, um mehr Raum für Wohnungen und Geschäfte zu gewinnen, in die Höhe bauen, wodurch Manhattan zum Standort für Wolkenkratzer wurde. Die Anordnung der Straßen folgt dem Muster des Schachbretts: Die von Nord nach Süd verlaufenden Avenues werden im rechten Winkel von Streets geschnitten.

An der Fifth Avenue zwischen der der 50. und 51. Straße steht die bedeutendste katholische Kirche der Stadt, St. Patrick's Cathedral. Sie ist das Gotteshaus des katholischen Erzbischofs der Diözese New York. In direkter Nachbarschaft stehen das Empire State Building, das teure Warenhaus Saks, das Waldorf-Astoria-Hotel und die Radio City Music Hall.

Als St. Patrick's errichtet wurde, war dies alles noch weitgehend freies Gelände, außerhalb des damaligen Stadtzentrums; heute ist Midtown Manhattan eines der teuersten Areale im ohnehin übertuerten New York.

Der Baubeginn von St. Patrick's fiel auf das Jahr 1859. Bauherr war der damalige Erzbischof John Hughes.

Die Arbeiten gingen zügig voran, wurden dann aber aufgehalten durch die Jahre des Bürgerkriegs. Das Langhaus der Kathedrale war 1879 vollendet. 1888 wurden die Türme errichtet. Der Bau der Marienkapelle begann erst im Jahre 1901. Zwischen 1927 und 1931 gab es umfangreiche Renovierungsarbeiten. Ein großer Teil der Farbfenster ist noch später entstanden.

Der Architekt der Kirche hieß James Renwick. Er wurde 1818 in New York geboren, stammte aus einer wohlhabenden Familie und hatte eigentlich Ingenieurswissenschaften studiert, doch wurde er bald einer der wichtigsten und meistbeschäftigten Baumeister der Vereinigten Staaten im 19. Jahrhundert.

Seine erste Sakralarchitektur für New York war die 1843 gebaute Grace Church. Drei Jahre später lieferte er Arbeiten für die berühmte Smithsonian Institution in Washington D. C. Er hat für das Vassar College gebaut, Amerikas teures Internat für höhere Töchter, ebenso für den Sitz der New Yorker Wertpapierbörse. Auch der Bau der New Yorker Stadtbibliothek stammt von ihm. Er betätigte sich als emsiger Imitator der großen europäischen Baustile, bevorzugt der mittelalterlichen, und benahm sich darin nicht anders als die Überzahl seiner bauenden Zeitgenossen. Hoch angesehen starb er im Jahre 1895.

Platz für 2200 Gläubige

St. Patrick's wurde seine bekannteste Arbeit. Er realisierte sie zusammen mit seinem Assistenten William Rodrique, die Marienkapelle schuf später Charles Mathews. Als Vorbilder dienten die großen hochgotischen Kathedralen Mitteleuropas: die

von Reims, Amiens sowie Köln, und nicht zu vergessen die bedeutenden Kathedralen in England, voran die in Westminster, Exeter und York. Derart entstand eine geräumige Basilika mit fünf Schiffen, zwei hohen Türmen und einer Fensterrose. Der Innenraum bietet Platz für 2200 Besucher.

Es gibt drei Orgeln und einen Hochaltar, den die Firma des berühmten Glas- und Schmuckwarenfabrikanten Louis Comfort Tiffany hergestellt hat. In der Krypta werden die New Yorker Erzbischöfe bestattet. Der Kreuzweg erhielt 1893 bei der Weltausstellung in Chicago eine Auszeichnung. Die Pietà, darauf ist man stolz, hat die dreifache Größe jener von Michelangelo im Petersdom zu Rom.

Von irischer Aristokratie

Die Kathedrale ist dem Irland-Apostel Patricius gewidmet. Die Iren sind von den vielen nichtprotestantischen Ethnien New Yorks die älteste; als die Kirche geplant und ihr Bau begonnen wurde, besaßen sie eine Art katholisches Monopol. Dies änderte sich mit den großen Einwanderungsschüben ab der zweiten Hälfte des 19. Jahrhunderts, die der Stadt zunächst eine große italienische Gemeinde bescherte und noch später, im 20. Jahrhundert, die gleichfalls katholische Ethnie der Puertoricaner.

Sie alle unterhielten ihre eigenen Gotteshäuser mit Priestern, die das heimatliche Idiom sprachen. Zwischen ihnen konnten sich die Iren als eine Art New Yorker Aristokratie fühlen. Da einer ihrer bevorzugten Berufe der Polizeidienst war, verfügten sie zudem über etwas Macht.

Zu ihrer Außendarstellung dient ihnen der St. Patrick's Day. Er wird alljährlich veranstaltet, am 17. März, dem Festtag des Heiligen. Wie andere ethnische Großkundgebungen in New York wird er mit einer Parade begangen. Die erste fand 1776 statt. Ihre Teilnehmer waren irischstämmige Soldaten aus dem Unabhängigkeitskrieg.

Heute führt die Parade entlang der Fifth Avenue, von der 44. Straße an der St. Patrick's Cathedral vorbei bis zur 86. Straße jenseits des Central Park, musikalisch begleitet von Dudelsackpfeifen. Die Teilnehmerzahl beträgt um die 150 000. Die Leute tragen viel Grün: weil Irland eine grüne Insel ist und weil Iren auf der Insel an diesem Tag ein grünes Kleeblatt tragen. Es soll an die heilige Dreieinigkeit erinnern. In New York allerdings ging der fromme Bezug etwas verloren.

Bostons Kathedralenstolz

Die neoromanische Trinity Church zählt zu den bedeutendsten Bau-Kunstwerken der Vereinigten Staaten

Im Jahre 1870 kam Rev. Phillips Brooks der Einfall, die Trinity Church, an der er Pfarrer war, von ihrem Standort an der Summer Street im Stadtzentrum zum Copley Square an der Back Bay zu verlegen. Im März 1872 lud man mehrere Architekten zu einem Wettbewerb.

Die meisten Vorschläge nutzten den damals populären Stil der Neogotik. Den Zuschlag erhielt indes ein neoromanischer Entwurf, vorgelegt von Henry Hobson Richardson, der seine Vorbilder bei alten Kirchen in Südfrankreich fand. Er hat im gleichen Stil auch in Chicago gebaut, keine Kirche, sondern ein Warenhaus, und ist damit prominent geworden. Das Warenhaus steht nicht mehr, aber seine Ästhetik wurde als Richardson-Romanik zum kunstgeschichtlichen Begriff.

Der große Brand von 1872

Die Entscheidung von Rev. Brooks zum Neubau war weise. Im gleichen Jahr 1872 brach in Boston ein Großfeuer aus, das auch die alte Trinity Church heimsuchte. Der Neubau dauerte mehr als fünf Jahre, als Materialien dienten Granitsteine aus Dedham und rötliche Sandsteine aus Longmeadow, beides Massachusetts. Der Granit war behauen, seine Oberfläche schimmerte hellgrau.

In ihrem Grundriss zeigt die Bostoner Trinity Church ein lateinisches Kreuz. Ihr Turm ist breit und gedrungen, die Dächer sind mit Ziegeln gedeckt, wie es Richardson von seinen südfranzösischen Vorbildern übernommen hat. Im Inneren fallen byzantinische Anklänge auf. Die Malereien stammen von John La Farge, der auch einige der Farbfenster schuf. Die Trinity Church von Boston wird zu den bedeutsamen Bauwerken in den USA gerechnet und hat einen entsprechenden Platz im National Historic Landmark von 1971.

Die feierliche Weihe des Neubaus erfolgte am 9. Februar 1877. Erinnert wurde dabei nachdrücklich auch an die Geschichte der Gemeinde, die schon ziemlich alt ist. Ihre Anfänge fallen ins Jahr 1733. Die Kirche hatte zwei Vorgängerbauten, den ersten aus dem Jahr 1735, den zweiten von 1828, und das war eben jener, der dann 1872 ein Opfer der Flammen wurde.

Trinity ist eine evangelische Episkopalgemeinde in der theologischen Tradition des Anglikanismus. Dazu muss man wissen, dass die ersten weißen Siedler in Nordamerika, sofern aus England gekommen, fast durchweg dem protestantischen Glauben anhingen. Sie brachten ihre unterschiedlichen evangelischen Konfessionen mit und entwickelten in der Neuen Welt zusätzlich neue. Angeblich existieren heute in den USA an die 200 getrennte christliche Kirchen, Religionsgemeinschaften und Sekten.

Unabhängig von Canterbury

In Massachusetts siedelten zunächst vor allem Puritaner, Anhänger von Jean Calvin aus Genf und John Knox aus Edinburgh. Anhänger der durch Tudorkönig Heinrich VIII. geschaffenen anglikanischen Staatskirche gingen eher ins südlicher gelegene Pennsylvania. Der Anglikanismus hat im Verlauf seines Bestehens etliche Veränderungen erlebt. Einiges manifestierte sich in der Episkopalkirche, die der englische König Wilhelm III. aus dem Hause Oranien ausdrücklich zuließ. Ihr Einfluss und ihre Anhängerschaft wurden größer, nun auch in Neuengland. Nach der Unabhängigkeitserklärung von 1779 nabelten sie sich endgültig vom Mutterland Großbritannien und dem für sie zuständigen Erzbistum Canterbury ab, ihre Repräsentanten saßen in der Versammlung von Philadelphia, wo sie sich zur unabhängigen Religionsgemeinschaft erklärten.

Heute ist die Protestant Episcopal Church in den USA die vornehmste, konservativste und vermutlich auch wohlhabendste unter allen evangelischen Kirchen. Allein die Gruppe der Trinity-Einrichtungen mit ihren Gotteshäusern, Schulen und Hospitälern geht in die Tausende.

Boston ist der angemessene Standort für eine Trinity Church. Die virtuelle Hauptstadt von Neuengland ist Mittelpunkt jener großbürgerlichen Ostküstenoberschicht, die sich unter das Kürzel WASP stellt. White Anglosaxon Protestants, weiße angelsächsische Protestanten.

Protest gegen Sklaverei

Man ist distinguiert und kunstsinnig, gebildet und traditionsbewusst. Zu der Stadt gehört eine der US-Eliteuniversitäten, Harvard. Die Tea Party von 1773, jener massive Bürgerprotest gegen eine britische Importsteuer, fand im Hafen von Boston statt und führte auf direktem Weg zum nordamerikanischen Unabhängigkeitskrieg.

Es war Boston, wo sich erstmals eine spezielle Kirche für Schwarze auftat, und es war Boston, wo mit den Abolitionisten der politische Protest gegen die Sklaverei politische Formen annahm. Dass alle Menschen vor Gott gleich seien, ist eine christliche Grundüberzeugung. Am Copley Square von Boston wird sie allsonntäglich von der Kanzel verkündet.

ANREISE:
Boston hat einen internationalen Flughafen mit Verbindungen in alle Welt. Von New York aus per Bahn (Amtrak Express) oder über den Highway

ÖFFNUNGSZEITEN:
Normalerweise täglich 10 - 20 Uhr, Sonntagvormittag keine Besichtigungsmöglichkeit

SEHENSWERT:
Die Farbfenster im Innern und die Anspielungen auf Elemente der byzantinischen Kirchenbaukunst

Neben den Glastürmen der modernen Architektur behauptet sich im Stadtzentrum von Boston die Trinity Church. Ihr Baustil ging als „Richardson-Romanik" in die Kunstgeschichte ein (links)

In der Bostoner Kathedrale finden heute viele Gottesdienste in den kleinen Seitenkapellen statt (rechts)

Vom Klassizismus des Südens

Die St. Louis Cathedral in **NEW ORLEANS** ist ein Zentrum des Katholizismus der USA

ANREISE:
Über den internationalen Flughafen von New Orleans

ÖFFNUNGSZEITEN:
Mo - Sa 9 - 17 Uhr.
So 13.30 - 17 Uhr.
Kurzfristige Änderungen möglich

SEHENSWERT:
Das Treiben auf dem Jackson Square vor der Kirche

Vor der Kulisse der Hochhäuser in der City sind die Türme der Kathedrale besonders eindrucksvoll

New Orleans ist ein magischer Ort. Er bewahrt den morbiden Glanz des im Bürgerkrieg unterlegenen Südens, dessen architektonische Hinterlassenschaft das Altstadtviertel Vieux Carré oder French Quarter versammelt. Französisch sind dort aber nur die Namen, wogegen der Stil der Häuser sich eher an spanischer Kolonialarchitektur orientiert. Die tiefschwarze Musik des Jazz, um auch dies noch zu sagen, wurde im ehemaligen Altstädter Bordellbezirk Storyville erfunden.

New Orleans, der Name legt es nahe, haben Franzosen gegründet. Der gesamte Bundesstaat Louisiana, in dem es liegt, mitsamt dem heutigen Verwaltungszentrum Baton Rouge, war seit 1711 eine Kolonie Frankreichs, und bis heute spricht man hier in den entlegenen Siedlungen der Cajuns Französisch.

Spanisch-französischer Herkunft
Da vorübergehend Spanien einen Teil Louisianas besaß, geriet die Stadt unter die Herrschaft Madrids, eine Rebellion der Einwohner holte die Franzosen zurück, und 1812 verkaufte Napoleon Louisiana an die USA. Ein Versuch der Briten, die Stadt zu erobern, schlug 1815 fehl. Militärischer Führer der Amerikaner war Andrew Jackson, begeisterter Sklavenhalter und Indianerschlächter und später 7. Präsident der USA.

Nach Jackson heißt der zentrale Platz von New Orleans. Jackson Square ist eine Anlage auf quadratischem Grundriss, die eine gewisse Ähnlichkeit aufweist mit der Pariser Place Vendôme und der Place Stanislas in Nancy. Er liegt nahe dem Mississippiufer und war lange Zeit die Empfangskulisse für jeden, der sich der Stadt auf einem Mississippi-Schaufelraddampfer näherte.

Dem heiligen Ludwig gewidmet
Jackson Square diente als Exerzier- und Festplatz. Hier stehen die historisch bedeutenden Architekturen der Stadt: das Cabildo, ein Verwaltungsgebäude im klassizistischen Stil französischer Landsitze, nunmehr Museum; einst saß darin die spanische Kolonialverwaltung, und in ihrer Sala Capitular erfolgte 1803 die Übergabe von Spanisch-Louisiana an Frankreich und bald danach die Übergabe von Französisch-Louisiana an die USA. Ein paar Schritte weiter steht das Presbytère, im Stil dem Cabildo ähnlich und ein ehemaliges Pfarrhaus, später diente es als Gerichtsgebäude, und inzwischen beherbergt es das Museum des Mardi gras, des Karnevals in New Orleans.

Die Straße mit den beiden Gebäuden schließt den Jackson Square nach Norden ab und heißt Chartres Street. Zwischen Cabildo und Presbytère steht eine Kirche, die älteste der Stadt. Mit der gotischen Kathedrale im französischen Chartres hat sie nichts gemeinsam, ihr Baustil ist spanisch-französischer Klassizismus.

Sie ist der dritte Sakralbau an dieser Stelle. Der erste entstand 1720 als Andachtsraum, der zweite brannte 1788 bei einem Großfeuer nieder. Der heilige Ludwig, dem die Kirche gewidmet ist, war als König der neunte seines Namens auf Frankreichs Thron, Teilnehmer an zwei Kreuzzügen, Förderer christlicher Ordensgemeinschaften wie auch der Pariser Universität unter ihrem Gründer, dem Domherrn Robert de Sorbon.

Greek Revival
Der heutige Bau der St. Louis Cathedral wurde 1794 vollendet. Anklänge an den französischen Baustil jener Epoche sind unübersehbar, wiewohl der Hauptfinanzier ein Spanier war, Don Andres Almonster y Roxas, ein aus Andalusien eingewanderter Notar, der schließlich zum reichsten Menschen in ganz New Orleans wurde.

Das Baumaterial ist der weiße Sandstein, den man auch an den Fassaden von Cabila und Presbytère findet, und so wie dort gliedern glatte dorische Säulen die Front. Man nennt diese nordamerikanische Vorliebe für antike Tempelelemente Greek Revival, auch viele alte Herrenhäuser in den US-Südstaaten schmücken sich gerne damit. Bei der Kirche stehen die Säulen in drei Reihen übereinander. Zu ebener Erde säumen sie den Eingang, im Stockwerk darüber säumen sie zwei Fenster, und noch mal ein Stockwerk höher säumen sie die Uhr.

Die Kirche hat drei prägnante Türme. Jeder ist ausgestattet mit einem dunkel eingedeckten Spitzhelm. Zwei der Türme flankieren die Fassade, während der dritte und höchste über der Dachmitte steht.

New Orleans ist, seiner kolonialen Tradition gemäß, eine überwiegend katholische Stadt und darin unter den großen Städten der USA die einzige. Dem Katholizismus ist eine gewisse Toleranz gegenüber fleischlichen Sünden eigen, was ihn in einen elementaren Gegensatz rückt zu dem protestantischen Puritanismus im großen Rest des Landes. Er hat Dinge wie den Mardi gras ermöglicht und auch die Prostitution mit ihren zeitweilig 230 florierenden Bordellen allein im Vieux Carré.

So viele sind es heute nicht mehr. Das gesamte French Quarter dient vielmehr als Tummelplatz eines massenhaften Sightseeing. Auf dem Gelände vor der St. Louis Cathedral drängen sich Straßenmusikanten, Clowns, Jongleure, Kartenleger und Pflastermaler zur Erbauung der Touristen. Am Portal der Kirche vorbei galoppiert – in einem Denkmal verewigt – ein bronzener General Andrew Jackson für Sklaverei und Vaterland.

Der helle Sandstein und die drei dunklen Türme von St. Louis Cathedral stehen in starkem Kontrast zueinander. Vor dem Portal der Kirche liegt der bekannteste Platz der Stadt (oben)

Im französischen Barock

Die Kathedrale von Notre-Dame in **QUÉBEC** ist die bedeutendste Kirche des kanadischen Katholizismus

ANREISE:
Über den internationalen Flughafen von Québec. Gute Autobahnanbindung aus den USA

ÖFFNUNGSZEITEN:
Normalerweise
Oktober – April
Mo – Fr 7 – 16 Uhr,
Sa 8 – 18 Uhr,
So 8 – 17 Uhr,
Mai – Sept. 7 – 15.30 Uhr geöffnet. Während der Messen kein Zugang für Touristen

SEHENSWERT:
Die drei Orgeln der Kirche und die Krypta mit den Bischofsgräbern

Québec bedeutet „Flussenge". Das Wort entstammt der Sprache der Algonkin, eines nordamerikanischen Indianerstammes, und der Fluss, um den es geht, ist der Sankt-Lorenz-Strom. Québec, Provinz im Osten Kanadas, hat als Verwaltungszentrum die Stadt gleichen Namens. Die Mehrzahl der Einwohner spricht Französisch, denn dies alles war einmal eine von Paris aus regierte Kolonie, France Nouvelle geheißen, Neufrankreich.

Entdeckt wurde die Gegend vom Forschungsreisenden Jacques Cartier im Jahre 1534. In Besitz für das Mutterland nahm sie ein Dreivierteljahrhundert später ein anderer Franzose namens Samuel de Champlain. Er gründete eine Handelsstation, aus der später die Stadt Québec wurde.

Die ersten europäischen Siedler lebten vom Pelzhandel, und ihre Beziehungen zu den indianischen Ureinwohnern waren durchaus freundlich, wobei diese untereinander erbitterte Stammesfehden ausfochten. Die Chefpolitiker des französischen Absolutismus, Richelieu und Colbert, ließen Québec landwirtschaftlich erschließen und erhoben es zu einer französischen Kronkolonie.

Sie erlebte frühzeitig die Begehrlichkeit der Briten, die sich mit Teilen der indianischen Bevölkerung verbündeten. Wiederholt kam es zu militärischen Zugriffen. Zumeist konnten sie abgewehrt werden, bis im Britisch-Französischen Krieg Québec 1763 an England fiel. Britische Kolonie blieb es dann, bis 1867 das heutige Kanada entstand, Québec war eine der Gründungsprovinzen. Die Francophonie und das besondere Kulturbewusstsein der Québecois hat im 20. Jahrhundert zu Unabhängigkeitsbestrebungen geführt, die jedes Mal beigelegt wurden. Spannungen gibt es bis heute.

Die Stadt Québec unterhält einen bedeutenden Hafen, prosperiert und verfügt über ein urbanes Zentrum, das sehr altertümlich ist und sehr französisch mit engen Gassen, hübschen Häusern und freundlichen Kneipen. Es gibt zwei traditionsreiche katholische Kirchen, die beide nach der Jungfrau Maria heißen. Die größere und etwas jüngere von beiden trägt den offiziellen Namen Basilique-Cathédrale Notre-Dame-de-Québec.

Neubau nach 1647

Bereits im Jahre 1633 verfügte Stadtgründer Champlain den Bau einer Kirche, die er Notre-Dame-de-Recouvrance nannte und die ziemlich genau am Ort der heutigen Kathedrale stand. Nach sieben Jahren des Bestehens zerstörte sie ein Feuer. 1647 begann der Neubau, das Gotteshaus hieß nunmehr Notre-Dame-de-Paix und erlebte bereits drei Jahre später das erste Hochamt. 1659 traf in Québec François de Laval ein. Er war ein Adelsspross, ein Jesuit und ausgesandt, um als apostolischer Vikar für das gesamte France Nouvelle zu amtieren. Notre-Dame, seine Bischofskirche, musste sich, um ihrer erweiterten Aufgabe zu entsprechen, einem gründlichen Umbau unterziehen. Er begann 1674. Der Architekt hieß Claude Baillif. 1697 stand die Fassade, dann fanden, von 1744 bis 1749, abermals Erweiterungsarbeiten statt, geleitet von Gaspard Chaussegros de Léry.

Zehn Jahre darauf, im Krieg zwischen Franzosen und Briten und bei der Belagerung von Québec, trug die Kathedrale sehr schwere Schäden davon. 1766 begann der Wiederaufbau. Er orientierte sich an den alten Plänen, die Verantwortung lag jetzt bei einem aus Frankreich eingewanderten Architekten namens Jean Baillairgé. Er wie seine Nachkommen bestimmten das architektonische Schicksal der Kathedrale Notre-Dame während der folgenden 150 Jahre.

Die Baillairgés formten die Kathedrale von Notre-Dame zu einem Gotteshaus aus dem Geist des französischen Barock und Klassizismus, und dieser Eindruck hält sich bis heute, obwohl auch späterhin immer wieder Eingriffe in die Architektur erfolgten, etwa nach 1922, als bei einem Großfeuer die Kathedrale bis auf ihre Grundmauern abbrannte.

Bei den Aufbauarbeiten blieb man bei den alten Plänen, und bereits 1925 konnte das Gotteshaus wieder genutzt werden. Seit 1966 genießt es als historisches Monument Denkmalschutz. Den Titel einer Basilica minor, einer besonders wichtigen Kirche außerhalb Roms, führt es bereits seit 1874.

Von außen klassizistisch

Die Kirche zeigt von außen eine nobel-zurückhaltende Fassade im klassizistischen Stil. Von den zwei Türmen blieb der eine stumpf, der andere trägt barocke Aufbauten. Gegenüber dem strengen Exterieur überrascht das Innere mit seinem farbenprächtigen Barock, das sich freilich zu den Überschwänglichkeiten italienischer Barockinnenräume nicht entschließen will und damit in französischen Traditionen verharrt. Es gibt mehrere Kapellen. Die prächtigste ist dem heiligen Ludwig geweiht, jenem König von Frankreich, der am 6. Kreuzzug teilnahm und in Nordafrika verstarb.

Die St.-Ludwigskapelle besitzt eine eigene Orgel. Notre-Dame-de-Québec verfügt damit insgesamt über drei dieser Instrumente, und man ist darauf sehr stolz. In der Krypta werden die Bischöfe von Québec beigesetzt, doch nicht allein sie: Man hat hier auch Gouverneure zur letzten Ruhe gebettet und, schöner Beweis des Respektes vor der Kunst, zwei Architekten der Kathedrale: Gaspard Chaussegros de Léry und Thomas Baillairgé.

In Notre-Dame wird die Heilige Messe zelebriert. Die Ausstattung der Bischofskirche wurde immer wieder erneuert, bis heute aber blieb die Dekoration des französischen Barock erhalten (rechts)

Mit ihren unterschiedlichen Türmen ist die Kirche ein eindrucksvolles Beispiel für die Formensprache von Klassizismus und Barock (unten links)

Die Kathedrale der Jesuiten

HAVANNAS größter Kirchenbau stammt aus der Zeit des spanischen Spätbarock – Einst war hier Kolumbus begraben

ANREISE:
Über den internationalen Flughafen von Havanna

ÖFFNUNGSZEITEN:
Normalerweise ganztägig geöffnet

SEHENSWERT:
Die Skulpturen des italienischen Bildhauers Branchini

Der italienische Seefahrer Christoph Kolumbus wollte, wie man weiß, die Westroute nach Indien erkunden und landete statt in Asien in der Karibik. Die Insel, die er betrat, war das heutige Kuba. Da er im Auftrag Madrids handelte, geriet der neu entdeckte Erdteil fast völlig unter spanische Kontrolle; die Urbevölkerung wurde zurückgedrängt und dezimiert oder wie auf Kuba ausgerottet. Als Arbeitskräfte für die neu angelegten Plantagen dienten aus Afrika herbeigeschaffte Sklaven.

Der erste maßgebliche Konquistador Kubas hieß Diego Velásquez de Cuéllar. Er gründete im Westen der Insel wichtige Hafenstädte, darunter das heutige Havanna. Die Stadt wurde zum Objekt der Begierde für französische, niederländische und britische Eroberer; erst mit dem Spanisch–Amerikanischen Krieg von 1898 erlangte Kuba seine seit langem angestrebte Unabhängigkeit. In der Folge amtierten überwiegend autokratische Regierungen, bis hin zu Fidel Castro, der im Unterschied zu seinen konservativen Vorgängern ein linkssozialistisches Regime kommandiert.

Havanna, Hauptstadt seit 1552, ist heute eine Zwei-Millionen-Einwohner-Metropole. Die Altstadt, la Habana Vieja, hat enge verwinkelte Gassen und schöne alte Häuser im spanischen Kolonialstil, mit reich verzierten Balkonen. Die Zeichen realsozialistischen Verfalls sind unübersehbar, gleichwohl gilt Alt-Havanna immer noch als besonders eindrucksvoll und bewahrenswert, nicht zufällig steht es auf der Liste des Weltkulturerbes der Unesco. Zu den Architekturen von historischer Bedeutung zählen das Castillo de la Real Fuerza, früher Residenz der spanischen Gouverneure, und der Palacio del Segundo Cabo, wo einst die spanische Militärverwaltung amtierte. Die Kirche San Francisco mit dem Entstehungsjahr 1575 beherbergt mittlerweile ein Postamt. In dem 70 Jahre jüngeren Barockkloster Santa Clara sitzt heute das kubanische Ministerium für Arbeit.

Bauzeit 1748 bis 1777

Nicht alle alten Sakralarchitekturen wurden derart profaniert. Zu den schönen Plätzen der Altstadt gehört die Plaza de la Catedral, eine kopfsteingepflasterte Freifläche, auf der sich Verkaufsstände aller Art etablieren, um gegen US-amerikanische Dollars Kunsthandwerk, Trödel und Kitsch feilzubieten. Den Platz säumen ein paar prächtige Repräsentationsgebäude mit schönen Laubengängen, in einem von ihnen ist das Kolonialmuseum untergebracht. Beherrscht wird die Plaza von jenem Bauwerk, nach dem sie benannt wurde.

Die spätbarocke Catedral de la Habana entstand in den Jahren 1748 bis 1777. Bauherren waren die Jesuiten, die in Lateinamerika eine außerordentliche und sehr positive Rolle gespielt haben.

Während sich der Orden auf dem alten Kontinent als Sturmtruppe der Gegenreformation begriff und wegen der vorgeblichen oder tatsächlichen Verschlagenheit und Intriganz seiner Angehörigen schließlich verboten wurde, praktizierte er, entgegen der Arroganz und Härte der immigrierten spanisch-portugiesischen Herrschaftsschicht, in der Neuen Welt einen verständnisvollen Umgang mit der Urbevölkerung, deren Sprache man notierte und deren kreatürliche Rechte man zu schützen versuchte.

Das Verbot des Ordens in der Alten Welt erreichte aber auch Lateinamerika. Das 1773 von Papst Klemens XIV. erlassene Breve galt ausnahmslos. Für den Bau der Kathedrale von Havanna bedeutete dies eine längere Unterbrechung, erst die Intervention des spanischen Königs brachte den Fortgang. 1789 erhielt die neue Kathedrale den Rang einer Hauptkirche, den bis dahin das Gotteshaus an der Plaza de Armas, gleich neben dem königlichen Castillo, gehalten hatte.

Die Kathedrale ist ein eher flacher Bau. Er verfügt über eine reich gegliederte Barockfassade, mit geschwungenen Giebeln und vorgeblendeten Säulen in zwei aufeinander stehenden Reihen. Links und rechts erheben sich zwei Türme, deren einer deutlich massiver und wuchtiger ausfiel als der andere.

Prachtvoll im Inneren

Das Baumaterial war weißer Muschelkalkstein. Die Dächer sind mit roten Ziegeln gedeckt. Die Außenwände machen heute einen etwas ungepflegten und vernachlässigten Eindruck, und verglichen mit den barocken Kirchen in Spanien ist die Kathedrale ein eher schlichter Bau. Solche Eigenart teilt sie mit den meisten historischen Sakralarchitekturen in den ehemaligen spanischen und portugiesischen Kolonien der Neuen Welt.

Was die Kathedrale äußerlich an barocker Pracht vorenthält, zeigt sie um so reichlicher in ihrem Inneren. Den Hochaltar zieren Einlagen aus Gold, Silber und Onyx, darüber steht eine Figur der heiligen Jungfrau. Es gibt Wandmalereien eines französischen Künstlers namens Vermay, die meisten Skulpturen schuf der italienische Bildhauer Branchini. Viele der früher zahlreichen kostbaren Kirchengeräte und Ausstattungsgegenstände von Wert im Besitz der Kathedrale wurden nach der Revolution Fidel Castros außer Landes geschafft und lagern derzeit im Vatikan.

Ein Jahrhundert lang befand sich in Havannas Hauptkirche außerdem das Grab von Christoph Kolumbus. 1898, nach dem Ende der spanischen Kolonialherrschaft, wurden die Gebeine des Entdeckers in die Alte Welt zurückgeschafft. Nun ruhen sie in der Kathedrale von Sevilla.

Die Hauptfassade der Kathedrale mit ihren beiden Türmen, gesehen von der Plaza de la Catedral (oben links)

Blick auf die Fresken von Vermay in einem Seitengewölbe (rechts oben)

Das Hauptschiff mit dem Altar (unten rechts)

Vom Triumph des Christentums

Die Kathedrale in **MEXICO CITY** wurde auf den Trümmern des größten aztekischen Heiligtums errichtet

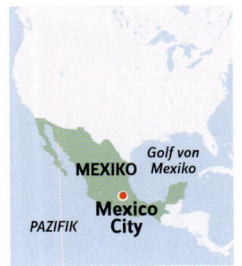

ANREISE:
Über den internationalen Flughafen der Stadt

ÖFFNUNGSZEITEN:
Normalerweise ganztägig geöffnet

SEHENSWERT:
Das kostbare Chorgestühl

Die Ciudad de México gehört mit fast zehn Millionen Einwohnern in der Stadt und mit zwanzig Millionen in der Agglomeration zu den größten Ballungsgebieten der Welt. 2240 Meter über dem Meeresspiegel situiert, ist sie eine der höchstgelegenen Großstädte und von denen in der Neuen Welt die mit Sicherheit älteste. Ihre Ursprünge reichen zurück bis in vorkolumbianische Zeit.

Um 1326 wurde das aztekische Tenochtitlán gegründet. Als die Spanier eintrafen, lebten darin eine Viertelmillion Menschen. Errichtet auf einer sumpfigen Insel des Gebirgssees Texcoco, war ihr Mittelpunkt ein Heiligtum, eine Doppelpyramide für die Aztekengötter Huithilopochtli und Tlálkoc, zuständig für Wetter und Krieg.

„Diese Stadt ist so groß und schön, dass ich kaum die Hälfte sagen werde, was ich sagen könnte, und selbst dieses Wenige ist fast unglaublich, ist sie doch schöner als Granada." Dies schrieb an seinen König jener Mann, der als erster Europäer mexikanischen Boden betrat und alles daran setzen würde, Tenochtitlán einzunehmen und auszulöschen.

Er hieß Hernán Cortés und war spanischer Eroberer im Dienst Philipps II. Er hatte an der Universität von Salamanca Rechtswissenschaften studiert, ehe er sich entschied, sein Glück in der neuen Welt zu suchen. Dort schloss er sich zunächst dem Konquistador Diego de Velásquez an, amtierte für eine Weile als Bürgermeister von Santiago de Cuba, bis ihn Velásquez beauftragte, eine Expedition nach Mexiko anzuführen.

Cortés landete im März 1519 mit seinen Leuten an der Küste von Yucatán. Im Spätherbst desselben Jahres erreichte er Tenochtitlán. Er führte Verhandlungen mit dem Aztekenherrscher Moctezuma; nach wechselvollen Auseinandersetzungen und erbitterten Kämpfen gelang es ihm, die Stadt zu erobern. Er brannte die Häuser nieder und richtete unter den Bewohnern ein fürchterliches Blutbad an. Auf den Trümmern entstand eine andere Stadt. Für ihre Kirche dienten als Baumaterial unter anderem Steine der abgerissenen Tempelpyramiden. Der See, der die Stadt umgab, wurde trockengelegt; heute ist er nur mehr ein Hochgebirgsbecken.

Baubeginn anno 1525

Mehrere Jahrhunderte hindurch fungierte Mexiko-Stadt als Verwaltungszentrum für das gesamte Spanisch-Amerika nördlich von Costa Rica. Erst 1821, nach elfjährigem Befreiungskrieg, erfolgte die Loslösung des Landes Mexiko von der spanischen Kolonialherrschaft und die Bildung eines eigenen Staatswesens. Ciudad de México ist Sitz des Präsidenten und der Bundesverwaltung. Ein Viertel der Gesamtbevölkerung lebt hier oder in der Nähe.

Die Catedral Metropolitana steht an der Zócalo oder Plaza de la Constitutión genannten zentralen Freifläche der Stadt. Sie ist einer der größten Stadtplätze der Welt und wird gesäumt von eindrucksvollen Kolonialpalästen. Die Kathedrale übertrifft jedoch alle miteinander allein durch ihre Dimensionen: 100 Meter Länge bei einer Höhe von 60 Meter. Sie beansprucht, die größte Kirche des amerikanischen Kontinents zu sein, um welchen Titel sie freilich mit der Kathedrale St. John the Divine in New York City konkurrieren darf.

Begonnen wurde ihr Bau durch Hernán Cortés, im Jahre 1525. Die Verwendung der Steine aus dem nahen Templo Mayor, dem Aztekenheiligtum, hatte nicht nur einen dinglichen, sondern auch einen symbolischen Wert: Denn so triumphierte die christliche Dreifaltigkeit sichtbar über die heidnische Götterwelt. Die

Bauarbeiten währten bis 1532, große Teile der Konstruktion wurden in Holz ausgeführt; die geistliche Betreuung oblag Angehörigen des Franziskanerordens.

Auf unsicherem Boden

Dann trat ein Baustopp ein. König Philipp II. von Spanien war unzufrieden mit den Entwürfen. Die Kirche erschien ihm viel zu klein, außerdem sollte das Portal nicht nach Westen gehen. Der Bau musste völlig neu begonnen werden, die bereits vorhandenen Grundmauern wurden

nunmehr in den südwestlichen Abschnitt des Atriums integriert. Diese Arbeiten begannen nachweisbar erst ab dem Jahre 1573, möglicherweise noch später. Cortés war zu diesem Zeitpunkt schon lange aus Mexiko abberufen worden, 1547 hatte ihn auf seinem Landgut nahe Sevilla der Tod ereilt.

Die Insel, auf der Mexiko-Stadt steht, war – wie bereits gesagt – sumpfig. Wegen ihres enormen Gewichtes drohte die Kathedrale samt ihren 14 Seitenkapellen in dem feuchten Boden zu versinken. Stabilisierungsmaßnahmen mussten getroffen werden. Sie konnten das allmähliche Absinken des Gotteshauses nicht gänzlich verhindern, und obschon der Grundwasserspiegel inzwischen recht tief liegt, blieb der Boden allzu weich. Die Kathedrale ist weiter in Gefahr einzusinken. Allerlei Gerüste im Kircheninneren sind aufgefahren, dies zu verhindern.

Sie verstellen etwas den Blick auf das kostbare Chorgestühl von Juan de Roja und auf den von Jerónimo de Balbas ab dem Jahre 1737 geschaffenen Königsaltar, den Altar de los Reyes. Insgesamt betrug die Bauzeit der Kathedrale ein Vierteljahrtausend. Zahllose Baumeister haben sich an ihr verschlissen, Ende des 17. Jahrhunderts stand immerhin die aus Basalt und Sandstein gefertigte Fassade. Die Kuppel und die beiden Türme mit ihren insgesamt 18 Glocken vollendete erst hundert Jahre später Damián Ortiz de Castro. Unter dessen Nachfolger, dem Klassizisten Tolsá, wurden die Arbeiten 1813 endlich abgeschlossen, als letzter Großbau der Kolonie und erstes Monument des unabhängigen Mexiko.

Mit ihren gewaltigen viereckigen Glockentürmen und den prachtvollen Portalen dominiert die Kathedrale die Zócalo, einen der größten Stadtplätze der Welt (oben)

Ausgrabungen neben der Kathedrale: Reste des Templo Mayor werden freigelegt (unten links)

Im Geiste der Kapuziner

Die Catedral Primada auf der Plaza Bolivar in **BOGOTÁ** ist ein Beispiel für den iberischen Klassizismus

Die Plaza Bolívar mit der Kathedrale (oben) Auf diesem Platz, wo Simon Bolivar zum Aufstand gegen die Südamerika beherrschenden Kolonialmächte aufrief, steht auch das Denkmal des Nationalhelden (rechts)

Gonzalo Jiménez de Quesada war einer jener Abenteurer und Eroberer, die in den von Christoph Kolumbus entdeckten neuen Kontinent Amerika einfielen, um nach Edelmetallen zu suchen, die dort ansässigen Indios zu verfolgen und nebenher für die Ausbreitung des christlichen Glaubens zu sorgen. Im Jahre 1538 erreichte er mit seinen Leuten eine Hochebene in den Anden. Hier siedelte das Volk der Muisca oder Chibcha, das eine eigene Hochkultur besaß, die jener der Azteken in Mexico ähnlich war. Im Mittelpunkt ihres Kultus stand eine Zeremonie, bei der Goldstaub verwendet wurde. Daraufhin erhielt diese Region von den Spaniern den Beinamen El Dorado, das Goldland.

Quesada beschloss den Bau einer Niederlassung. Sie bestand aus zwölf Hütten nebst einer Kapelle. Er benannte sie nach einer Ortschaft Santafé nahe seiner spanischen Geburtsstadt Granada. Santafé heißt so viel wie heiliger Glaube.

Der indianische Name für die Gegend lautete Bacatá, was hoch gelegenes Feld bedeutet; tatsächlich befindet man sich auf der fruchtbaren Savanne eines Gebirgsplateaus in Höhe von 2600 bis 2800 Meter. Öst-

ANREISE:
Über den internationalen Flughafen der Stadt

ÖFFNUNGSZEITEN:
Normalerweise ganztägig geöffnet

SEHENSWERT:
Die Capilla del Sagrario mit ihren Schnitzereien

lich davon ragt eine mächtige Andenkette auf mit den Gipfeln der Berge Monserrate und Guadelupe.

Höchstgelegene Metropole

Der offizielle Name der Stadt lautete bis vor kurzem Santafé de Bogotá. Das alte Muiscawort hat sich erhalten und nunmehr exklusiv durchgesetzt. Noch zu Beginn des 20. Jahrhunderts war Bogotá ein kleines, fast idyllisches Städtchen, das dann plötzlich, innerhalb von nur 50 Jahren, zu einer der größten urbanen Agglomerationen Lateinamerikas anschwoll. Gegenwärtig hat die Stadt um die acht Millionen Einwohner. Eine genaue Zählung gibt es nicht. Allein im Elendsviertel Ciudás de Bolívar vegetieren eine Million Menschen. Bogotá darf vor Mexico-Stadt den Rang der am höchsten gelegenen und der am schnellsten wachsenden Mega-Metropole in der Neuen Welt beanspruchen.

Historischer Kern ist das Viertel La Candelaria. Hier steht, ausgestattet mit entsprechender Aufschrift auf einer Metalltafel, noch eine der zwölf Hütten des Konquistadors Quesada von 1538. Auch die umliegenden Gebäude sind überwiegend alt und imitieren die Bauart andalusischer Profangebäude aus der Zeit der Gegenreformation, mit holzgeschnitztem Balkon und mit Patio. Allerdings zeigen sie nicht den für ihre iberischen Vorbilder charakteristischen weißen Anstrich, sondern die tropischen Farben Rot und Grün.

Renaissance als Rarität

Das Quartier führt seinen Namen nach einer seiner Kirchen, von denen es etliche gibt. Berühmt ist das mittlerweile zum Museum umgewandelte Clarissenkloster, ein Renaissancebau aus der Zeit nach 1619, mit reicher Barockausstattung im Inneren. Die Existenz reiner Renaissancearchitekturen ist in Lateinamerika relativ rar. Der übliche Baustil hier ist jener der iberischen Gegenreformation.

Lateinamerika hat während der 500 Jahre seiner Existenz eigene kulturelle Traditionen entwickelt. Die Anregungen aus den Ländern der einstigen Kolonialherren bleiben unübersehbar, schon weil die Baumeister von dorther kamen und ihre Modellbücher mitbrachten. Bald aber haben sich, bedingt durch die Art der Baumaterialien und fehlende Apparaturen und zusätzlich beeinflusst durch die Kunst der Indios, die es schließlich zu missionieren galt, autochthone Prinzipien entwickelt. Es gilt dies für die lusitanischen Gebiete noch entschiedener als für die hispanischen.

Baustil zur Zeit des Kolumbus war der Manierismo der spanischen Spätgotik. Man nennt ihn isabellinisch, nach der damals regierenden Königin; gebräuchlicher ist die Bezeichnung plateresk, wobei dies eigentlich eine Ornamentik bezeichnet, die der maurischen Goldschmiedekunst zugehört, die aber auch Spaniens Baukunst im Zeitalter der Entdeckungen nachhaltig prägte und von da in die Neue Welt gelangte. Zwei Jahrhunderte später waren es die drei Brüder de Churriguera, die mit ihrem üppigen spätbarocken Stil – der Patio de las Escuolas in Salamanca ist dafür ein Beispiel – in die Kolonialarchitektur Lateinamerikas Eingang fanden.

Mittelpunkt des Altstadtviertels

Bogotás ausladendste Sakralarchitektur aus kolonialer Zeit ist die Catedral Primada auf Plaza Bolívar, die ihrerseits den Mittelpunkt des Altstadtviertels La Calendaria bildet. Die Kathedrale ist bereits der vierte Bau an dieser Stelle und mit dieser Funktion.

Am Anfang stand das Kirchlein des Konquistadors Quesada, das aus Holz gefertigt war. Später wurde es durch einen Steinbau ersetzt, der 1560 einstürzte, ehe er fertig war. 1572 wurde der Neubau begonnen, der 30 Jahre dauern sollte. Der Turm wurde erst 1678 errichtet. Das dreischiffige Gotteshaus war gerade fertig gebaut, da begann es auch schon wieder zu zerfallen. 1792 erschien der spanische Kapuzinerpater Domingo Petrés, von Beruf Mathematiker und Architekt, um im Auftrag der Akademie in Madrid und entsprechend deren Vorgaben den Wiederaufbau zu leiten.

Er dauerte von 1807 bis 1823. Übernommen wurden der Chor und Teile des Chorgestühls. Die Kirche hat wie ihr Vorgänger drei Schiffe, eine Kuppel und etliche Seitenkapellen. Die Fassade wird flankiert von zwei Türmen und wirkt auf den ersten Blick fast barock. Iberischer Klassizismus entspricht nicht der antikisierenden Einfachheit französischer oder deutscher Architekturen aus jenem Zeitalter.

Zur Kathedrale gehört als vielleicht auffälligstes Detail die Capilla del Sagrario, die ihrerseits ein reiner Barockbau ist, entstanden zwischen 1660 und 1700. Sie hat Holztüren im Stil der Renaissance. Ihre Schnitzereien zeigen Figuren von Erzengeln nebst allerlei Ornamenten, wie sie sich die Bildschnitzer nach den Vorlagen importierter europäischer Kupferstiche einfallen ließen.

Nach dem Vorbild von Sevilla

Die Kathedrale der peruanischen Hauptstadt **LIMA** gilt als singuläres Kunstwerk

ANREISE:
Über den internationalen Flughafen Lima

ÖFFNUNGSZEITEN:
Normalerweise ganztägig zugänglich. Während der Messen keine Besichtigung

SEHENSWERT:
Die Plaza de Armas vor der Kirche

Die spanischen Konquistadoren waren üble Gesellen. Sie vereinigten Abenteuerlust, Bigotterie, Geldgier, militärisches Durchsetzungsvermögen und äußerste Brutalität. Einer von ihnen war der 1476 in Trujillo geborene Francisco Pizarro, der 1510 nach Amerika ging und dort in zwei Expeditionen die südamerikanische Westküste erkundete. Dabei erfuhr er von der Hochkultur der Inka im Gebiet des heutigen Perus. Hinter sich eine kleine Armee, drang er vor bis in die Hochebenen der südlichen Kordilleren und nahm den Inkaherrscher Atahualpa fest, den er anschließend hinrichten ließ und dessen Anhänger er abschlachtete.

Er gründete 1535 das spätere Lima und machte es zum Mittelpunkt seiner Herrschaft. Im Streit mit den Anhängern eines anderen spanischen Eroberers wurde er 1541 ermordet; sein Denkmal, das ihn hoch zu Pferde zeigt, steht in seiner spanischen Geburtsstadt, während seine sterblichen Überreste ein gläserner Sarg birgt, der sich in der Kathedrale von Lima befindet.

Die heutige peruanische Hauptstadt übernahm diese Funktion von Cuzco, der einstigen Inkakapitale, die bis zum Jahr 1826 Sitz einer zentralen Administration gewesen war. Nach mehreren blutig gescheiterten Aufständen hatte Peru unter José de San Martin und Simon Bolívar im Jahr 1821 die staatliche Unabhängigkeit erlangt.

Beide, Bolívar wie Martin, waren Männer von hohem militärischen Geschick und charismatischer Ausstrahlung. Beide stammten aus begüterten Familien und durchliefen eine qualifizierte Ausbildung. Deutlich beeinflusst von Jean-Jacques Rousseau und den Ideen der Französischen Revolution, die auch in den spanischen Kolonien Amerikas einen beträchtlichen Widerhall fanden, gelang beiden in erfolgreichen Feldzügen, die spanischen Kolonialtruppen zurückzudrängen und die staatliche Unabhängigkeit von Bolivien, Ecuador, Chile, Peru, Kolumbien und Argentinien herzustellen. Als Staatsmänner zerstritten sie sich dann. Am Ende resignierten beide.

Immer wieder Erdbeben

In Peru verlief die weitere Entwicklung des Landes äußerst dramatisch. Immer wieder kam es zu Auseinandersetzungen im Inneren und zu Kämpfen nach außen; hier war am schlimmsten der Krieg mit Chile um die bolivianischen Salpetervorkommen, in den Jahren 1881 bis 1883. Immer wieder gab es Militärherrschaft und faschistische Diktaturen, und das setzte sich fort bis in unsere unmittelbare Gegenwart.

Lima hieß ursprünglich Ciudad de los Reyes, Stadt der Könige. Es erstreckt sich am Ufer des Rio Rímac, auf einem überwiegend trockenen Küstenstreifen zwischen dem Pazifik und dem Gebirgszug der Anden. In Lima steht die älteste Universität Lateinamerikas. Heimsuchungen brachten die ständig wiederkehrenden Erdbeben, von denen ein besonders schweres im Jahre 1746 stattfand: Es ruinierte fast sämtliche Gebäude. Auch die chilenischen Truppen im Salpeterkrieg hinterließen Verwüstungen. Stets begannen nach solchen Schicksalsschlägen emsige Wiederaufbauarbeiten.

An der Plaza de Armas

Inzwischen leben in der Stadt und ihrer unmittelbaren Umgebung um die zehn Millionen Menschen. Die vornehmen Quartiere heißen San Isidro und Miraflores, die Besitzlosen hausen in den für Lateinamerika charakteristischen Slums, die hier pueblos jóvenes genannt werden, junge Städte, und tatsächlich wird man in ihnen nicht sehr alt.

Historischer Mittelpunkt von Lima ist der Hauptplatz, die Plaza de Armas. Es gibt ihn seit Gründung der Stadt durch Francisco Pizarro. Hier stehen der Bischofspalast, Palacio del Arzobispado, und das Regierungsgebäude, Palacio de Gobierno. An den Bischofspalast schließt die Kathedrale an. Sie beherrscht die Plaza.

Mit ihrem Bau wurde noch unter Pizarro begonnen. Die zunächst recht

bescheidene Kirche wurde 1540 geweiht. 25 Jahre später, unter Jerónimo de Alayza, wurde sie durch eine größere und repräsentativere Architektur ersetzt, immerhin saß in Lima inzwischen ein Erzbischof. Als architektonisches Vorbild diente die Kathedrale von Sevilla. Die Arbeiten gingen eher schleppend voran und gerieten immer wieder völlig zum Stillstand. Es fehlte an Geld, die Sache war einfach zu kostspielig. Statt der Vollendung kam es zu Zerstörungen durch Erdbeben. Erst um 1775 erhielt die Kathedrale dann jene Gestalt, die sie heute noch hat und die im Fall von Beschädigungen immer wieder hergestellt wird.

Das Gotteshaus mit seiner eindrucksvollen Fassade zur Plaza de Armas hin wird links und rechts durch zwei barocke Türme abgeschlossen. Die Catedral de Lima gilt als singuläres Kunstwerk und als einer der großartigen Sakralbauten in Lateinamerika, ranggleich mit den prächtigen Kathedralen in Havanna und Mexiko-Stadt. Im Inneren ist auffällig das schöne Chorgestühl. Von den Kapellen die eindrucksvollste ist die der Immaculada, der unbefleckten Empfängnis Marias, mit ihrer üppigen spätbarocken Ausgestaltung. Es gibt eine aus Elfenbein geschnitzte Christusfigur, ein Geschenk von Kaiser Karl V., in dessen spanischem Weltreich damals die Sonne nicht unterging. Aber das ist lange her.

Die Hauptfassade mit ihren beiden barocken Türmen (oben)

Blick in die Immaculada, die Kapelle der unbefleckten Empfängnis Mariens (unten links)

Brasílias Dornenkrone

Die Kathedrale in der neuen Hauptstadt ist ein Meisterwerk des modernen Sakralbaus

ANREISE:
Über den internationalen Flughafen von Brasília

ÖFFNUNGSZEITEN:
Bis auf weiteres ganztägig geöffnet. Kein Zugang für Touristen während der Messen

SEHENSWERT:
Die moderne Glasmalerei

Als gewaltige Glaskuppel thront die von Oscar Niemeyer entworfene moderne Kathedrale über der Stadt (oben). Apostelfiguren säumen den Weg zum Eingangsportal

Wie ein riesiges Zelt wirkt der Innenraum der Kathedrale auf den Betrachter. Die blauweiße Dekoration auf den Glasfenstern sorgt für sakrales Licht (unten rechts)

Berühmt sind die schwebenden Engel, die aus Aluminium geformt wurden. Alfredo Ceschiatti, Brasiliens bekanntester moderner Bildhauer, hat sie geschaffen (links unten)

In den höher entwickelten Industrieländern befinden sich die christlichen Kirchen auf dem Rückzug. Man mag das bedauern oder nicht, die Tatsache selbst ist unbestreitbar. Mit dem Rückzug aus dem öffentlichen Leben geht ein Rückzug aus der Kunst einher. Das gesamte europäische Mittelalter hindurch war die Kirche deren wichtigster Auftraggeber, manchmal ihr einziger, mit den entsprechenden Inhalten. In der Renaissance begann das immer stärkere Vordringen säkularer Themen und Formen, die in der Moderne die Szene fast vollständig beherrschen, mit raren Ausnahmen, wie den Bibelmotiven bei Marc Chagall oder den christlichen Skulpturen von Ernst Barlach und Gerhard Marcks.

Am nachdrücklichsten zeigt sich dieser Rückzug im Sakralbau. Doch es gibt auch Ausnahmen. Berühmt ist – völlig zu Recht – die zwischen 1950 und 1954 errichtete Wallfahrtskirche Notre-Dame-du-Haut nahe Ronchamp in Frankreich, entworfen von dem Francoschweizer Le Corbusier, der hier sein bevorzugtes Material Schalbeton zu einer hoch suggestiven abstrakt-plastischen Wirkung führt. Ein zeitweiliger Mitarbeiter Le Corbusiers war der Brasilianer Niemeyer, mit vollem Namen Oscar Niemeyer Soares Filho und Spross einer deutschstämmigen Familie.

Niemeyer, 1907 geboren, ist ein überzeugter Kommunist. Gleichwohl hat er wie Le Corbusier auch Kirchen gebaut, eine, São Francisco in Pampulha bei Belo Horizonte, zeigt ein geschwungenes Dach im Profil einer Wellenlinie, dazu schräge Wände, was alles viel Aufsehen erregte. Die andere Niemeyer-Kirche ist die Kathedrale in der Hauptstadt.

In der Form eines Flugzeugs

Brasília existiert erst seit 1956. Nach etwas mehr als dreijähriger Bauzeit wurde es am 21. April 1960 eingeweiht, als das bei weitem kühnste und radikalste Projekt einer am Reißbrett entworfenen und in zuvor völlig unerschlossenes Gelände gesetzten Großstadt. Initiator war der damalige Staatspräsident Juscolino Kubitschek. Er wollte die Regierung aus dem übervölkerten und unübersichtlichen Rio de Janeiro abziehen, zudem war der Bau einer neuen Hauptstadt seit 1891 Bestandteil der Verfassung.

Mit den Planungsarbeiten wurden die zwei renommiertesten Architekten des Landes beauftragt, Lúcio Costa und Oscar Niemeyer. Der Grundriss ähnelt einem Flugzeug: Entlang des „Rumpfes" verläuft die städtische Hauptachse mit den Büros der Bundesregierung, die „Flügel" werden aus Botschaften und Wohnhäusern hergestellt. An der „Flugzeugkanzel" befindet sich der Platz der drei Gewalten mit Kongress- und Regierungsgebäuden. Der Präsidentenpalast steht am Ufer eines künstlichen Sees, entstanden durch das Anstauen des Flusses Paraná, der die gesamte Stadt von drei Seiten umschließt.

Ursprünglich geplant für 500 000 Menschen, hat die Stadt mittlerweile um die zwei Millionen Bewohner. So sind zahlreiche Vorstädte gewachsen, auch solche mit Elendsvierteln, Favelas. Andererseits hat die Stadt ihre ursprüngliche Sterilität, der US-amerikanische Kunstkritiker Robert Hughes sprach von „utopischem Horror", durch den Massenzuzug etwas verloren. Das größte Gotteshaus unter den inzwischen zahlreichen Kirchen der Stadt ist die im Regierungsviertel gelegene Catedral Metropolitana da Nossa Senhora Aparecida von Oscar Niemeyer. Mit der Wallfahrtskapelle seines Mentors Le Corbusier kann sie sich mühelos messen. Ihrer Funktion entsprechend ist sie erheblich größer.

Von schwebenden Engeln

Aus der Ferne erinnert der Bau an ein überdimensioniertes Rundzelt. Grundriss ist ein Kreis. Die Außenwände werden durch 16 nach innen gekrümmte riesige Betonstreben markiert, die sowohl die Glasfenster als auch das Dach halten. Der Durchmesser an der Basis beträgt etwa 71 Meter, an der engsten Stelle 12 Meter; das ist in 30 Meter Höhe, dort, wo sich die Betonstreben optimal nähern und wo sich das Dach befindet. Danach

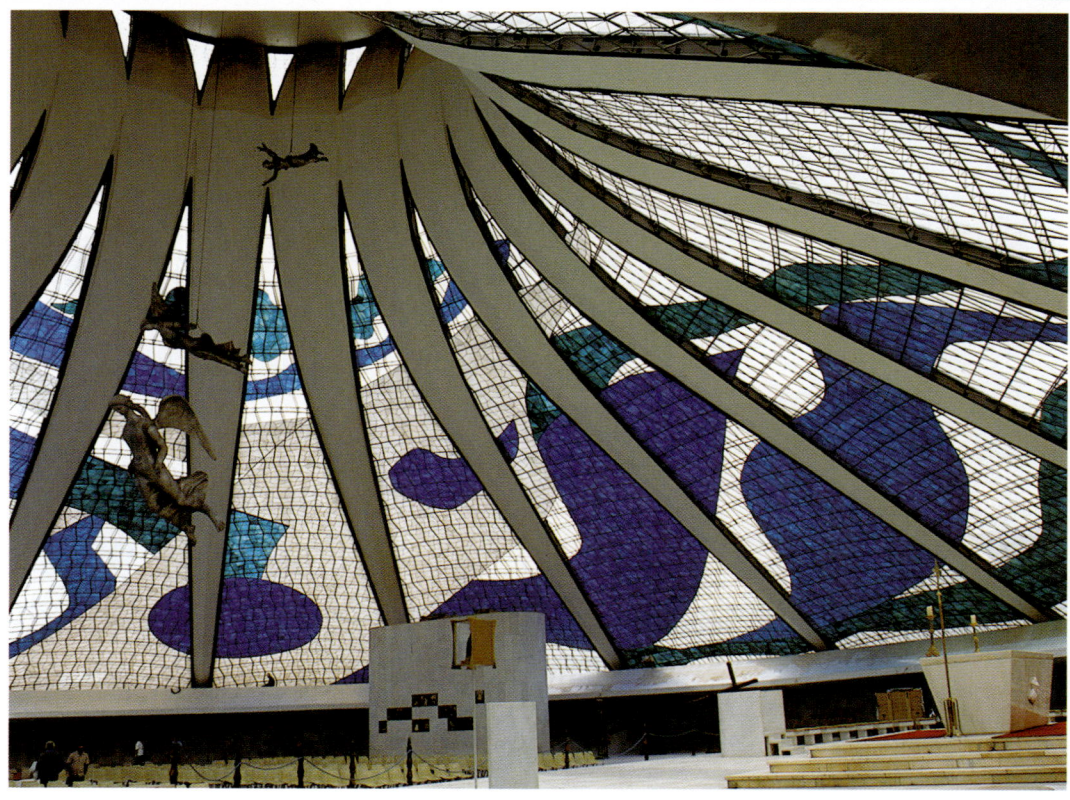

laufen die Streben wieder auseinander, um in frei stehenden Spitzen zu enden. Dies soll die Dornenkrone Christi symbolisieren. Noch darüber, genau über dem Mittelpunkt des Bauwerks, steht ein filigran wirkendes Kreuz.

Im Inneren der Kathedrale, vor den blauweißen Glasfenstern mit ihren Spitzbögen, hängen die Figuren schwebender Engel. Auf den ersten Blick mutet ihre Gestaltung fast konventionell an, bis man das Material erkennt: Aluminium. Schöpfer war Brasiliens führender moderner Bildhauer, der 1989 verstorbene Alfredo Ceschiatti, unmittelbar zur Kathedrale hin führen seine vier überlebensgroßen und recht eindrucksvollen Apostelstatuen.

„Ich unternahm bei den Bauten mein Bestes, dass sie anders würden," hat Oscar Niemeyer gesagt. Er meinte damit alle seine Entwürfe für Brasília. Für seine Kathedrale stimmt es jedenfalls.

Ein Höhepunkt des Kolonialbarocks

Das Gold aus **OURO PRèTO** ermöglichte den Bau einer einzigartigen Kirchenanlage

ANREISE:
Über den internationalen Flughafen von Belo Horizonte. Von dort aus südöstlich ca. 80 km mit Bus oder Pkw

ÖFFNUNGSZEITEN:
Normalerweise täglich von 8–20 Uhr

SEHENSWERT:
Die Kapellen im Umfeld der Stadt

Ouro Prêto heißt schwarzes Gold. Der Ortsname kommt in Brasilien gleich mehrfach vor, in unterschiedlichen Regionen, was darauf hinweist, dass an derart benannten Plätzen das Edelmetall zu finden war. Dies wiederum ist ein Indiz für die eigentlichen Absichten der Eroberer, die ins Land kamen mit dem vorgeblichen Ziel, den indianischen Heiden die Botschaft Christi zu bringen.

Immerhin waren für Letzteres Kirchen nötig. Sie wurden gebaut. War besonders viel an Gold vorhanden, konnten sie entsprechend kostbar ausgestattet werden. So jedenfalls geschah es in Ouro Prêto, einer Stadt der Provinz Minas Gerais, gelegen nordöstlich von São Paulo und südöstlich von Belo Horizonte.

Der Name der Provinz bedeutet gemeine Minen. Minas Gerais ist ein ehemaliges Bergbaugebiet, wo reichlich Edelmetall gefördert wurde, nicht bloß ouro – Gold, sondern auch prato – Silber. Das Gold wurde bevorzugt aus Flüssen gewaschen, und da solche Knochenarbeit besonders gut Schwarzafrikaner durchhielten, holten Sklavenhändler auf ihren Schiffen aus Westafrika reichlich Arbeitskräfte heran, bevorzugt aus der portugiesischen Kolonie Angola.

Reichtum für England

Das während des 18. Jahrhunderts von Minas Gerais nach Europa gebrachte Edelmetall machte die Hälfte aller damals vorhandenen Goldbestände aus. Mit Edelmetall aus Ouro Prêto wurde unter anderem die Industrialisierung Englands finanziert. Am Fundort waren die Folgen des Booms die üblichen: Kriminalität, Prostitution, Bandenkriege, Aufstände und der Reichtum Einzelner.

Und Kirchen. Ouro Prêto galt als Vila Rica, als reiche Stadt. Sie liegt, ein wenig unzugänglich, inmitten einer Bergkette, der Serra do Espinhaço, auf einer Höhe von über tausend Metern. Entdeckt wurden ihre Goldvorkommen im Jahre 1698, die Stadtgründung geschah dann 1701. Der Ansturm der Glücksritter war enorm. Mitte des 18. Jahrhunderts hatte Ouro Prêto bereits weit über 100 000 Einwohner.

Die Kunst des Aleijadinho

Heute sind es gerade noch die Hälfte. Spätestens seit 1933, da man die Stadt als nationales Monument unter Denkmalschutz stellte, wird ihr urbaner Kern mit großer Sorgfalt konserviert. Es stehen allein elf historische Kirchen dort, und die berühmteste ist die Igreja São Francisco de Assis, an der auch der Architekt und Bildhauer Antônio Francisco Lisboa maßgeblich beteiligt war.

Er lebte von 1738 bis 1804 und war einer der großen Barockkünstler Lateinamerikas, man kann ihn problemlos mit Europäern wie Gian Lorenzo Bernini oder Balthasar Neumann vergleichen. Er war Mulatte, und bekannter als unter seinem Taufnamen ist er als Aleijadinho, was so viel bedeutet wie Krüppelchen. Das Wort weist auf seine körperlichen Gebrechen hin.

Die Region von Minas Gerais hat er kaum verlassen. In ihr befinden sich alle seine wichtigen Schöpfungen, etwa die zwölf aus Speckstein geschnittenen Prophetenfiguren, die er für die Wallfahrtskirche Bom Jesus de Matozinhos in Congonhas do Campo herstellte; der bühnenartig gestaltete Passionsweg zu dem Gotteshaus dort wird gesäumt von 64 lebensgroßen Kreuzwegfiguren aus Zedernholz, die er und seine Schüler schnitzten. In Ouro Prêto stammen von ihm Portal, Altäre und die Kanzel der Igreja Nossa Senhora do Carmo. Sie werden übertroffen von den Arbeiten für die Kirche des heiligen Franz.

Im Geiste Franz von Assisis

Es ist dies ein relativ schlichter Bau, auf rechteckigem Grundriss, einschiffig und mit sehr geräumiger Vorhalle. Die Fassade hat zwei mittelhohe Türme, die gekrönt sind von einfachen, spitz auslaufenden Helmen. Der Barockgiebel trägt ein Doppelkreuz. Das Portal wird von zwei Säulen flankiert. Die Wände sind hell verputztes Mauerwerk, rotbraun abgesetzt. Die Fenster wirken eher klein.

Aufwändig ist die Türeinfassung, was eine Spezialität Aleijadinhos war. Als Material diente ihm wieder Steatit oder Speckstein, den er auch sonst gern benutzte; das Mineral lässt sich leicht bearbeiten und hat den Vorzug, durch Erhitzen zu härten.

Der Bau der Kirche wurde 1766 begonnen, Auftraggeber war der Franziskanerorden. Der Entwurf stammt von José Perreira dos Santos. Nach etlichen Unterbrechungen setzten José Perreira Arouca und eben Aleijadinho die Arbeiten fort und brachten sie 1794 zum Abschluss. Aleijadinho hat auch für das Kircheninnere gearbeitet, Kanzel und Skulpturen stammen von ihm. Die barocken Malereien im Deckengewölbe schuf Manuel da Costa Ataíde, ein Zeitgenosse Aleijadinhos und der wahrscheinlich wichtigste Barockmaler Brasiliens. Zu sehen sind Szenen aus dem Leben des heiligen Franz von Assisis.

Die Igreja São Francisco de Assis entstand zu einer Zeit, da in Europa längst der Klassizismus die ästhetische Szene bestimmte. Brasilien war durch seine weiten Entfernungen von derlei Strömungen abgeschnitten, gleichwohl: Verglichen mit den Barockarchitekturen Hispanoamerikas scheint sich in Ouro Prêto so etwas wie ein Wandel anzudeuten. Der verkrüppelte Mulatte in Minas Gerais besaß eine erstaunliche Sensibilität für Maß und Formen. Er wusste, dass Schönheit auch aus der Beschränkung und der Einfachheit erwachsen kann.

Über den Dächern der ehemaligen Minen-Stadt thront das Kloster mit seiner reich geschmückten Kirche (rechts oben)

Die Morgennebel lichten sich über den Hügeln von Ouro Prêto. Der Blick auf die Hänge zeigt, wie weitläufig die Kirchenanlage ist (links unten)

Freitagsprozession vor einer der Kapellen (rechts unten)

Das Hauptportal der Kirche São Francisco de Assis zeigt die ganze Pracht des Barocks (unten Mitte)

Der Gotteskegel von Rio

RIO DE JANEIRO hat mit der Catedral Metropolitana einen der wenigen großen Sakralbauten der Moderne

Rio de Janeiro hat zwei berühmte Erhebungen: den Zuckerhut und, dahinter, den Corcovado, 704 Meter hoch und auf seiner Spitze die Figur des Cristo Redentor. Christus ist nochmal dreißig Meter hoch und wiegt tausend Tonnen, er trägt einen Vollbart und streckt beide Arme aus, die jeweils auf eine andere Stadthälfte zeigen, zona norte und zona sul. In beiden stehen viele Kirchen. Die Catedral Metropolitana steht im Zentrum, wo beide Hälften zusammenstoßen.

Rio ist eine katholische Stadt. Der Katholizismus war das Mitbringsel europäischer Kolonisatoren, die aus den papistischen Ländern Frankreich und Portugal kamen. Der Christus auf dem Corcovado symbolisiert dies alles: Als Monument zur Hundertjahrfeier der Unabhängigkeit Brasiliens von Portugal gedacht, ging irgendwann das Geld aus, so dass man auf die Finanzhilfe des Vatikans zurückgreifen musste. Bildhauer dieser monumentalen Figur war ein Franzose, Paul Landowski.

Rio de Janeiro heißt Januarfluss. Der portugiesische Entdecker Gaspar de Lemos erreichte im Januar des Jahres 1502 die Bucht von Guanabara und hielt sie irrtümlich für eine Flussmündung. Fast gleichzeitig erschienen französische Kolonisten.

Die beiden Volksgruppen lieferten einander viele blutige Kämpfe, bei denen die Franzosen unterlagen, was zu Zeiten der Großen Revolution ihre Aristokraten nicht davon abhielt, nach Brasilien, vornehmlich nach Rio, zu flüchten. Als bald darauf Napoleon die iberische Halbinsel bedrängte, floh dann Portugals König nach Rio de Janeiro.

Schutzheiliger Sebastian

Peter, sein Sohn, ließ sich 1822 zum Herrscher des nunmehr unabhängigen Brasilien wählen. Rio wurde Hauptstadt und blieb dies bis 1960. Zu diesem Zeitpunkt war das Land längst eine Republik, die auf strikte Trennung von Staat und Religion hielt. Die katholische Kirche blieb gleichwohl mächtig, wofür die vielen Gotteshäuser in der neuen Kapitale Brasília zeugen, ebenso wie die vielen alten und neuen Gotteshäuser in der vormaligen Hauptstadt.

Sie wurden zunächst von Missionaren errichtet. Die heute älteste Kirche steht auf dem Berg über dem Largo da Carioca und heißt Convento de Santo Antônio. Ihr Bau begann 1607; hübsch renoviert, wird sie bevorzugt von einheimischen Frauen frequentiert, die einen Mann zum Heiraten suchen. Der Heilige Antonius ist unter anderem Schutzheiliger der Eheleute und der Liebenden.

Nahe dem Convento de Santo Antônio steht die Catedral Metropolitana, 1964–76 erbaut. Was sich auf den ersten Blick wahrnehmen lässt, denn ihr Baumaterial ist Beton, und die bunten Fenster bestehen aus Kunststoff. Die Kirche heißt nach dem heiligen Sebastian, jenem christlichen Offizier der kaiserlich-römischen Garde, der sich aus religiösen Gründen weigerte, dem Imperator Diokletian zu opfern, worauf dieser ihn hinrichten ließ. Man fesselte ihn an einen Baum und beschoss ihn mit Pfeilen, bis man meinte, dass er tot sei.

Erinnerung an die Maya?

Nachts erschien Irene, Witwe eines Hofbeamten, um den Leichnam zu bestatten. Da entdeckte sie bei Sebastian Lebenszeichen, nahm ihn mit sich und pflegte ihn gesund. Da der fromme Soldat von seinem Glauben weiterhin nicht lassen mochte, erschlug man ihn mit Keulen und warf ihn in den zentralen Abwasserkanal. Eine andere fromme Frau, Lucina Anicia, barg den Leichnam und bestattete ihn am Eingang einer Katakombe.

Sankt Sebastian ist für die Stadt ein durchaus angemessener Patron. Das mehrfache Leiden, das ihn ereilte, die tödlichen Anschläge auf ihn und sein Ende im Unrat passen zu den riesigen Elendsvierteln mit ihrem rauchenden Müll und ihren nach Hunderttausenden zählenden Bewohnern. Außerdem ist der heilige Sebastian der heimliche Held der Homosexuellen, und Rio mit seinen endlos weiten Badestränden und seinen hübschen Mulatten gilt als Schwulenparadies.

Natürlich werden die Amtsträger der Catedral Metropolitana dergleichen von sich weisen. Das Auftragswerk des einheimischen Architekten Joaquim Corrêa steht auf einer großen begrünten Freifläche und hat die Form eines Kegelstumpfs. Die Kirchenleitung legt Wert auf die Feststellung, dass es sich bei dieser Form um eine ästhetische Verbeugung vor den Tempelbauten der Maya handle, was freilich irritieren muss, und dies gleich aus mehrfachem Grund.

Platz für 20 000 Menschen

Die Pyramiden der Maya hatten einen quadratischen Grundriss, die Basis der Catedral Metropolitana ist kreisrund. Die Maya saßen und sitzen in Mexiko, Honduras und Guatemala, sehr weit nördlich von Brasilien und zumal von Rio de Janeiro, außerdem sind sie ehedem spanisches Kolonialgebiet und deswegen spanischsprachig noch heute.

Es war wohl, dass man etwas Originalität beweisen wollte. Vielleicht aber wollte man auch ein bisschen Wiedergutmachung leisten für die Blutbäder der christlichen Konquistadoren.

Im Übrigen hat man sich für die Millionenstadt Rio ein entsprechend großes Gotteshaus bestellt, 80 Meter in der Höhe und mit einem Durchmesser von 106 Meter. Die Grundfläche beträgt 8000 Quadratmeter und bietet Raum für 20 000 Personen, von denen 5000 einen Sitzplatz finden. Der Altar steht exakt in der Mitte. Die vier riesigen Fenster symbolisieren durch allerlei bunte Figuren die vier Epiteta der einen, heiligen, katholischen und apostolischen Kirche.

Die Catedral Metropolitana betreibt auch einen eigenen Radiosender, er ist eine von vielen Rundfunkstationen dieser Stadt. Er sendet Geistliches und dies mit großem Nachdruck. Schließlich ist Rio de Janeiro sehr laut.

ANREISE:
Über den internationalen Flughafen

ÖFFNUNGSZEITEN:
Normalerweise von 7–17.30 Uhr. Während der Messen kein Zugang für Touristen

SEHENSWERT:
Die Christusfigur über der Stadt

Mit ihrer Form scheint die Kathedrale in Rio an das Wahrzeichen der Stadt zu erinnern, den Zuckerhut (links)

Beeindruckend sind im Innern der Kirche die Lichtspiele, die durch die Kreuzform der Glasfenster entstehen (unten rechts)

Die Türme des Volkes

Die Kathedrale in SãO PAULO ist auch ein Symbol für die Befreiungstheologie Südamerikas

Die zentrale Geschäftsmeile von São Paulo heißt Avenida Paulista. Sie ist breit, verkehrsreich, sehr laut und wird gesäumt von öden Hochhäusern aus grauem Schalbeton, in denen Banken, Handelsgesellschaften und teure Läden ihren Platz haben. Dazwischen stehen ein paar ausladende weiße Villen im Kolonialstil des 19. Jahrhunderts, mit Säulen am Portikus und Palmen in den Gärten. Einst gehörten sie den Kaffee- und Zuckerrohrbaronen, heute befinden sich darin Restaurants oder kulturelle Einrichtungen.

Kommerz und schneller Reichtum sind die Triebkräfte für die Existenz und das Wachstum von São Paulo. 1920 lebten hier gerade eine halbe Million Einwohner, heute sind es um die 20 Millionen. São Paulo ist die größte Stadt Brasiliens, Kapitale von Handel, Produktion und Finanzwirtschaft, jeder neunte Mensch und die Hälfte der Industrieunternehmen des Landes siedeln hier.

Die Namensgebung nach dem Apostel Paulus geschah lange nach dem Zeitpunkt der Gründung. Die 1554 von Jesuiten errichtete Missionsstation nannte sich zunächst wie die Hochebene, auf der sie sich befand, Piritinaga. Zwei Jahrhunderte war das nicht mehr als ein mit einigen Lehmkirchen bestücktes Dorf. Dann, 1681, wurde es Zentrum des Kapitanats São Vicente, das ab 1710 São Paulo hieß. Erst im Jahr darauf erhielt es Stadtrechte.

„Koloniale Theologie"

Die frommen Namen dürfen nicht darüber hinwegtäuschen, dass es durchaus roh und profan zuging. Für die Goldvorkommen in jener Region, die hernach Minas Gerais heißen sollte, wurden schwarzafrikanische Sklaven benötigt, und die entsprechenden Händler, bandeirantes, saßen bevorzugt in São Paulo. Auch die Kirche bediente sich ihrer. Die einschlägigen Zahlen sind deprimierend: 1729 unterhielt der Benediktinerorden zwei Klöster und drei Hospize mit 144 Sklaven. Die Karmeliter hatten drei Konvente und ein Hospiz mit 431 Sklaven. Die Rechtfertigung für solche Teilhabe an der Sklaverei hieß „koloniale Theologie". Man betrachtete dergleichen als Teil der Missionsarbeit.

Dass die Sache gerade aus christlicher Sicht skandalös sei, setzte sich als Einsicht erst allmählich durch. In São Paulo sammelte sich die brasilianische Unabhängigkeitsbewegung. 1822 wurde hier die Loslösung von Portugal proklamiert. Die Irredentisten waren weltliche Intellektuelle, doch stieß zu ihnen mit Dom Mateus de Abreu Pereira auch ein prominenter Geistlicher. Gleichermaßen wurde die Abschaffung der Sklaverei von Kirchenleuten unterstützt, immerhin lebten in São Paulo um das Jahr 1850 ungefähr 174 000 Sklaven. 1853 trat das strafbewehrte Verbot des Imports von Nachwuchs in Kraft, 1871 erklärte das Parlament die Kinder versklavter Mütter zu fortan freien Bürgern, und 1888 schließlich verfügte es die generelle Abschaffung der Sklaverei.

Fronttürme von 1967

Damals besaß São Paulo längst seine Sé, seine Kathedrale. Eine Fotografie von 1862 zeigt eine ansehnliche Kirche im lateinamerikanischen Barockstil, mit schön geschwungenem Giebel und einem etwas gedrungen wirkenden Turm.

Die barocke Kathedrale wurde 1911 abgerissen. Wo sich einst die Kathedrale befand, steht heute eine Kreditanstalt. Der Kirchenneubau erfolgte an etwas anderer Stelle, und zwar ab 1913; den Grundstein legte der damalige Erzbischof Duarte Leopoldo e Silva.

Der Bau ging schleppend voran. 1933 war gerade der Fußboden eingezogen. Es dauerte bis 1954, dass die Kathedrale geweiht wurde, aus Anlass des 400sten Jahrestages der Gründung von São Paulo. Vollendet war sie da immer noch nicht. Erst 1967 standen die beiden Fronttürme, die, ein wenig pathetisch, den Namen „Türme des Volkes" erhielten.

War das eine Verbeugung vor der Befreiungstheologie? Dies lässt sich nicht ausschließen, immerhin hatte die Bewegung in dem Brasilianer Dom Hélder Câmara einen ihrer prominentesten Vertreter. Auch ein Priester aus São Paulo gehörte ihr an, Paulo Evaristo Arns.

Die Kathedrale von São Paulo erweist sich als ein ausladendes Gotteshaus mit zwei Spitztürmen und einer wuchtigen Kuppel über der Vierung. Die Farbe der Mauern ist hell, und der Stil ist Neugotik. Warum man jene mit dem 19. Jahrhundert auslaufende Richtung erkor, um bis Mitte des 20. Jahrhunderts unverdrossen an ihr festzuhalten, bleibt das ästhetische Geheimnis der Bauherren. Unterbrechungen, die sich zu einer Änderung der Pläne hätten nutzen lassen, gab es genug.

Nahebei steht das Pátio do Colegio. Es befindet sich an genau jenem Platz, wo 1554 die Jesuiten ihre Missionsstation errichteten. Colegio und Kirche wurden im Kolonialstil restauriert. Sie sind viel kleiner als die Kathedrale, und sie sind sehr schön.

ANREISE: Über den internationalen Flughafen der Stadt. Direkt vor der Kirche liegt eine U-Bahn-Station

ÖFFNUNGSZEITEN: Normalerweise ganztägig geöffnet

SEHENSWERT: Das nahe gelegene Pátio do Colegio

Blick auf die zentrale Plaza mit der 1954 geweihten Kathedrale (Foto links)

AUSTRALIEN

Kathedrale der Katholiken
St. Mary's in **SYDNEY** ist eine Gründung britischer Geistlicher

ANREISE:
Über den internationalen Flughafen der Stadt

ÖFFNUNGSZEITEN:
Normalerweise So – Fr 6.30 – 18.30 Uhr, Sa 8 – 18.30 Uhr. Während der Messen kein Zutritt für Touristen

SEHENSWERT:
Die Glasfenster und die Rosette

Sydney liegt an der Südwestküste Australiens und ist mit 3,25 Millionen Einwohnern dessen bevölkerungsreichste Stadt. Diese Gegend betrat, im 18. Jahrhundert, als erster Ausländer der Brite James Cook. Die Geschichte der Stadt ist in vielem identisch mit der Entwicklung des Kontinents. Lange Zeit führte Australien eine eher virtuelle Existenz; Kartographen der frühen Neuzeit vermuteten hier eine Landmasse und zeichneten sie in ihre Pläne, ohne sie zu kennen.

Entdecker aus Portugal und Spanien segelten in die Nähe. Niederländer nahmen von ihr flüchtige Kenntnis. Erst die Briten und wenig später die Franzosen nahmen von dem Erdteil Besitz. Das Interesse der Engländer war nachhaltiger; da sich auf Nordamerika durch den dortigen Unabhängigkeitskrieg nicht mehr beliebig zugreifen ließ, mussten für Insassen in den überfüllten englischen Haftanstalten andere Ziele der Zwangsverschickung gefunden werden. Die Terra Australis bot sich an.

Sydneys Anfänge basieren auf einer Strafkolonie. Die ersten Einwohner rekrutierten sich aus 759 Häftlingen und 211 Marineinfanteristen, zuständig für die Bewachung, Schiffskapitän Arthur Phillip kommandierte die Kolonie. Die elf Schiffe mit diesen Menschen erreichten Port Jackson Bay am 26. Januar 1788. Das Datum gilt als Australientag und wird entsprechend begangen. Ebenso gut könnte er Sydneytag heißen.

Den Namen Sydney Cove übernahm die Siedlung von dem damaligen britischen Innenminister, Thomas Townshend, 1. Viscount Sydneys. Vor das Problem gestellt, ausreichend Nahrungsmittel und Erwerbsquellen zu finden, verfiel man zunächst auf Getreideanbau, später auf Viehzucht,

Gesamtansicht der aus australischem Sandstein errichteten Kathedrale mit ihren beiden neuen Turmspitzen (links)

Blick auf den Hauptaltar (oben rechts)

Die Hauptfassade mit den neuen Turmspitzen und der großen Rosette (unten rechts)

vor allem die von Schafen; australische Wolle war sehr begehrt und sorgte für den von englischen Spinnereien benötigten Nachschub.

Grundsteinlegung 1821

Die Überzahl der australischen Einwohner hat Vorfahren, die von den britischen Inseln kamen, nicht nur als Sträflinge, auch als Abenteurer oder getrieben von wirtschaftlicher Not. Der irisch-katholische Anteil war erheblich. Unter den Religionsgemeinschaften sind Katholizismus und Anglikanismus heute gleich stark vertreten. Das bedeutendste Gotteshaus von Sydney ist die katholische Kathedrale St. Mary's.

Die ersten katholischen Geistlichen, John Therry und Philip Conolly, erreichten die Kolonie im Mai 1820. Der Grundstein für eine der Gottesmutter geweihte Kapelle, eine Steinkirche am Stadtrand, wurde im Jahr darauf gelegt. 1835 erhielt Sydney seinen ersten katholischen Bischof, und St. Mary's war jetzt Kathedrale. Dreißig Jahre später brannte sie aus.

1851 hatte Sydney 60 000 Einwohner. 1866 legte Erzbischof Polding den Grundstein für einen Neubau. Der Architekt hieß Wardell, und entstehen sollte ein Gebäude im neogotischen Stil, damals die verbreitete Mode bei Kirchenneubauten weltweit. Allenthalben versorgten sich in den Industrieländern die explodierenden Großstädte mit Gotteshäusern, die Spitzbogenfenster, Strebepfeiler und Schwibbögen besaßen.

Zur Basilika Minor ernannt

Die Kathedrale St. Mary's in Sydney wurde 1905 geweiht. Da war sie beileibe noch nicht fertig, vielmehr brauchte es weitere 23 Jahre bis zu ihrer Vollendung. 1930 spendete ihr Papst Pius XI. den Rang und Titel einer Basilika Minor. 1970 predigte hier Papst Paul VI. Der reiselustige polnische Papst Woytila erschien gleich zweimal.

Architekt William Wilkinson Wardell, 1823 geboren, stammte aus England, wo er sich einen Namen als Vertreter der britischen Neugotik gemacht hatte. 1858 emigrierte er nach Australien und ließ sich in Melbourne nieder. Für Sydney baute er zunächst das St. John's College der Universität, das bei Bischof Polding einen so tiefen Eindruck hinterließ, dass er Wardell mit dem Kathedralneubau beauftragte. Außerdem war der Architekt rechtzeitig zum Katholizismus konvertiert.

St. Mary's zitiert die Architektur der englischen Hochgotik, des so genannten Dekorativstils. Als Baumaterial diente australischer Sandstein. Die Kirche hat eine bis zur Höhe von 74,6 Meter sich erhebende Doppelturmfassade, der Turm über der Vierung ist circa 30 Meter niedriger, die Länge des Baus beträgt 107 Meter.

Das Innere ist die übliche hohe Halle mit Arkadengalerien. Auf den Fußböden gibt es Mosaiken. Eine der Kapellen ist irischen Heiligen geweiht. Licht fällt durch bunte Glasfenster, der Hochaltar besteht aus Marmor, unter den Statuen befindet sich eine der Gottesmutter, in Farbe, sehr glatt und sehr süß. In der Krypta werden die katholischen Bischöfe von Sydney beigesetzt.

Neugotik in Australien

Die St. Patrick's Cathedral in **MELBOURNE** ist das Gotteshaus der irisch-stämmigen Bevölkerung

Melbourne hat fast drei Millionen Einwohner und ist die zweitgrößte Stadt Australiens nach Sydney. Im Unterschied zu anderen Gegenden des Landes steht am Anfang keine Strafkolonie. 1803 wurde die Bucht an der Mündung des Yarra River entdeckt, 1835 erschienen erste freiwillige Einwanderer, der Ortsname orientierte sich an einem britischen Premier, William Lamb, 2. Viscount Melbournes. Ihr stürmisches Wachstum Mitte des 19. Jahrhunderts erfuhr die Stadt durch die Entdeckung von Goldvorkommen nahebei.

Am 9. April 1850 legte der katholische Bischof von Melbourne, James Goold, den Grundstein für den Bau einer Kathedrale. Die Gegend, Eastern Hill, hatte zuvor als Schafweide gedient. Vorgesehen war anfangs nur eine vergleichsweise bescheidene Kirche. Als die Stadt plötzlich expandierte, wurde ein größeres Gebäude geplant. Den Auftrag erhielt William Wilkinson Wardell, soeben aus England eingewanderter Herold des English Gothic Revival, der britischen Neugotik. Wardell war auch der Baumeister der St. Mary's Cathedral in Sydney. Die beiden katholischen Bischofskirchen in den beiden größten Städten des fünften Kontinentes haben denselben Schöpfer und ähneln demgemäß einander.

Die mittelalterliche englische Gotik unterscheidet sich beträchtlich von der in Frankreich und Deutschland. Die politischen Beziehungen zwischen Engländern und Franzosen waren infolge ständiger kriegerischer Auseinandersetzungen um die Vorherrschaft in Frankreich zerrissen und mündeten schließlich in den Hundertjährigen Krieg. Ein harscher Bruch auch der kulturellen Kommunikation war die Folge. Zwar stammte die normannische Oberschicht Englands ihrerseits aus Frankreich, aber sie fühlte sich, an ihrer Spitze das Königshaus, als politisch-kulturelle Größe von eigener Herkunft und eigenem Recht.

Technik der dicken Mauern

Derart schuf sie sich ihre eigenen ästhetischen Maßstäbe. Die englische Gotik bekannte sich allzeit zu ihren anglo-normannischen Wurzeln. Sie begründete ihre eigene Tradition, und deren Kennzeichen im Kirchenbau waren: die Kapitelsäle, die durchweg rechteckige Gestalt des Chors und die Existenz von Marienkapellen. Die Kathedralen fielen relativ niedrig aus und versteckten das Strebewerk ihrer Seitenschiffe unter Dächern. Sie benutzten weiterhin die normannische Technik des mur épais, der dicken Mauer, was der kontinentalen Gotik mit ihren ausgedünnten Wänden völlig zuwider lief. Das English Gothic Revival griff ganz selbstverständlich auf derartige Elemente zurück, im Mutterland nicht anders als in den Kolonien.

Ein erster Abschnitt der Kathedrale von Melbourne wurde 1858 geweiht. Vollendet wurde sie dann 1897 unter Bischof Goolds Nachfolger Carr. Die Kosten, aufgebracht durch emsiges fund raising, also durch Spendengelder, hatten sich zu diesem Zeitpunkt auf 200 000 britische Pfund addiert. Spätere bauliche Aktivitäten betrafen, abgesehen von Restaurationstätigkeiten, vor allem die beiden Turmspitzen, die erst zwischen 1937 und 1938 aufgesetzt wurden. Seit 1974 hält das Gotteshaus, dank entsprechender Entscheidung von Papst Paul VI., den Rang einer Minor Basilica, eines besonders bedeutenden Gotteshauses außerhalb Italiens. Symbol dafür ist die Papsttiara über gekreuzten Schlüsseln im Wappen der Kathedrale.

Die Fassade ist schlicht

Sie heißt nach St. Patrick, dem irischen Nationalheiligen, was deutlich macht, dass ein Großteil der Katholiken Australiens oder jedenfalls Melbournes seine Wurzeln in Irland hat. St. Patrick's rühmt sich, der schönste Sakralbau des Landes zu sein: ein Urteil, das natürlich einer Ermessensentscheidung folgt. Als Baumaterial diente blassgelber Sandstein. Die Fassade mit ihren zwei Spitzhelmtürmen zeigt sich auffällig schlicht, ohne figurale Zutat und ohne übertriebene Ornamentik, lediglich ein geschmiedetes Bronzegitter direkt vor dem Eingang vermag diesen Eindruck etwas zu relativieren. Außerdem gibt es, als deutliches Zitat mittelalterlicher Kirchen, etliche Wasserspeier: dämonisch-fratzenhafte Halbfiguren, die den vom Dach herabrinnenden Regen weiterleiten und nebenher die bösen Geister verscheuchen.

Das Innere von St. Patrick ist einigermaßen eindrucksvoll, infolge von Licht- und Schattenwirkungen und auch infolge verschiedener Details. Es gibt da Mosaiken. An einem der Altäre wird die Opferung Isaaks durch seinen Vater Abraham dargestellt; verglichen mit anderen Arbeiten aus dem Zeitalter des Historismus, ist das erstaunlich zurückhaltend und geschmackvoll gemacht. Ein anderes Mosaik zeigt, nicht ganz so dezent, die Heilige Familie während ihrer Flucht nach Ägypten, Maria mit dem Jesuskind auf einem Esel, den Joseph am Zügel führt.

Ein anderes Bild, ein Tafelgemälde, zeigt den Heiligen Augustinus. Der Kirchenlehrer war Ende des vierten Jahrhunderts Bischof von Hippo Regius in Nordafrika, heute heißt es Annaba und gehört zum muslimischen Algerien. Augustinus, der in Karthago Theologie und Philosophie studierte, war einer der bedeutendsten Vordenker des Christentums, und er war katholischer Repräsentant in einer Landschaft, die heute christliche Diaspora ist. Es liegt daher nahe, dass Katholiken in einem Land, das sie in vielerlei Hinsicht als Diaspora empfinden, sich auf St. Augustinus berufen.

ANREISE:
Über den internationalen Flughafen der Stadt. Von Sydney aus gute Straßenverbindung

ÖFFNUNGSZEITEN:
Normalerweise ganztägig geöffnet. Während der Messen kein Zutritt für Touristen

SEHENSWERT:
Wasserspeier als Zitat mittelalterlicher Kirchenbaukunst

Die im Stil der englischen Neugotik errichtete St. Patrick's Cathedral in einer Gesamtansicht (links)

Blick über den Hauptaltar in den Innenraum der Kirche (rechts unten)

FOTOVERMERK

S. 4/5 Nomi Baumgartl/Bilderberg; S. 8/9 oben Huber/Schapowalow, rechts unten Ibe/Schapowalow, rechts oben Messerschmidt/ Schapowalow; S 10/11 oben und links u. Heaton/Schapowalow, unten r. Messerschmidt/Schapowalow; S. 12/13 oben r.u.l. Huber/Schapowalow, unten r.u.l. AKG; S. 14/5 oben Bilderberg, unten r.u.l. Comune di Ravenna; S. 16/7 links AKG, oben Mitte Heaton/Schapowalow, oben r. und unten r. AKG, rechts Mitte Huber/Schapowalow; S. 18/9 o. Mader/Schapow., unten l. Ligges/Schapow., unten r. Atlantide/Schapow.; S. 20/1 oben Ponzio/Schapow., unten links, Mitte u.r. AKG; S. 22/3 l. Spreckels/Schapow., unten r. AKG, rechts Mitte Thiele/Schapow.; S. 24/5 Griechische Fremdenverkehrszentrale; S. 26/7 oben Scholz/Schapow., unten l.u.r. Huber/Schapow.; S. 28/9 unten links Gilles Mermet/AKG, alle übrigen Atlantide/Schapow.; S. 30/1 oben und u.r. Atlantide/Schapow., u.l. Komine/Schapow.; S. 32/3 l. Ibe/Schapow., u.r. Sperber/Schapow., unten Mitte AKG, u.l. Pratt Pries/Schapow.; S. 34/5 u.l. AKG, alle übrigen Felipe J. Alcoceba/Bilderberg; S. 36/7 o.l. AKG, o.r. Nacivet/Schapow., r. Mitte und u. Komine/Schapow.; S. 38/9 oben Anzenberger, u.l. Joseph Martin/AKG, u.r. AKG; S. 40/41 alles Felipe J. Alcoceba/Bilderberg; S. 42/3 beide Hans-Jürgen Landes; S. 44/5 rechts, links unten Thiele/Schapow., unten Mitte AKG; S. 46/7 links Heaton/Schapow., o. Mitte ARVA/Schapow., Mitte unten Eberhard Grames/Bilderberg, rechts Atlantide/Schapow.; S. 48/9 links Erich Lessing/AKG, unten Mitte Komine/Schapow., r. AKG; S. 50/1 l. und unten r. Atlantide/Schapow, unten links Stefan Drechsel/AKG, Mitte AKG; S. 52/3 oben AKG, unten Benthues; S. 54/5 oben Aspect/Schapow., unten l. AKG, unten M. Benthues, r. AKG; S. 56/7 u.l. AKG, rechts o. und u. Atlantide/Schapow.; S. 58/9 oben l. H. Maertens/Provincie Bestuur Antwerpen, alle anderen AKG; S. 60/1 l. AKG, r. Brooke/Schapow.; S. 62/3 links und u. Mitte dpa, u.r. Jean Ancioux; S. 64/5 links J. Dreuth/Nederlands Bureau voor Toerisme, r. AKG; S. 66/7 o.r. Broederschap von onze Lieve Vrouw van den Bosch, alle übrigen Kerkbestuur Parochie Binnenstad; S. 68/9 rechts Pump/Schapow., u.l. Stefan Drechsel/AKG, u. Mitte AKG; S. 70/1 rechts Fritz Barthel, links oben W. Schirmer, l.u. Mader/Schapow.; S. 72/3 links Mader/Schapow., alle übrigen AKG; S. 74/5 beide oben AKG, unten r. Cora/Schapow.; S. 76/7 rechts Mitte Deutsche Fotothek, die übrigen AKG; S. 78/9 r.u. Mitte links Thomas Ernsting/Bilderberg, l.u. AKG; S. 80/1 links Erich Lessing/AKG, übrige AKG; S. 82/3 oben l. Waldkirch/Schapow., rechts o. u. Mitte Erich Lessing/AKG, r.u. AKG; S. 84/5 beide Eberhard Grames/Bilderberg; S. 86/7 links u. rechts Mitte Karger/Schapow., r.o. AKG, r.u. Huber/Schapow.; S. 88/9 o.l. Felipe J. Alcoceba/Schapow., o. Mitte Messerschmidt/Schapow., o.r. AKG, u.r. Iris Kürschner; S. 90/1 links Huber/Schapow., u.M. Kornblum/Schapow., u.r. AKG; S. 92/3 oben dpa, u.r. Erich Lessing/AKG, u.l. AKG; S. 94/5 oben Pratt-Pries/Schapow., unten r.u.l. Studio Leininger; S. 96/7 links und rechts unten Thomas Ernsting/Bilderberg, rechts Mitte Heaton/Schapow.; S. 98/9 oben Huber/Schapow., unten r.u.l. Pratt-Pries/Schapow.; S. 100/01 oben Nellen/Schapow., S. 102/3 rechts Atlantide/Schapow., beide unten AKG; S. 104/5 oben dpa, u.l. Nebe/Schapow., u.r. de Vrée/Schapow.; S. 106/7 oben Huber/Schapow., u.r. dpa, u. Mitte AKG; S. 108/9 alles Marijan Smerke/Druzina-Archiv; S. 110/1 alles Turistica Zajednica; S. 112/3 oben Nowak/Schapow., l.u. Scholz/Schapow., u. Mitte Thiele/Schapow., unten r. AKG; S. 114/5 oben l. Scholz/Schapow., o.r. AKG, u.l. und r. Bukowski/Schapow.; S. 116/7 rechts u. links Huber/Schapow., unten Mitte Gregor M. Schmid; S. 118/9 oben F. Monheim/ARTUR/Bilderberg, unten r. Vladimir Malygin/ITAR-TASS/Bilderberg; S. 120/1 Rosseburg/Schapow., links u. AKG, rechts u. Pfeil/Schapow.; S. 122/3 alle Fotos Jürgens Ost-Europa-Photo; S. 124/5 rechts Heaton/Schapow., u.l. Nebe/Schapow., unten M. AKG; S. 126/7 l. Baltische Tourismus Zentrale, r. Christian Papendick; S. 128/9 alle Scholz/Schapow.; S. 130/1 oben Huber/Schapow., unten Sperber/Schapow.; S. 132/3 alle AKG; S. 134/5 links Huber/Schapow., r. Atlantide/Schapow.; S. 136/7 alle AKG; S. 138/9 links und Mitte Jürgens Ost-Europa-Photo, rechts Wolfgang Radtke/KNA-Bild; S. 140/1 links Huber/Schapow., r. Pertti Messo/Suomen/Bilderberg; S. 142/3 alle Gunnar Furelid; S. 144/5 oben Schapowalow, unten www.visit-sweden.com; S. 146/7 links Trölenberg/Schapowalow, r. Pratt-Pries/Schapow.; S. 148/9 alle Felipe J. Alcoceba/Bilderberg; S. 150/1 rechts Picker/Schapow., links u. Grönlund/Foto Danmark DK, unten Mitte N. Elswing/Ribe Domkirke, u.r. Lenhart Larsen/Ribe Domkirke; S. 152/3 alle www.Britain.in.view.com; S. 154/5 beide AKG; S. 156/7 oben Comnet/Schapow., u.l. Roger Scruton/Impact, u.r. David Harden/Impact; S. 158/9 unten Mitte Stefan Drechsel/AKG, übrige AKG; S. 160/1 oben r. Erich Lessing/AKG, übrige AKG; S. 162/3 unten l. AKG, unten M. H & D. Zielske/Bilderberg, rechts Heaton/Schapow.; S. 164/5 oben H. & D. Zielske/Bilderberg, unten beide Ariane Hosemann; S. 166/7 oben l. Aspect/Schapow., oben r. Nebbia/Schapow., unten r. AKG; S. 168/9 oben H. & D. Zielske/Bilderberg, unten r.u.l. Stefan Drechsel/AKG; S. 170/1 alle AKG; S. 172/3 oben l. und u.r. Thiele/Schapow., oben r. Huber/Schapow.; S. 174/5 oben Heaton/Schapow., unten r.u.l. Reichelt/Schapow.; S. 176/7 unten r. St. George's Cathedral, alle übrigen Ulli Reinhardt/Zeitenspiegel; S. 178/9 oben r.u.l. und u.r. NYC & Company Visitors Bureau Inc./ Marek West, Mitte dpa; S. 180/1 rechts dpa, unten l. Heaton/Schapow., unten M. Novak/Schapow., oben r. Nebbia/Schapow., u.r. dpa; S. 182/3 links Thiele /Schapow., u.r. dpa; S. 184/5 beide New Orleans Office of Tourism; S. 186/7 links A. Coutourier, rechts Yves Tessier/Tessimma/ Québec Tourisme Congrès; S. 188/9 links Huber/Schapow., übrige Sven Creutzmann; S. 190/1 l.u. Komine/Schapow., oben Huber/Schapow.; S. 192/3 beide Anzenberger; S. 194/5 oben Moser/Schapow., unten Schultze/Schapow.; S. 196/7 alle Drake/Schapow.; S. 198/9 unten Mitte Huber/Schapow., übrige Aurora/LAIF; S. 200/1 links Schmidt-Luchs/Schapow., rechts dpa; S. 202/3 Messerschmidt/Schapow.; S. 204/5 oben l. dpa/AAP/Mediakoo, oben r. v. Stroheim/Schapow., r. unten dpa/AAP/Mick Tsikas; S. 206/7 links dpa, rechts Tourism Victoria

IMPRESSUM

© copyright: REBO international b.v., Lisse / Niederlande

© für die deutsche Ausgabe: Edition DÖRFLER im NEBEL VERLAG GmbH, Eggolsheim

Alle Rechte vorbehalten.
Kein Teil des Werkes darf in irgendeiner Form (durch Fotokopie, Mikrofilm oder ein ähnliches Verfahren) ohne die schriftliche Genehmigung des Verlages reproduziert oder unter Verwendung elektronischer Systeme verarbeitet, vervielfältigt oder verbreitet werden.

Herausgeber und Redaktion: Dr. Manfred Leier

Texte: Rolf Schneider (8-13, 16-19, 24-51, 56-57, 72-77, 80-107, 112-115, 118-137, 140-147, 152-161, 166-207)

Anne Benthues (14-15, 20-23, 52-55, 58-71, 78-79, 108-111, 116-117, 148-151, 162-165)

Arno Rattay (138-139)

Grafische Gestaltung: BartosKersten Printmediendesign, Hamburg

Bildredaktion: Maria Hoffmann, photonetwork / Hamburg

Lektorat und Redaktionstechnik: Edwine Bollmann, Peter Rieprich / Hamburg

Dokumentation: Mathias Güntner

Produktion: HVK Hamburger Verlagskontor GmbH / Germany

1 2 3 4 5   9 8 7 6 5